RALF J. WOJTEK

Insider Trading im deutschen und amerikanischen Recht

Hamburger Rechtsstudien

Herausgegeben von Mitgliedern des
Fachbereichs Rechtswissenschaft der Universität Hamburg

Heft 68

Insider Trading im deutschen und amerikanischen Recht

Von

Dr. Ralf J. Wojtek

DUNCKER & HUMBLOT / BERLIN

Gedruckt mit Unterstützung der Universität Hamburg

Gedruckt 1978 bei Buchdruckerei Richard Schröter, Berlin 61
Printed in Germany
ISBN 3 428 04237 9

Inhalt

Dritter Teil

Erwägungen zur Übertragbarkeit

Abkürzungen

A. B. A. J.	=	American Bar Association Journal
abl.	=	ablehnend
aff'd	=	affirmed
aff'g	=	affirming
AG	=	Die Aktiengesellschaft
A. L. I.	=	American Law Institute
A. L. R.	=	American Law Reports Annotated
App.	=	Court of Appeals
AWD	=	Außenwirtschaftsdienst des Betriebs-Beraters
BB	=	Der Betriebs-Berater
Bd.	=	Band
Bost. Coll. Ind. & Comm. L. Rev.	=	Boston College Industrial and Commercial Law Review
Bost. U. L. Rev.	=	Boston University Law Review
Buff. L. Rev.	=	Buffalo Law Review
Bus. Law.	=	The Business Lawyer
Cal. Rptr.	=	California Reporter
Calif. L. Rev.	=	California Law Review
CCH. Fed. Sec. L. R.	=	Commerce Clearing House, Federal Securities Law Reporter
cert.	=	certiorari
C. F. R.	=	Code of Federal Regulations
Ch.	=	Chapter
Cir.	=	Circuit
Co.	=	Company
Colum. L. Rev.	=	Columbia Law Review
Cong.	=	Congress
Cornell L. Rev.	=	Cornell Law Review
Corp.	=	Corporation
Ct.	=	Court
D.	=	District
DB	=	Der Betrieb
Diss.	=	Dissertation
Doc.	=	Document
Duke L. J.	=	Duke Law Journal
ed.	=	edition
eds.	=	editors
F. 2d	=	Federal Reporter, Second Series
F. A. Z.	=	Frankfurter Allgemeine Zeitung
Fla.	=	Florida
Fn.	=	Fußnote
F. R. C. P.	=	Federal Rules of Cvil Procedure
F. R. D.	=	Federal Rules Decisions
F. Supp.	=	Federal Supplement

Geo. Wash. U. L. Rev.	= George Washington University Law Review
Harv. Bus. Rev.	= Harvard Business Review
Harv. L. Rev.	= Harvard Law Review
How. L. Rev.	= Howard Law Review
H. R.	= House of Representatives
I. C. L. E.	= Institute of Continuing Legal Education, Ann Arbor
I. E. C. L.	= International Encyclopedia of Comparative Law
J.	= Judge
J. of Law and Econ.	= Journal of Law and Economics
JZ	= Juristenzeitung
L. W.	= United States Law Week
Mich. L. Rev.	= Michigan Law Review
Modern L. Rev.	= The Modern Law Review
N. C. L. Rev.	= North Carolina Law Review
N. D. Cal.	= Northern District California
N. E.	= North Eastern Reporter
N. E. 2d	= North Eastern Reporter, Second Series
N. J. 2d	= New Jersey Reports, Second Series
NJW	= Neue Juristische Wochenschrift
Notre Dame Law.	= The Notre Dame Lawyer
Nw. U. L. Rev.	= Northwestern University Law Review
N. Y.	= New York
N. Y. S. 2d	= New York Supplement, Second Series
N. Y. S. E.	= New York Stock Exchange
N. Y. U. L. Rev.	= New York University Law Review
p.	= page
pp.	= pages
P. L. I.	= Practicing Law Institute, New York
Probate & Property	= Probate and Property — Section of real property, probate and trust law, American Bar Association
Rabels Z.	= Rabels Zeitschrift für ausländisches und internationales Privatrecht
repr.	= reprinted
Rspr.	= Rechtsprechung
S.	= Senate
SA	= Securities Act of 1933
SAG	= Die Schweizerische Aktiengesellschaft
S. Calif. L. Rev.	= Southern California Law Review
S. D. N. Y.	= Southern District of New York
S. E.	= South Eastern Reporter
SEA	= Securities Exchange Act of 1934
SEC	= Securities and Exchange Commission
S. E. C.	= Securities and Exchange Commission, Decisions and Reports
Sec.	= Section
Secs.	= Sections
Sec. L. Rev.	= Securities Law Review
Sess.	= Session
Stan. L. Rev.	= Stanford Law Review
sub nom.	= sub nomine

Supp.	= Supplement
Supr. Ct. Rev.	= Supreme Court Review
Sw. L. J.	= Southwestern Law Journal
Temple L. Qu.	= Temple Law Quarterly
tent.	= tentative
Tex. L. Rev.	= Texas Law Review
T. L. R.	= The Law Times Reports
Tulane L. Rev.	= Tulane Law Review
U. C. L. A. L. Rev.	= University of California at Los Angelos Law Review
U. Chi. L. Rev.	= University of Chicago Law Review
U. Ill. L. F.	= University of Illinois Law Forum
U. M. K. C. L. Rev.	= University of Missouri Kansas City Law Review
U. Miami L. Rev.	= University of Miami Law Review
U. Pa. L. Rev.	= University of Pennsylvania Law Review
U.S.	= United States Reports
U. S. C.	= United States Code
U. S. C. A.	= United States Code Annotated
v.	= versus
Va. L. Rev.	= Virginia Law Review
Vol.	= Volume
Wisc. L. Rev.	= Wisconsin Law Review
Yale L. J.	= The Yale Law Journal
ZfK	= Zeitschrift für das gesamte Kreditwesen
ZGR	= Zeitschrift für Gesellschaftsrecht
ZHR	= Zeitschrift für das gesamte Handelsrecht und Wirtschaftsrecht
ZRP	= Zeitschrift für Rechtspolitik
zust.	= zustimmend

Erster Teil

Insider trading im deutschen Recht

Erstes Kapitel

Einführung

Seit in der zweiten Hälfte des 19. Jahrhunderts die Industrialisierung und mit ihr der Kapitalbedarf der Unternehmen sich sprunghaft entwickelten, hat es erhebliche Mißstände beim Handel mit Kapitalanteilen zwischen sogenannten „Insidern" und weniger gut informierten Anlegern gegeben. Überlegungen, diese und andere Mißstände im Zusammenhang mit der Reform des Aktiengesetzes zu beheben, gehen zurück bis ins vorige Jahrhundert[1]. Dennoch ist es bislang zu einer gesetzlichen Lösung in Deutschland nicht gekommen, obwohl sich im Rahmen der Reform des Börsengesetzes die Gelegenheit hierzu anbot[2].

Dagegen kam es in den Vereinigten Staaten von Amerika trotz einer zunächst Anleger-unfreundlichen Common Law-Rechtsprechung[3] schon relativ frühzeitig, nämlich im Zuge der Anlegerschutz- und Börsengesetzgebung der Jahre 1933/34, auch zu einer Regelung des Insider-Problems. Gleichzeitig wurde zur Überprüfung der Einhaltung der neuen Gesetzgebung eine Börsenkommission (*Securities and Exchange Commission*, im folgenden: SEC) geschaffen. Die amerikanische Gesetzgebung in Verbindung mit den Ausführungsbestimmungen der SEC stellt auch heute noch die umfassendste, aber auch komplizierteste Regelung des Insider-Problems dar, die von zahlreichen Staaten — teils ganz, teils in ihren Grundzügen — übernommen worden ist[4].

---

[1] Vgl. *v. Strombeck*, 37 (1874).

[2] Das Börsengesetz vom 27. 5. 1908 i. d. F. des Änderungsgesetzes vom 28. 4. 1975 (BGBl. I S. 1013) enthält keine Insider-Vorschrift.

[3] Starker Einfluß ging dabei von einer englischen Entscheidung aus dem Jahre 1902 aus, mit der die Klage einiger Aktionäre gegen das Management wegen Verschweigens von Tatsachen im Zusammenhang mit dem Verkauf von Aktien abgewiesen wurde: Percival v. Wright (1902), 2 Ch. 421; 18 T. L. R. 697.

[4] Kaum abgewandelte — wenn auch hinsichtlich ihrer praktischen Bedeutung nicht vergleichbare — Regelungen finden sich z. B. in Japan (Securities and Exchange Law, Law No. 25 of 1948).

Am amerikanischen Modell orientieren sich auch Kanada (Canada Corporations Act 1970, Sections 98 D [i] 100 - 100.6); Frankreich (Ordonnance no. 67 -

Erst im November 1970, mit der Veröffentlichung der ersten Fassung der *Empfehlungen der Börsensachverständigenkommission beim Bundeswirtschaftsministerium zur Lösung der sogenannten Insider-Probleme* wurde — wenn auch noch etwas zaghaft — zum ersten Mal in Deutschland der Tatsache Rechnung getragen, daß bei Geschäften von Vorstands- und Aufsichtsratsmitgliedern mit Aktien ihrer Unternehmen aufgrund des Informationsvorsprunges Probleme auftauchen können, die mit den allgemeinen Rechtsbehelfen des Zivil-, Börsen- und Strafrechts nicht befriedigend zu lösen sind[5]. Vorausgegangen waren zahlreiche Presseberichte über Spekulationen von Eingeweihten, die einige Fachleute zu der Feststellung veranlaßten, man betrachte die Börse in Deutschland als spekulativen Markt zwischen Eingeweihten[6].

Selbstverständlich blieb diese Feststellung nicht ohne Widerspruch und selbst von Teilnehmern der Sachverständigenkommission wurden vergangene Mißstände heruntergespielt und statt dessen der präventive Charakter der „Empfehlungen" betont[7].

Inzwischen sind diese Empfehlungen überarbeitet worden und liegen in neuer Fassung seit Mai 1976 den Unternehmen zur Annahme vor[8].

---

833 du 28 septembre 1967, i. d.F. der loi no. 70 - 1203 du 23 septembre 1970 und décret no. 71 - 615 du 23 juillet 1971; dazu: *Leistner*, AG 1971, 360 und *Meilicke*, DB 1973, 1737; *Will*, AWD 1976, 549); Großbritannien (Companies Act of 1967, Sections 16, 25, 27 - 34; sowie City Code on Takeovers and Mergers, hrsg. von Association of Issuing Houses, 1968 i. d. F. Februar 1972, veröff. i. Palmer's Company Law, 5th Suppl. 1973; vgl. dazu: *Ashe*, New Law Journal 124 (1974), 83 und *ders.*, New Law Journal 123 (1973), 216; *G. M. Morse*, The Journal of Business Law 1973, 118 - 125; *Kay*, 36 The Modern Law Review 185 - 192 (1973), *Leistner*, AG 1974, 377 und *ders.*, AG 1975, 11.); *Prentice*, Current Legal Problems 1975, 83; Schweden (Lag om registrering av aktieinnehav, 26 nov. 1971, S. F. S. Nr. 827; vgl. dazu: G. Carsten, AG 1973, 304); zur Insiderregelung im Statut für Europäische Aktiengesellschaften (Art. 82 S. S. E.) vgl. *Hopt / Will*, 140 - 176; *Clement / Fortdran / Müller / Wanske*, AG 1972, 343, 347; allgem.: *Coing*, AG 1975, 120 sowie: *Grossfeld* in IECL Vol. XIII, Ch. 4, pp. 166 - 186.

[5] Insiderhandels-Richtlinien und Händler- und Beraterregeln sowie die Verfahrensordnung in der Fassung von 1970 sind als Beilage zu ZGesKW, Nr. 24 vom 15. 12. 1970, veröffentlicht.

[6] Vgl. *Wiedemann*, in FAZ v. 28. 3. 1968 (S. 15); ähnlich auch *Vagts*, 80 Harv. L. Rev. 23, 27 (1966); zu ähnlichen Ergebnissen kommen *Hopt / Will*, S. 19 - 28, nach Auswertung von Pressemeldungen; a. A.: *Claussen*, FAZ v. 3. 5. 1968 (S. 19) und FAZ v. 6. 5. 1968 (S. 16) sowie *Schrempf*, FAZ v. 5. 9. 1968 (S. 14).

[7] *Bremer*, AG 1971, 55; *Flachmann*, ZfK 1970, 594; a. A. *Beyer-Fehling*, ZfK 1970, 1114; *Hopt / Will*, 19 ff.

[8] Die Neufassung ist als Sonderdruck erschienen im Bank-Verlag GmbH, Köln 1976, abgedr. und kommentiert bei *Schwark*, Börs. G., Anh. II; vgl. dazu: *Bremer*, AG 1976, 10. Der gegenwärtige Stand der Verbreitung der „Empfehlungen" läßt sich z. B. anhand der Kurstabelle in der „Börsen-Zeitung" ablesen. Solange die Notiz über die Annahme der „Empfehlungen" nicht auch in den Tageszeitungen enthalten ist, darf der mögliche Werbeeffekt von Unterwerfungserklärungen nicht überschätzt werden.

Bevor auf die deutsche Rechtslage und die Empfehlungen im einzelnen eingegangen wird, lohnt es sich, dem Einwand nachzugehen, die Verhältnisse in der Bundesrepublik seien so verschieden von denen der übrigen westlichen Industrieländer, insbesondere der Vereinigten Staaten, daß ein Insider-Problem praktisch nicht existiere[9].

[9] Vgl. z. B. *Bremer* (AG 1970, 55), der deswegen einer freiwilligen Regelung am ehesten zustimmen möchte, vgl. auch *ders.*, AG 1976, 10; Hinweis auf die Unterschiedlichkeit der Verhältnisse: Flachmann, ZfK 1970, 650 (653); krit. dagegen *Schwark*, ZRP 1973, 7.

Zweites Kapitel

Notwendigkeit einer Regelung

A. Ausmaß

Empirische Untersuchungen über die Häufigkeit von Insider-Trading fehlen fast völlig. Bedingt durch die Anonymität von Kapitalmarktgeschäften, die in der Bundesrepublik durch die Verwendung der Inhaber-Aktie in noch stärkerem Maße ausgeprägt ist als in den Vereinigten Staaten, wo Namenspapiere die Regel darstellen, gestalten sich die tatsächlichen Ermittlungen äußerst schwierig. Hinzu kommt, daß ein Insider, der Aktiengeschäfte über seine Bank tätigt, genau wie jeder andere Anleger den Schutz des Bankgeheimnisses genießt und es in Deutschland — anders als beispielsweise in den Vereinigten Staaten oder in Frankreich — keine Melde- oder Hinterlegungspflicht für Insider-Geschäfte und keine zentrale Behörde zur Überwachung des Wertpapierverkehrs gibt[10].

Seit der Existenz der Insiderhandels-Richtlinien hat sich an diesem Zustand nichts wesentliches geändert. Die Untersuchungen im Fall *Thyssen-Rheinstahl* durch die bei der Düsseldorfer Börse gebildete Prüfungskommission endeten, ohne daß der Nachweis für Insider-Trading erbracht werden konnte. Zwei weitere Verfahren, eines bei der Berliner Prüfungskommission, das andere bei der gemeinsamen Prüfungskommission der Bremer, Hamburger und Hannoveraner Börse, endeten ebenfalls mit einem non liquet[11].

Das Ergebnis — nur vier Prüfungsverfahren in fünf Jahren und kein nachgewiesener Verstoß gegen die Richtlinien — könnte nur dann befriedigen, wenn einigermaßen sichergestellt wäre, daß alle Verstöße

---

[10] Zur Meldepflicht in den USA: vgl. 2. Teil, 2. Kap. D. Das zunächst sehr ähnlich gestaltete französische System wurde per loi vom 23. 12. 1970 und décret vom 23. 7. 1971 dahingehend geändert, daß die Mitglieder der Unternehmensleitung und des Aufsichtsrats Inhaberpapiere nur in der Form einer registrierten Hinterlegung bei einer Bank oder einem Wertpapierhändler besitzen dürfen (vgl. *Grossfeld*, IECL Vol. XIII, Ch. 4, p. 166, 167). Zum Schutz des Bankgeheimnisses in der Bundesrepublik: *Schönle*, S. 35 ff.

[11] Das Ergebnis des Verfahrens gegen die August Thyssen Hütte AG vom 10. 9. 1973 (einschl. ausführl. Tatbestand) ist abgedr. in: DB 1973, 2288 - 2290; das Ergebnis im Parallelverfahren gegen die Dresdner Bank AG vom 10. 9. 1973 abgedr. in: DB 1973, 2290. Über die weiteren Verfahren liegen veröffentlichte Entscheidungen nicht vor.

der zuständigen Prüfungskommission zur Kenntnis gebracht und von dieser mit den geeigneten Mitteln verfolgt werden können. Das ist jedoch nicht der Fall. Nach den alten wie den neuen Richtlinien wird die Prüfungskommission grundsätzlich auf Antrag tätig, es sei denn, es würden ihr bestimmte Tatsachen bekannt, die den Verdacht eines Verstoßes begründen[12].

Da die Prüfungskommissionen nicht über eigene Ermittlungsstellen verfügen, muß sich der Verdacht auf mißbräuchliches Insider-Trading schon aufdrängen, um ein Tätigwerden der Kommission auszulösen. Man ist daher auf andere Quellen angewiesen, wenn man das wahre Ausmaß des Problems abschätzen will.

Abgesehen von den bereits erwähnten, historisch belegten Insider-Verwicklungen, zu denen auch der Gebrauch politischer Informationen aus erster Hand für private Geschäfte gehört haben soll[13], finden sich immer wieder in der Tagespresse entsprechende Vermutungen, die den Schluß zulassen, daß der mißbräuchliche Gebrauch nicht-öffentlicher Informationen zu Wertpapiergeschäften keine Seltenheit darstellt[14].

Da es in der Natur der Sache von Presseveröffentlichungen liegt, daß lediglich über die spektakulärsten Fälle berichtet wird, ist zu befürchten, daß sich hier nur die Spitze des Eisbergs zeigt. Eine plausible Grund-

---

[12] Vgl. Verfahrensordnung § 3 (alter und neuer Fassung).

[13] Vgl. *Hopt / Will*, 19 (Fußnoten 49 - 51); etwas anders lag der Fall Nathan Rothschild, dessen legendärer Reichtum u. a. auf den Einsatz eigener Brieftauben zurückgehen soll, die ihm als erstem die Nachricht von Wellingtons Sieg bei Waterloo übermittelten; vgl. dazu *T. M. Ashe*, New Law Journal, Vol. 124 (1974), S. 83.

[14] Vgl. z. B. DIE WELT v. 15. 3. 1973, S. 11, „Kurssprünge geben Rätsel auf" (betr. Continental Gummiwerke AG); DIE WELT v. 28. 2. 1973, S. 12, „Waren in der Rheinstahl-Spekulation Insider engagiert?" — und zum Ergebnis der Prüfung: „Insider-Puzzle bleibt ungelöst" (DIE WELT v. 9. 11. 1973, S. 11; ferner zum Fall Rheinstahl: DIE WELT v. 27. 1. 1973, S. 13, v. 20. 2. 1973, S. 9; v. 22. 2. 1973, S. 9, v. 3. 3. 1973, S. 13, v. 14. 3. 1973, S. 12: (Mitteilung an die Aktionäre der Rheinstahl AG), v. 17. 3. 1973, S. 13, und v. 31. 3. 1973, S. 13; DIE WELT v. 8. 3. 1973, S 11, „Strafanzeige abgewiesen" (eine im Zusammenhang mit der Stillegung der Kämmerei Döhren AG wegen „trendwidrigen Machtmißbrauchs" erstattete Strafanzeige wurde mangels entsprechenden Strafbestandes zurückgewiesen); DIE WELT v. 16. 12. 1972, S. 13; DIE WELT v. 16. 11. 1972, S. 13: „Anlegerschutz hat noch Lücken"; DIE WELT v. 11. 11. 1972, S. 13: „Börsenwoche: Schwung durch Auslandskäufe" (insbes. Spekulation um Siemens-Dividende, Dierig, Salamander, Hapag-Lloyd); Der Spiegel Nr. 4/1971 v. 18. 1. 1971, S. 34 - 35 (zur Übernahme von Wintershall durch BASF); DIE WELT v. 24. 11. 1972, S. 16: „Esbi-Mehrheit wechselt Besitzer — Rätsel um Kurssteigerungen gelöst" sowie Hamburger Abendblatt v. 29. 11. 1972, S. 17, über einen ähnlichen Vorfall; Hamburger Abendblatt v. 5. 3. 1973, S. 17: „Insider"; DIE WELT v. 14. 12. 1972, S. 13: „Rechtsstreit um P + S-Abfindung"; DIE WELT v. 15. 11. 1972, S. 15: „Textilaktien im Spekulationskarussell"; Der Spiegel Nr. 52/1970 v. 21. 12. 1970: „Mitsumi: Angaben im Prospekt"; weiter Nachw. bei *Hopt / Will*, S. 19 - 28 und *Pfisterer*, S. 25 - 28.

lage für die Abschätzung des wahren Ausmaßes bietet eine Studie, die von der *Harvard Business Review* auf der Grundlage einer im Jahre 1961 durchgeführten Umfrage veröffentlicht wurde und deren Ergebnisse auch für die Bundesrepublik als Anhaltspunkte gelten können.

Fünftausend amerikanische Geschäftsleute wurden gefragt, was sie unter den folgenden Umständen tun würden:

„Angenommen, Sie sind Direktor einer großen Aktiengesellschaft. Bei einer Sitzung des Verwaltungsrates erfahren Sie von einer geplanten Verschmelzung mit einer kleineren Gesellschaft, die ihr Geschäftsjahr ohne Gewinn abgeschlossen hat und deren Aktien zur Zeit so niedrig notieren, daß Sie von einer Kurssteigerung als Folge des Bekanntwerdens der Nachricht von der Verschmelzung überzeugt sind."

Bei der Auswertung der Antworten ergab sich folgendes Bild:
42 % würden Aktien selbst kaufen,
14 % würden einen Freund benachrichtigen
und nur
56 % würden nichts unternehmen[15].

Aufschlußreich war auch die Anschlußfrage nach der vermutlichen Reaktion eines durchschnittlichen Geschäftsmannes. Hier erhöhte sich der Anteil der selbstkaufenden auf 61 %, während 46 % annahmen, daß Freunde benachrichtigt würden, und nur 29 % auch unter diesen Umständen jegliche Reaktion auf die Nachricht verneinten.

Da zur Zeit der Umfrage die gesetzlichen Grundlagen in den USA längst in Kraft waren, kann man davon ausgehen, daß das Problem den meisten Befragten bekannt war, auch wenn seine volle Tragweite erst durch den wenig später entschiedenen Fall *SEC v. Texas Gulf Sulphur Company* in das Bewußtsein der Öffentlichkeit gerückt wurde[16].

Das Problembewußtsein dürfte daher etwa ebensoweit entwickelt gewesen sein wie heutzutage in der Bundesrepublik.

Dieses Bild wird durch amerikanische Untersuchungen aus den Jahren 1957 bis 1967 abgerundet, die nach Auswertung der gesetzlichen Insider-Meldungen nach Sec. 16 (a) Securities Exchange Act zu dem Ergebnis gelangen, daß in der ersten Untersuchungsperiode (1957 - 1961) die Insider leicht, in der zweiten Periode (1961 - 1967) deutlich besser abschnitten als der Durchschnitt aller Anleger[17].

---

[15] *Baumhart*, Harv. Bus. Rev., July/Aug. 1961, p. 7 ff. (12 % der Befragten beantworteten beide Alternativen positiv).

[16] 258 F. Supp. 262 (S. D. N. Y. 1966), bestätigt in: SEC v. Texas Gulf Sulphur Co., 401 F. 2d 833 (2d Cir. 1968), *cert. denied:* Coates v. SEC, 394 U.S. 976 (1969).

[17] 1. Untersuchung: *Wu / Zakon*, p. 442 ff.; 2. Untersuchung: *Lorie / Niederhoffer*, 11 J. of Law and Econ., 35 - 53 (1968).

Auch wenn diese Ergebnisse nicht in jedem Fall den Rückschluß auf mißbräuchliches Insider-Trading zulassen, bestärken sie doch vorhandene Vermutungen[18].

Gleichzeitig wird deutlich, daß eine kleine Gruppe (Officers, Directors und 10 %-Shareholders) aufgrund gründlicherer Markt- und Wirtschaftskenntnisse am Kapitalmarkt erfolgreicher agiert als der durchschnittliche Anleger.

Es wäre jedoch voreilig, wenn man bestimmten Insidern deswegen den Handel mit Wertpapieren der eigenen Gesellschaft völlig verbieten würde. Abgesehen davon, daß ein solches umfassendes Verbot offenbar von niemandem gefordert wird, würde man damit die Unternehmen des Vorteils berauben, der zwangsläufig aus der kapitalmäßigen Beteiligung des Insiders und der damit verbundenen Identifikation mit dem Unternehmensschicksal entsteht. Eher könnte man daran denken, bestimmte, in besonders hohem Maße spekulative Wertpapiergeschäfte solchen Personen zu untersagen, die gewöhnlich Zugang zu nicht-öffentlichen Informationen haben. Umgekehrt ist dagegen die These aufgestellt worden, daß im Interesse des Funktionierens der kapitalistischen Wirtschaftsordnung jegliche Einschränkung von Insider-Geschäften unterbleiben müsse[19]. Dies fordert die Frage nach der Schädlichkeit des Informationsmißbrauches durch Insider heraus.

B. Schädlichkeit

Die These von *Manne*[20] geht auf eine rein ökonomische Betrachtungsweise zurück, die nach seiner Ansicht frei von moralischen Wertvorstellungen bleiben muß. Dabei sehen Manne und andere im Insider-Trading einen Nutzen für den Kapitalmarkt in der Stabilisierungswirkung, die dadurch eintreten soll, daß Insider aufgrund von Vorausinformationen Preisbewegungen zum Teil vorwegnähmen und dadurch abmilderten. Wenn z. B. ein Insider vorzeitig von einer Verbesserung der Ertragsaussichten des Unternehmens erfahren habe und durch eigene Käufe den Kurs der Aktien in die Höhe treibt, so führe dieses durch Spekulationsgeschäfte verursachte Steigen des Kurses gerade zu einer Anpassung an die wahren Gegebenheiten. Der neue Börsenkurs sei also „richtiger" als der alte[21].

---

[18] So *Lorie / Niederhoffer*, p. 53, entgegen *Wu / Zakon*, p. 446.

[19] *Manne*, Insider Trading And The Stock Market (abgek.: *Manne*, Insider Trading), p. 3 ff.; ähnl.: *Wu*, 68 Colum. L. Rev. 260; *Herschsohn*, SAG 44 (1972), 173.

[20] s. o. Fn. 19.

[21] *Manne*, Insider Trading, p. 106 f.; ähnlich *Claussen*, FAZ v. 6. 5. 1968, S. 16, sowie *v. Stebut*, DB 1974, 613, 618 — letzterer allerdings ohne Insider-Geschäfte für moralisch neutral zu halten.

Aber trotz dieser theoretisch möglichen Wirkungsweise hat sich bisher noch nicht nachweisen lassen, daß Insider ihre besseren Informationsmöglichkeiten auf breiter Basis zu antizyklischen Geschäften benutzt hätten. Viel eher deuten die bisherigen Ergebnisse darauf hin, daß Insider mit dem Markt gehen, ihre Geschäfte also trendverstärkend wirken[22].

Darüber hinaus reichen — jedenfalls bei Publikumsgesellschaften — die finanziellen Mittel einer relativ kleinen Gruppe nicht aus, um in nennenswertem Umfang Aufgaben der Kursstabilisierung wahrzunehmen. Auch die Zuhilfenahme von Krediten scheint schon im Hinblick auf die damit verbundenen zusätzlichen Risiken und die Einschaltung von „Mitwissern" wenig geeignet, den finanziellen Spielraum der Insider wesentlich zu erweitern.

Wichtigster Punkt von Manne's Argumentation ist jedoch die von ihm hervorgehobene Notwendigkeit der Erhaltung eines elementaren Leistungsanreizes für eine unternehmerisch denkende und handelnde Führungsschicht[23]. Anknüpfend an *Schumpeter's* Theorie[24] von der Unentbehrlichkeit kreativen Unternehmertums sieht Manne in der Verwertung von Inside-Informationen eine wichtige Voraussetzung für den Fortbestand dieses Unternehmertums und für die Erzielung echter wirtschaftlicher Pionierleistungen:

"The major innovations in commercial and industrial history have not come from purely salaried employees."[25]

Ob diese Begründung jedoch tragfähiger ist als die noch immer nicht ganz ausgeräumte Ansicht, wonach Insider-Gewinne eine auf „Gewohnheitsrecht" beruhende Nebenerwerbsquelle („emolument of corporate office") darstellen[26], erscheint allerdings zweifelhaft. Denn schon die Prämisse, daß ohne die Möglichkeit besonderer Insider-Gewinne der Anreiz zum innovativen unternehmerischen Denken und Handeln fehle, ist fragwürdig, wenn man sich die vielfältigen Formen des Leistungsanreizes und der Erfolgsbelohnung — aber auch des Erfolgszwanges — vor Augen hält. Schließlich beweisen gerade die Erfolge kleinerer Personen- und Kapitalgesellschaften, daß unternehmerisches Handeln durch-

---

[22] *Lorie / Niederhoffer*, p. 52; *Wu*, 68 Colum. L. Rev. 260, 268; ähnl. *Pfisterer*, S. 73 ff., unter Bezugnahme auf *H. Schulz*, Der Einfluß von Kapitalerhöhungen aus Gesellschaftsmitteln auf die Entwicklung der Aktienkurse (1972).

[23] P. 104.

[24] *Josef A. Schumpeter*, Theorie der wirtschaftlichen Entwicklung, 5. Aufl., Berlin 1952 (S. 88 ff.); daran anknüpfend: *Frank H. Knight*, Risk, Uncertainty And Profit (1921).

[25] P. 141; kritisch dazu: *Cary*, 50 Calif. L. Rev. 408, 410; *Schotland*, 53 Va. L. Rev. 1425, 1454; *Forstmoser*, SAG 1973, 133, 135; *Hopt / Will*, S. 39 f.

[26] Vgl.: *Herschsohn*, SAG 1972, 173 ff., anscheinend auch *Claussen*, FAZ v. 6. 5. 1968, S. 16.

aus ohne Insider-Trading auskommen kann. Die Reduktion der unternehmerischen Motivation auf eine bestimmte Art des finanziellen Anreizes stellt demgegenüber eine unzulässige Vereinfachung dar, die darüber hinaus zu untragbaren Ergebnissen führen würde: etwaige Gewinne stünden in keinem Verhältnis zur unternehmerischen Leistung; Gewinne ließen sich auch dann erzielen, wenn infolge unternehmerischer Fehlentscheidungen der Wert der Kapitalanteile sinkt; je unsteter die Unternehmensentwicklung, desto größer wären die Chancen für Insider, sich auf Kosten neu hinzukommender und ausscheidender Aktionäre — die zu einer Belohnung der Unternehmensführung am wenigsten Veranlassung haben — zu bereichern.

Zu Recht ist daher diese Art der Selbstbedienung über den Kapitalmarkt als Verletzung des Gebotes der Fairness gegenüber dem Anlagepublikum und dem Unternehmen gewertet worden[27]. Daneben resultieren aus dieser Praxis ganz erhebliche Gefahren für die übrigen Anleger, den Kapitalmarkt und die Unternehmen selbst.

I. Informationsverzögerung

Schon zu Beginn der Industrialisierung in Deutschland wurde die schleppende Information der Aktionäre beklagt und schon damals wurde dieser Mißstand mit dem privaten Geschäftsinteresse einiger weniger Eingeweihter in Verbindung gebracht[28]. Diese Gefahr ist auch heute noch nicht ausgeschlossen, obwohl inzwischen mindestens die besseren Publikumsgesellschaften von sich aus vierteljährliche Geschäftsberichte veröffentlichen. Auch der Zeitraum von einem Vierteljahr kann sich als zu lang erweisen, wenn in der Zwischenzeit wichtige Ereignisse eintreten. Der laufenden Information der Öffentlichkeit mit Hilfe der Medien kommt daher große Bedeutung zu.

II. Manipulation

Aus dem Einfluß der Informationspolitik der Unternehmen auf das Anlegerverhalten ergibt sich zugleich die Gefahr der Manipulation im Sinne gezielter Beeinflussung. Beispiele für irreführende Erklärungen von Unternehmenssprechern finden sich genug, ohne daß man allerdings in jedem Falle von vorsätzlicher Falschinformierung sprechen könnte. Bekannt geworden ist der schon erwähnte Texas Gulf Sulphur-Fall[29],

---

[27] Vgl. die Begründung in SEC v. Texas Gulf Sulphur Co., 401 F. 2d 833, 851 sowie die oben bei Fn. 25 genannten Nachw.; *Pfisterer*, S. 28.

[28] Vgl. oben bei Fn. 1.

[29] Vgl. oben Fn. 16; ein plastisches Beispiel für die Wirkung von Informationen auf den Markt stellt die Ankündigung von Kurzarbeit bei Mannesmann dar: vgl. DIE WELT v. 28. 8. 1976: „Mannesmann-Überreaktion führte zu breitem Einbruch der Kurse.“

wo das Management das aufkeimende Interesse der Öffentlichkeit an den Aussichten auf die Entdeckung des größten Erzvorkommens in der Geschichte des Unternehmens durch skeptische Erklärungen zu dämpfen versuchte. Der Dämpfung von Erwartungen diente auch ein Dementi des *Thyssen*-Chefs kurz vor der dann doch beschlossenen Fusion mit *Rheinstahl*[30].

Letztlich muß eine verzögernde oder irreführende Informationspolitik das Mißtrauen der Anleger gegenüber dem Wertpapier als Anlageform nur verstärken. Dieses Mißtrauen würde genügen, um die auf eine Erweiterung dieser Anlageform gerichtete Zielsetzung nachhaltig zu stören[31].

III. Gefährdung von Unternehmensinteressen

Unternehmensinteressen sind nicht nur dann unmittelbar betroffen, wenn Motive persönlicher Vorteilssicherung Einfluß auf die Art und Weise der Geschäftspolitik ausüben, sondern auch dann, wenn Insider lediglich interne Informationen zu Börsengeschäften ausnutzen und dadurch das Ansehen der auf den Kapitalmarkt angewiesenen Gesellschaft schädigen. Eine rein vermögensrechtliche Betrachtungsweise kann den wirklichen Schaden nicht voll erfassen, auch wenn eine solche Argumentation — jedenfalls in der amerikanischen Rechtsprechung — vorgekommen ist[32]. Wichtiger ist jedoch der Schutz der Kapitalmarktfähigkeit des Unternehmens, wie dies sehr deutlich in einer Entscheidung des New Yorker *Court of Appeals* ausgedrückt wird:

> "... (the corporation) has a great interest in maintaining a reputation of integrity, an image of probity, for its management and in insuring the continued public acceptance and marketability of its stock. When Officers and Directors abuse their position in order to gain personal profits, the effect may be to cast a cloud on the corporation's name, injure stockholder relations and undermine public regard for the corporation's securities."[33]

Demgemäß ist das Hauptanliegen der auf Kontrolle von Insider-Trading abzielenden Bestrebungen die Erhaltung und Verbesserung der Funktionsfähigkeit des Kapitalmarktes und nur daneben der Schadensausgleich für den Investor im konkreten Einzelfall.

---

[30] Vgl. oben Fn. 14; sowie Frankfurter Rundschau v. 10. 5. 1978, S. 5: „Eklatant und ekelhaft" (Auswirkung von Dividendenkürzung drei Tage vor dem entspr. Aufsichtsratsbeschluß der Mannesmann AG).

[31] Vgl. hierzu: Bremer, Börsensachverständigenkommission, S. 23 ff.

[32] Oliver v. Oliver, 45 S. E. 232; als Verletzung treuhänderischer Pflichten zum Nachteil des Treugebers wird die Einhaltung von Insider-Gewinnen gewertet in: Brophy v. Cities Service Co., 31 Del. Ch. 241, 70 A. 2d 5 (Ch. 1949); Diamond v. Oreamuno, 301 N. Y. S 2d 78 (Ct. of App. 1969); gegen die These von der „Unterschlagung des Spektulationswertes" zu Recht: *Comment*, 83 Harv. L. Rev. 1421, 1429 (1970); *Hetherington*, 1967 Wisc. L. Rev. 720, 731.

[33] Diamond v. Oreamuno (p. 82); ähnlich: *Cary*, 50 Calif. L. Rev. 408, 414.

IV. Auswirkungen auf den einzelnen Anleger

Häufig wird angenommen, daß der Aktiensparer überhaupt keinen Verlust erleidet, weil selbst der Mißbrauch von Inside-Informationen für das Anleger-Verhalten nicht ursächlich sei[34]. Zum Teil wird auch zwischen langfristig operierenden Aktiensparern und Spekulanten unterschieden. Der Aktiensparer kaufe oder verkaufe unabhängig von kleineren Kursschwankungen, wie sie vielleicht durch Insider-Trading hervorgerufen werden können, und auf lange Sicht würde sich ein geringfügig nach oben oder unten beeinflußter Preis ohnehin nicht meßbar auswirken[35].

Die Unterscheidung der Anleger nach der Dauer ihres Investments ist jedoch problematisch, da sie darauf hinausläuft, daß nur solche Anleger geschützt werden sollen, die möglichst ein ganzes Leben lang am Aktienbesitz festhalten und auf die jederzeitige Konvertibilität in Bargeld, auf die Realisierung von Kursgewinnen und die Vermeidung von Verlusten bei voraussehbarer schlechter Geschäftsentwicklung verzichten. Es ist klar, daß derartige Einschränkungen die Attraktivität dieser Anlageform verringern und allen Bemühungen um eine größere Kapitalbasis für das Wirtschaftswachstum zuwiderlaufen würden. Zudem würden — zugleich mit den „Spekulanten" — die mit Sparergeld operierenden Investmentgesellschaften bestraft.

Freilich sind die Nachteile für den einzelnen beim Börsengeschäft weniger offensichtlich als bei Direktgeschäften, weil beim Börsengeschäft der finanzielle Nachteil auf die Gemeinschaft der „Outsider" umgelegt wird. Dieser Umstand kann jedoch nicht darüber hinwegtäuschen, daß Insider-Gewinne letztlich auf Kosten der übrigen Anleger erzielt werden.

Im übrigen kann auch eine ökonomische Betrachtungsweise nicht an Wertvorstellungen wie: Fairness, Glaubwürdigkeit und Chancengleichheit vorübergehen, wenn diese einem unter dem Anlegerpublikum verbreiteten Gerechtigkeitsempfinden entsprechen[36]. Der von der amerikanischen Börsenkommission geprägte Grundsatz *Truth in Securities* ist mehr als ein bloßes Schlagwort, wo immer Anleger ihr Geld fremden Personen oder Unternehmen anvertrauen.

Es geht um die Erhaltung und Förderung dieser Vertrauensbasis.

---

[34] Vgl. *v. Stebut*, DB 1974, 613, 618; eingehend dazu: *Roth*, Rabels Z 38 (1974) 720, 722 ff.; *Horn*, ZHR 136 (1972), 369, 391; neuerdings auch BGH, Urt. v. 16. 2. 1976, BB 1976, 721; Krit. zur Entscheidung der Vorinstanz: *Wiedemann*, BB 1975, 1591, 1594.

[35] *Manne*, p. 102 - 107; dagegen zutr.: *Hopt / Will*, S. 46 ff.

[36] *Stebut*, S. 618; *Horn*, S. 392/393, spricht von Chancengleichheit; demgegenüber stellen *Hopt / Will* allein auf den Individual- und Funktionenschutz vor Schaden ab (S. 46 - 53). Zur Bedeutung der Funktionsfähigkeit des Effektenmarktes für das gesamte System der Kapitalbeschaffung: *Pfisterer*, S. 6 - 24.

Drittes Kapitel

Die Rechtslage in der Bundesrepublik Deutschland

Soweit gegen den Informationsmißbrauch durch Insider Rechtsbehelfe bestehen, sind diese in den allgemeinen Gesetzen verborgen; spezialgesetzliche Insider-Regelungen gibt es nicht. Statt dessen bestehen allerdings die auf freiwilliger Basis geltenden Insiderhandels-Richtlinien, deren Bedeutung aufgrund der Übernahme durch die meisten börsennotierten Gesellschaften und durch die zwischenzeitlich erfolgte Überarbeitung und Verbesserung zugenommen hat.

A. Allgemeine Rechtsgrundlagen

I. Strafrechtliche Sanktion

In seinem Verhältnis zur Bank ist der Kunde durch § 266 StGB (Untreue) vor vorsätzlichen Pflichtverletzungen geschützt; falsche Raterteilung oder andere Täuschungshandlungen wären gegebenenfalls als Betrug strafbar[37]. Sofern die engen tatbestandlichen Voraussetzungen der §§ 263, 266 StGB nicht vorliegen, trotzdem aber eine mit dem Anspruch auf kaufmännisches Vertrauen nicht zu vereinbarende Handlung vorkommt, kann gemäß § 9 Börsengesetz ein Verfahren vor dem Ehrenausschuß eingeleitet werden, das mit einem Verweis, mit Ordnungsgeld bis zu DM 2 000,— oder mit Ausschließung von der Börse bis zu zehn Sitzungstagen enden kann.

In dem Sonderfall der Verleitung zu Börsenspekulationsgeschäften würde schließlich noch § 89 Börsengesetz eingreifen.

Für andere Insider und ihre Mitwisser kommt Untreue (§ 266 StGB) kaum in Betracht, und auch Betrug (§ 263 StGB) würde voraussetzen, daß ein Irrtum erregt wurde. Bei Börsengeschäften wird Betrug daher kaum jemals in Frage kommen, es sei denn man nimmt an, der Insider habe eine Aufklärungspflicht gegenüber dem in Frage kommenden Anlegerpublikum. Von einer entsprechenden Rechtspflicht wird — anders als in der amerikanischen Rechtsprechung — hier gewöhnlich nicht ausgegangen. Zwar sind vom Reichsgericht Aufklärungspflichten angenommen worden, als es um den Verkauf wertloser Papiere an nichtsahnende

---

[37] Durch das Einführungsgesetz zum StGB vom 2. 3. 1974 (BGBl. I, S. 469) ist das Verbot falscher Raterteilung — § 95 BörsenG — aufgehoben worden.

Vertragspartner ging[38]. Doch muß bezweifelt werden, ob sich diese Rechtsprechung auch auf solche Fälle ausdehnen läßt, wo ein direktes Vertragsverhältnis nicht besteht und der Informationsvorsprung des Insiders weniger extrem ist. Die Rechtsprechung des BGH berechtigt jedenfalls nicht zu Hoffnungen in dieser Richtung, verweist sie doch gern den Aktionär auf das Kursrisiko, das man ihm nicht abnehmen könne[39].

Möglicherweise spielt dabei auch die Vorstellung, daß die Schutzbedürftigkeit des Aktionärs geringer sei als die anderer Konsumenten, noch eine gewisse Rolle[40]. Ein Treueverhältnis zwischen den Organen der Gesellschaft und ihren Aktionären, aus dem Aufklärungspflichten herzuleiten wären, besteht nach h. M. nicht, auch wenn der Vorstand die Interessen der Aktionäre zu berücksichtigen hat[41]. Für den Großaktionär ist eine solche Pflicht in dem Fall der Übernahme des Aktienkapitals der AUDI-NSU durch VW abgelehnt worden[42]. Dabei ging es um die Schadensersatzklage eines NSU-Aktionärs, der wenige Tage vor der Erhöhung des Umtauschangebotes von VW an die NSU-Aktionäre auf DM 226,— pro NSU-Aktie seine Aktien zum damaligen Börsenkurs von DM 145,— verkaufte. Die Beklagte (VW) war Berechtigte aus einem Beherrschungs- und Gewinnabführungsvertrag mit AUDI-NSU und befand sich möglicherweise bereits in Kaufverhandlungen mit einem dritten Aktionär über einen Paketerwerb zum Stückpreis von DM 226,—, als der Kläger seine Aktien auf dem Markt verkaufte. Der BGH wies gleichwohl die Klage ab unter Hinweis auf die fehlende Rechtsgrundlage.

Trotz der beherrschenden Stellung der Beklagten als Mehrheitsaktionärin und Berechtigte aus dem Beherrschungs- und Gewinnabführungsvertrag wurde die Verletzung einer gesellschaftsrechtlichen Treue- oder Aufklärungspflicht mit dem Hinweis darauf verneint, daß die Rechte der Minderheitsaktionäre auf die §§ 304 ff. AktG beschränkt seien[43].

---

[38] RG JW 1921, 680 Nr. 3, mit Anm. v. *Fuchs*.

[39] BGH, Urt. v. 16. 2. 1976, BB 1976, 721 (= JZ 76, 561 m. Anm. Lutter) — Bestätigung des Urteils des OLG Celle v. 30. 1. 1974, WM 1974, 1013; ähnl.: *Soergel-Siebert (Hefermehl)*, § 119 Rn. 47; *Wohlmann*, S. 110 f.; krit.: *Lutter*, JZ 76, 225; *Wiedemann*, s. o. Fn. 34.

[40] Im Gegensatz zum Anlegerschutz ist die Schutzbedürftigkeit des Konsumenten von der Rechtsprechung seit langem erkannt worden: vgl. *E. v. Hippel*, Verbraucherschutz, Tübingen (1974); zu den Bestrebungen für verbesserten Anlegerschutz vgl. *Wiedemann*, s. o. Fn. 34; *Peltzer*, NJW 1976, 1615; *Hopt*, Gutachten G zum 51. Deutschen Juristentag.

[41] Aus § 76 AktG wird keine Treupflicht zum individuellen Aktionär hergeleitet, vgl. *Baumbach / Hueck*, § 76 Rn. 1; *Godin / Wilhelmi*, § 93 Anm. 2, 8; *Rittner*, AG 1973, 113; Großkommentar (*Meyer-Landrut*), Anm. 11 zu § 76 AktG; a. A.: *Bruns*, ZfK 1969, 882 (o. Begr.).

[42] Vgl. oben Fn. 39.

[43] Krit. zur Entscheidung der Vorinstanz: *Wiedemann*, s. o. Fn. 34.

Weitere Strafbestimmungen sind in § 88 Börsengesetz enthalten, der Täuschungen oder unrichtige Angaben in Prospekten oder öffentlichen Mitteilungen unter bestimmten Umständen unter Strafe stellt. Soweit Geschäftsberichte betroffen sind, gelten ferner die Strafbestimmungen der §§ 400, 403 AktG.

Verletzungen der Geheimhaltungspflicht durch Vorstands- oder Aufsichtsratsmitglieder, Abwickler und Prüfer sind nach § 404 AktG strafbar. Da der Geheimnisschutz zugunsten der Gesellschaft weit auszulegen ist[44], werden viele Informationen, die für Spekulationszwecke mißbraucht werden könnten, als Geheimnisse im Sinne von § 404 AktG geschützt. Dabei ist nicht nur die Mitteilung eines Geheimnisses an Dritte strafbar, sondern auch die unbefugte Verwertung (§ 404 Abs. 2 AktG). Als Verwertung gilt jegliche Verwendung von Geheimnissen, ohne daß eine Entwertung des Geheimnisses die Folge sein müßte[45].

Die Strafverfolgung nach § 404 AktG ist jedoch an einen entsprechenden Antrag der Gesellschaft selbst gebunden. Dabei liegt es in der Natur der Sache, daß die Unternehmensleitung — sei es aus Sorge um den Ruf und das Ansehen des Unternehmens, aus Kollegialität oder um nicht im Verlaufe eines Strafverfahrens weitere Geheimnisse offenbaren zu müssen — normalerweise vor der Stellung von Strafanträgen zurückschreckt[46].

Durch das Antragserfordernis wird auch die Wirksamkeit des Geheimnisschutzes nach § 17 UWG beschränkt (§ 22 UWG), zudem ist die Verwertung von Geheimnissen nur dann strafbar, wenn die Kenntnis durch fremden oder eigenen Gesetzes- oder Sittenverstoß erlangt wurde[47].

In dem inzwischen verabschiedeten Ersten Gesetz zur Bekämpfung der Wirtschaftskriminalität[48] vom 29. 7. 1976 sind Insider-Delikte nicht erfaßt.

II. Haftung gegenüber dem Unternehmen

Abgesehen von den bereits dargelegten Schwierigkeiten, die einer Klage des Unternehmens gegen seine eigenen Insider im Wege stehen[49], wird das Unternehmen in der Regel selbst nicht in der Lage sein, einen bestimmten Schaden nachzuweisen[50].

---

[44] *v. Stebut*, DB 1974, 613, 614.

[45] *v. Stebut*, S. 614.

[46] *v. Stebut*, S. 615.

[47] *v. Stebut*, S. 614/615.

[48] BGBl. I 2029.

[49] s. o. bei Fn. 46.

III. Ersatzansprüche von Anlegern

Selbst in dem ausgesprochen seltenen Fall, daß Insider mit anderen Anlegern direkt kontrahieren, sind Rückabwicklungsansprüche wegen Nichtigkeit (§ 138 BGB) oder Anfechtung (§§ 119 oder 123 BGB) schwer zu begründen. Auch wenn inzwischen durch freiwillige Richtlinien der Mißbrauch nicht-öffentlicher Informationen geächtet ist, kann die Nichtbefolgung dieser Freiwilligkeitsregelung nicht ohne weiteres als sittenwidrig angesehen werden, da den Richtlinien nicht die gleiche ethische und gemeinwohlschützende Bedeutung zukommt wie Standesnormen für bestimmte Berufsstände[51].

Eine auf Anfechtung gestützte Klage wird in der Regel daran scheitern, daß die Unkenntnis der bevorstehenden Wertentwicklung eines Wertpapiers nicht als Irrtum über eine Eigenschaft einer Sache anzusehen ist. Die Unkenntnis von Umständen, die die geschäftliche Situation eines Unternehmens betreffen, wird als unbeachtlicher Motivirrtum angesehen, es sei denn, alle oder fast alle Kapitalanteile eines Unternehmens wären Gegenstand des Geschäftes: in diesem Falle läge in Wirklichkeit ein Unternehmenskauf vor[52]. Nur in Extremfällen wird eine arglistige Täuschung vorliegen, die gemäß § 123 BGB zur Anfechtung berechtigt[53]. Aus den gleichen Gründen werden in der Regel Schadensersatzansprüche nach § 823 Abs. II BGB in Verbindung mit § 263 StGB ausscheiden.

Ist die Rechtslage für den Anleger schon bei Direktgeschäften ungünstig, so wird sie gänzlich aussichtslos bei Börsengeschäften. Hier liegt eine unmittelbare Vertragsbeziehung zum Insider nicht vor, es sei denn, die vom Anleger beauftragte Bank selbst wäre als Insider anzusehen. Nach Ziffer 29 der Allgemeinen Geschäftsbedingungen der Banken (AGBB) führt die Bank Kundenaufträge über börsennotierte Wertpapiere aus, indem sie vom Selbsteintrittsrecht des Kommissionärs Gebrauch macht[54].

In Verbindung mit dem Schutz des Bankgeheimnisses fehlt somit jegliche Möglichkeit, die Vorbesitzer der Wertpapiere überhaupt erst zu ermitteln.

---

[50] Vgl. *Horn*, ZHR 136 (1972), 369, 387.

[51] Vgl. die Beispiele bei *Palandt / Heinrichs*, § 138 Anm. 5 a bb.

[52] RGZ 120, 283 (287); BGH JZ 1969, 337 (m. Anm. v. *Schlosser*); *Wiedemann* in Festschrift f. Nipperdey, Bd. I S. 815 ff.

[53] Vgl. *Soergel-Siebert* (*Hefermehl*), § 119 Rn. 47; *Horn*, S. 388 f.

[54] Vgl. dagegen *Wohlfarth / Bley* (S. 211): Verzicht auf das Selbsteintrittsrecht zugunsten verbesserter Umsatzpublizität. Es genügt jedoch, wenn das Deckungsgeschäft des Kreditinstituts über die Börse geleitet wird (sofern es sich um börsengängige Papiere handelt).

Kommt es dagegen im Verhältnis zur Bank zum Streit, weil die Bank trotz besseren Wissens den Anleger unrichtig oder überhaupt nicht beraten haben soll, so könnte sich die Bank auf Ziffer 10 AGBB berufen. Danach erteilt die Bank Auskünfte und Ratschläge unter Ausschluß der Haftung, „soweit dies im Rahmen der Rechtsordnung zulässig ist". Allerdings gilt nach ständiger Rechtsprechung der Haftungsausschluß jedenfalls dann nicht, wenn die Bank oder ihre leitenden Angestellten grobes Verschulden trifft[55]. Da auch für grobe Organisationsmängel die Haftung nicht ausgeschlossen werden kann, ergibt sich die interessante Frage, ob die Bank kraft ihrer vertraglichen Beratungspflicht Schaden vom Kunden dadurch abwenden muß, daß sie in anderen Tätigkeitsbereichen gesammelte Informationen den Mitarbeitern der Wertpapierabteilung für die Kundenberatung zugänglich macht. Angesichts des Schutzes des Bankgeheimnisses und in Anbetracht der Vielzahl der täglichen Informationen, die in einer Universalbank anfallen, müßte dies auf erhebliche Schwierigkeiten stoßen. Auch kann es nicht Aufgabe der Bank sein, Insider-Wissen dem Kunden zur Verfügung zu stellen[56]. Andererseits wäre es kaum zu rechtfertigen, wenn etwa aus einer Konsortialtätigkeit der Bank die finanziell schwierige Lage eines Unternehmens bekannt wäre, sie gleichwohl aber den Kunden zum Kauf der Wertpapiere raten würde.

Für die Universalbank wird sich daher wohl die Konsequenz aus ihrer vielfältigen Geschäftstätigkeit nicht vermeiden lassen, so daß sie sich ihre Kenntnis zurechnen lassen muß, wo immer sie sie erworben hat[57]. Als Alternative käme die strikte organisatorische Trennung von Anlage- und Kreditgeschäft in Frage. Entsprechende Überlegungen werden seit einiger Zeit in den Vereinigten Staaten angestellt, worauf noch einzugehen sein wird (2. Teil, 3. Kap. C 7).

Zusammenfassend ergibt sich also, daß strafrechtliche Sanktionsmöglichkeiten gegen Insider kaum bestehen, wenn man davon absieht, daß die vorsätzliche Verletzung von Beratungspflichten durch Banken und Anlageberater durch § 266 StGB mit Strafe bedroht ist. Zivilrechtliche Ansprüche der Gesellschaft selbst und der Anleger werden durch die Anonymität des Börsengeschehens entscheidend behindert, hinzu kommt das fehlende Interesse der Unternehmensleitung an der Rechtsverfolgung. Angesichts dieser Situation wird die Aufmerksamkeit verständlich, die der Erlaß und die Neufassung der Insiderhandels-Richtlinien gefunden haben[58].

---

[55] Vgl. BGHZ 20, 164; BGHZ 38, 183; BGH WM 1970, 632; BGH NJW 1974, 900; ähnl. § 11 Ziff. 7 des Gesetzes z. Regelung des Rechts d. AGB, BGBl. 1976 I 3317.

[56] Ebenso: *Hopt*, Kapitalanlegerschutz i. R. der Banken, S. 190 ff., 439 f.

[57] A. A. *Hopt*, S. 473 ff., allerdings unter der Voraussetzung der organisatorischen Trennung zwischen Unternehmens- und Bankinformationen.

B. Freiwillige Regelungen

Nachdem die erste Fassung der Insiderhandels-Richtlinien von 1970 schon bald nach ihrem Erlaß heftiger Kritik unterzogen wurde, verstärkten sich die Bestrebungen des Gesetzgebers, eine verschärfte Regelung des Insider-Problems in die Neufassung des Börsengesetzes aufzunehmen[59].

Dabei fand im Rahmen der Beratungen über die Reform des Börsengesetzes vor dem Bundestagsausschuß für Wirtschaft eine Anhörung zur Problematik einer gesetzlichen Insider-Regelung statt. Bei dieser Anhörung vertraten die Vertreter der Börsen, der Banken und der Industrie den Standpunkt, daß einer — allerdings verschärften — freiwilligen Insider-Regelung auf jeden Fall der Vorzug gegeben werden müsse. Gleichzeitig konnte auf das Vorliegen eines überarbeiteten Entwurfs verwiesen werden. Das Ergebnis dieser Bemühungen ist im Bericht des Bundestagsausschusses vom 19. 2. 1975 festgehalten:

„Der Ausschuß schlägt im Vertrauen auf verbesserte Insider-Richtlinien der Wirtschaft insoweit keine neuen gesetzlichen Regelungen vor."[60]

Das Änderungsgesetz zum Börsengesetz enthält keine Insider-Regelung. Wie schon die erste Fassung wurde auch die Neufassung der Insiderhandels-Richtlinien nach Abstimmung mit den beteiligten Kreisen (Arbeitsgemeinschaft der Deutschen Wertpapierbörsen, Bundesverband der Deutschen Industrie, Bundesverband der Deutschen Volksbanken und Raiffeisenbanken, Bundesverband des Deutschen Groß- und Außenhandels, Bundesverband deutscher Banken, Deutscher Sparkassen- und Giroverband, Gesamtverband der Versicherungswirtschaft, Hauptgemeinschaft des Deutschen Einzelhandels, Verband der Gemeinwirtschaftlichen Geschäftsbanken und Verband öffentlicher Banken) von der Börsensachverständigenkommission verabschiedet. Außerdem wurden Händler- und Beraterregeln und die Verfahrensordnung neu gefaßt[61].

I. Die Insiderhandels-Richtlinien

Gegenüber der ersten Fassung, die nicht zu Unrecht, insbesondere wegen ihrer tatbestandlichen Enge, kritisiert worden ist[62], bringt die

---

[58] Zu den alten Richtlinien vgl. Nachw. oben Fn. 7; *Rümker*, BB 1972, 1208; zu den neuen Richtlinien: *Bremer*, AG 1976, 10.

[59] Vgl. im einzelnen: *Bremer*, Börsensachverständigenkommission, S. 27 ff.

[60] BT Drucks. 7/3248, S. 2. Zum Hintergrund vgl. *Degner*, AG 1974, 365, 369.

[61] Vgl. den Abdruck im Heft „Insider-Regeln", oben Fn. 8.

[62] Vgl. z. B.: *H. Bruns*, S. 168 ff.; *Holschbach*, NJW 1973, 2006; *Hopt / Will*, S. 19 ff.; *Horn*, ZHR 136 (1972), 369, 386; *Leistner*, ZRP 1973, 201 - 208; grds. zustimmend: *Bitz*, AG 1974, 114, 116.

neue Fassung der Richtlinien wesentliche Verbesserungen. Sie beginnt mit einer Grundsatzbestimmung in § 1, die wie folgt lautet:

„1. Insider und ihnen gleichgestellte Dritte dürfen Geschäfte in Insiderpapieren unter Ausnutzung von Insider-Informationen, von denen sie aufgrund ihrer Stellung Kenntnis erlangt haben, zu keinem Zeitpunkt und in keiner Weise zum eigenen Vorteil oder zum Vorteil Dritter abschließen oder abschließen lassen."

Von diesem Grundsatz sind allerdings folgende Geschäfte ausgenommen:

Geschäfte aufgrund Weisungen, wobei die Verantwortlichkeit des Weisungsgebers unberührt bleibt;

Geschäfte, die zur Verwirklichung einer unternehmenspolitischen Konzeption dienen

und Geschäfte von Kreditinstituten zur Wahrung von Kundeninteressen oder im Rahmen des üblichen Wertpapierhandels solcher Institute.

Die Grundsatzbestimmung wird durch die in § 2 enthaltenen Definitionen von „Insidern", „Insiderpapieren" und „Insider-Informationen" ausgefüllt und — da die Definitionen als abschließende zu verstehen sind — auch eingeschränkt.

Das gilt zunächst von den „*Insiderpapieren*", die als Aktien, Genußrechte, Wandel- und Gewinnschuldverschreibungen, Optionsscheine und Bezugsrechte definiert werden. Reine Schuldverschreibungen zählen also nicht zu den Insiderpapieren. Voraussetzung ist ferner die — mindestens beabsichtigte — Zulassung zu einer deutschen Börse oder zum geregelten Freiverkehr. Zu beachten ist jedoch, daß § 1 der Richtlinien *alle* Geschäfte mit diesen Papieren umfaßt, also auch soweit die Geschäfte nicht über die Börse oder im geregelten Freiverkehr abgewickelt werden.

Nicht dagegen erfaßt wird der sogenannte „graue" Kapitalmarkt, wo in zunehmendem Maße die von Abschreibungsgesellschaften bevorzugte Gesellschaftsform der Kommanditgesellschaft (GmbH & Co., KG) Verwendung findet[63]. Inzwischen ist bekannt, daß die bei derartigen Beteiligungen aufgetretenen Mißstände, deren Ausmaß mit den aktienrechtlichen Mißständen zu Anfang der Gründerjahre verglichen wird, die Erweiterung des Anlegerschutzes auf diese Gesellschaftsform verlangen[64]. Allerdings wären insoweit die Richtlinien, die in erster Linie für den Börsen- und Freiverkehr gedacht sind, nicht das richtige Instrument.

---

[63] Vgl. *Wiedemann*, BB 1975, 1591, 1595 ff.

[64] *Wiedemann*, S. 1595; *Peltzer*, NJW 1976, 1615 ff.; vgl. auch *Schwark*, ZGR 1976, 271 (303).

Abschließend definiert ist auch der *persönliche Geltungsbereich* der Richtlinien. Die darin beschriebenen Personen sind allerdings nicht unmittelbar den als „Empfehlungen“ der Börsensachverständigenkommission verfaßten Richtlinien unterworfen, sondern müssen sich privatrechtlich zur Einhaltung der Richtlinien verpflichten.

Die Verpflichtungserklärung erfolgt gegenüber der Gesellschaft, die auch für die Einholung der Erklärungen und die Auswahl der in Frage kommenden Angestellten verantwortlich ist (§ 5 Abs. 1 der Richtlinien). Weitergehend als nach der alten Fassung gelten die neuen Richlinien jetzt auch für inländische Großaktionäre und deren Vertreter und Aufsichtsratsmitglieder (§ 2 Abs. 1 c der Richtlinien). Allerdings sind jedoch gerade Übernahmeangebote und stille Kapitalmarktgeschäfte zur Vorbereitung des Mehrheitserwerbs durch die Ausnahme in § 1 Abs. 2 b (Geschäfte aufgrund unternehmerischer Planung) in Verbindung mit § 2 Abs. 2 c (Zusammenschließende Unternehmen) von dem grundsätzlichen Verbot der Richtlinien ausgenommen. Die Einbeziehung von Großaktionären würde also in dem bereits erwähnten Fall des Übernahmeangebotes durch VW an die AUDI-NSU Aktionäre zu keinem anderen als dem in der Rechtsprechung erzielten Ergebnis führen[65].

Durch die Gleichstellung von Kreditinstituten mit Insidern wird ein besonders wichtiger „Außenseiter“, das Kreditinstitut als Konsortialbank, in die Richtlinien einbezogen. Man mag sich fragen, warum nicht auch andere wichtige „Außenseiter“, wie beispielsweise Bilanzprüfer, den Insidern gleichgestellt werden.

Außerdem bleibt unklar, warum Kreditinstitute nur dann Insidern gleichgestellt werden, wenn sie Insider-Informationen infolge ihrer Tätigkeit als Konsortialbank erlangen, in der Verwendung von Informationen aus dem Kreditgeschäft aber nicht beschränkt werden[66]. Zweifelhaft ist auch, wann Kreditinstitute im Sinne von § 2 Abs. 1 der Richtlinien „eingeschaltet“ sind:

Genügt die Darlehensgewährung an eine Gesellschaft zur Finanzierung eines Abfindungsangebotes, um das Kreditinstitut wie einen Insider zu behandeln? Von dem Sinn der Richtlinien her, die gerade den Mißbrauch solcher Informationen verhindern wollen, sind unter solchen Umständen Kreditinstitute wohl auch Insidern gleichzuachten.

---

[65] Dazu s. o. bei Fn. 39; lt. *Bremer*, Börsensachverständigenkommission, S. 32, sollte der Unternehmenskauf ausdrücklich ausgenommen sein. Allerdings würde sich unter den neuen Richtlinien möglicherweise ein Verstoß durch die beteiligten Banken nachweisen lassen, die in ihrer Konsortialtätigkeit Insidern gleichgestellt werden.

[66] Die offiziellen Erläuterungen zu den Richtlinien beschränken die Insiderhaftung der Banken auf das Konsortialgeschäft: § 2 Anm. 2; i. E. wohl ebenso durch Beschränkung der „Insider-Pflichten“ auf Inhaber *originärer* Informationen: *Bruns*, ZfK 1969, 882; ähnlich die Unterscheidung bei *Hopt*, oben Fn. 56.

Bedenklich erscheint, daß nicht zu den Insidern solche Gesellschaften gehören, deren Aufsichtsrats-, Vorstandsmitglieder oder Angestellte Aufsichtsräten anderer Gesellschaften angehören. Das ermöglicht es weiterhin, daß Informationen zwar nicht vom Insider selbst, wohl aber von seinem Unternehmen verwertet werden. Für die Verwertung durch Dritte ist der Insider nach § 1 der Richtlinien nur dann verantwortlich, wenn er das Geschäft durch Weisung abschließen läßt.

Was *Insider-Informationen* sind, wird in § 2 (Abs. 3) der Richtlinien genau und abschließend definiert.

Dem Obersatz der Bestimmung („Insider-Informationen sind Kenntnisse von noch nicht bekanntgegebenen oder bekanntgewordenen Umständen, die von Einfluß auf die Bewertung der Insiderpapiere sein können"), kommt angesichts des sich daran anschließenden Katalogs nur deklaratorische Bedeutung zu. Außer Maßnahmen, die sich auf die Organisation, den Zusammenschluß und die Kapitalausstattung von Unternehmen beziehen, gelten insbesondere folgende Umstände als Insider-Informationen:
eine Änderung des Dividendensatzes,
wesentliche Ertrags- oder Liquiditätsveränderungen,
oder wesentliche Umstände, die hierauf von Einfluß sind oder sein werden.

Was wesentliche Veränderungen sind, wird nicht definiert, jedoch wird man davon ausgehen können, daß wesentliche Umstände jedenfalls dann vorliegen, wenn bei Bekanntwerden der Information Kursveränderungen zu verzeichnen sind. Infolge der abschließenden Formulierung des Katalogs fällt die Kenntnis von bevorstehenden Presseveröffentlichungen, die zwar die Ertragslage des Unternehmens nicht berühren, wohl aber die Einschätzung seiner Wertpapiere in der Öffentlichkeit beeinflussen können, nicht unter das Informations-Verwertungsverbot.

Hervorzuheben ist der Verzicht auf das Merkmal der „Vertraulichkeit" der Information. Dadurch, daß die neuen Richtlinien auf nicht bekanntgegebene oder nicht bekanntgewordene Informationen abstellen, sind auch solche Informationen von der Verwertung ausgenommen, für die keine Geheimhaltungspflicht besteht. Vom Schutzgedanken der Richtlinien her kann ein „Bekanntwerden" der Information erst dann angenommen werden, wenn die Allgemeinheit die Möglichkeit besitzt, die Information in derselben Art zu verwerten wie der Insider. Normalerweise wird man deswegen auf das Datum des Erscheinens in den üblichen Medien abstellen müssen. Selbst dann aber befindet sich noch der Insider im Vorteil gegenüber dem Publikum, denn er hatte inzwischen Zeit, seine Dispositionen zu überlegen und vorzubereiten. Es wäre daher zweckmäßig gewesen, wenn die Richtlinien eine Schutzfrist von ein bis zwei Tagen nach Bekanntwerden bestimmt hätten. In Einzelfällen kann der Nachweis des Nichtbekanntseins einer Nachricht schwerfallen, etwa wenn eine Information nach und nach „durchsickert". Da vom Insider, der im Besitz einer wichtigen Information ist, erwartet werden kann, daß er sich von der erfolgten Bekanntgabe überzeugt, bevor er handelt, sollte ihm auch die Beweislast dafür übertragen werden. Eine diesbezügliche Regelung enthalten die Richtlinien jedoch nicht.

Verstöße gegen das Verbot, die von der zuständigen Prüfungskommission im Rahmen eines besonders geregelten Prüfungsverfahrens festgestellt werden, verpflichten den Insider zur Herausgabe der aus dem Verstoß erzielten Vermögensvorteile (also auch der vermiedenen Verluste) an die Gesellschaft, der gegenüber die Richtlinien anerkannt wurden. Die Gesellschaft hat daher einen vertraglichen Anspruch gegen den Insider — bei gleichgestellten Personen: aus Vertrag zugunsten Dritter —, dessen Durchsetzung ihr in § 4 Abs. 2 der Richtlinien zur Pflicht gemacht wird.

II. Die Händler- und Beraterregeln

Die Insiderhandels-Richtlinien werden durch die Händler- und Beraterregeln ergänzt, die sich an Kreditinstitute sowie deren Geschäftsleiter und Angestellte und an sonstige gewerbliche Anlageberater mit dem Verbot wenden, Wertpapiergeschäfte „aus nicht im Interesse des Kunden liegenden Gründen" zu empfehlen oder Eigengeschäfte aufgrund von Kundenaufträgen vorzunehmen, wenn dadurch für den Auftraggeber Nachteile entstehen. Gegenüber den Händler- und Beraterregeln von 1970 sind die im Jahre 1976 neu herausgegebenen Regeln nur unwesentlich verändert worden. Ihre Charakterisierung als „selbstverständliche Gebote des kaufmännischen Anstandes"[67] ist am ehesten geeignet, den Gehalt der Regeln zu umschreiben, die lediglich das Verbot ganz bestimmter, eng umrissener Verhaltensweisen bezwecken und nicht den Sinn haben, Art und Umfang der Beratungspflicht gegenüber dem Kunden zu regeln[68].

Die Problematik der Beschränkung auf das „ethische Minimum" wird in mehrfacher Hinsicht deutlich:

So gelten das Verbot nachteiliger Empfehlungen und das Verbot nachteiliger Eigengeschäfte nicht, soweit es um Wertpapiere geht, die an ausländischen Börsen notiert sind oder die nur im Telefonverkehr gehandelt werden.

Als Beispiele für verbotene Empfehlungen werden solche genannt, die die Erhöhung oder Ermäßigung von Eigenbeständen bezwecken

[67] So bezeichnet in der Anmerkung zu § 3 der Händler- und Beraterregeln.
[68] Vgl. § 1 Anm. 5.

oder die Kurse in eine bestimmte Richtung lenken sollen. Einfaches Verschweigen nachteiliger Umstände stellt also ebensowenig einen Regelverstoß dar wie die Außerachtlassung von Sorgfaltspflichten im Rahmen der Kundenberatung.

Auch das Verbot nachteiliger Eigengeschäfte wird entscheidend durch die Formulierung „Eigengeschäfte aufgrund eines Kundenauftrages" (§ 1 Abs. b) eingeschränkt, denn danach muß gegenüber dem Kreditinstitut der Nachweis geführt werden, daß gerade wegen des Kundenauftrages ein Eigengeschäft vorgenommen wurde und es sich nicht lediglich um ein Parallelgeschäft handelte.

Geschäftsleiter und Mitarbeiter erkennen die Regeln auf Veranlassung des Kreditinstitutes vertraglich gegenüber diesem an. Anlageberater — hierzu gehören auch die Börsen- und Wirtschaftsberichterstatter bei den Zeitungen und Informationsdiensten — können sich durch schriftliche Erklärung gegenüber der Arbeitsgemeinschaft der Deutschen Wertpapierbörsen den Regeln unterwerfen.

Die Wertpapierbörsen machen diese Erklärungen in den Amtlichen Kursblättern bekannt und führen über die betreffenden Anlageberater eine Liste. Hieraus ergibt sich eine besondere Sanktionsmöglichkeit, die allerdings nur für Anlageberater vorgesehen ist:

Im Falle eines vorsätzlichen Regelverstoßes kann die Streichung aus der Liste veranlaßt werden. Die Streichung würde durch die Börsen in den Amtlichen Kursblättern bekanntgemacht werden[69].

III. Die Verfahrensordnung

Obgleich das Schwergewicht der Freiwilligkeitslösung noch immer auf dem deklaratorischen Wert eines selbst gegebenen Verhaltenskodexes ruht, verläßt sich die Börsensachverständigenkommission nunmehr weniger als früher auf die moralische Kraft des Appells und hat die für die Verfolgung von Verstößen geltende Verfahrensordnung in wesentlichen Punkten verschärft. Die Grundzüge des Verfahrens sind jedoch gleichgeblieben:

Bei den Behörden sind Prüfungskommissionen bestellt, die im Auftrag der beteiligten Spitzenverbände tätig werden[70]. Sie sind zuständig zur Prüfung von Verstößen gegen die Insiderhandels-Richtlinien und die Händler- und Beraterregeln, sofern die Betroffenen sich den Richtlinien

---

[69] § 5 Händler- und Beraterregeln. Bei Unternehmen und Kreditinstituten, die nach Anerkennung der „Richtlinien" und „Regeln" in den Börsenblättern mit „i" gekennzeichnet sind, erfolgt auch nach vorsätzlichen Verstößen keine Gegennotiz oder Löschung.

[70] Dazu im einzelnen: *Bremer*, Börsensachverständigenkommission, S. 29.

oder Regeln sowie der Verfahrensordnung unterworfen haben. Sie wird tätig auf Anzeige oder Selbstanzeige oder wenn ihr Umstände bekanntwerden, die einen Verstoß schlüssig erscheinen lassen. Sie kann bei dringendem Verdacht eigene Vorermittlungen anstellen. Bestätigt sich dann der Verdacht eines Verstoßes, so wird der Betroffene verständigt und ein Prüfungsverfahren eingeleitet. Zur Durchführung von Ermittlungen bedient sich die Kommission der gesetzlichen Vertreter der Gesellschaft, ihres Aufsichtsrates, der Abschlußprüfer (bzw. Depotprüfer) oder eines anderen Wirtschaftsprüfers. Die Kommission entscheidet nach Anhörung des Betroffenen förmlich mit schriftlicher Feststellung, ob ein Verstoß vorliegt, nicht vorliegt oder nicht beweisbar ist. Die förmliche Feststellung wird dem Betroffenen sowie der mit den Ermittlungen beauftragten Stelle und dem zuständigen Bundesminister mitgeteilt. Bei festgestelltem Verstoß werden außerdem die gesetzlichen Vertreter der Gesellschaft, der Vorsitzende des Aufsichtsrates und — bei Kreditinstituten — der Geschäftsleiter unterrichtet. Anderen Stellen darf das Prüfungsergebnis ohne Einwilligung des Betroffenen nur dann mitgeteilt werden, wenn ein grober Verstoß vorliegt, die Folgen erheblich sind und das Verschulden schwerwiegt:

In diesem Fall kann die Entscheidung veröffentlicht werden. Ferner hat der Betroffene bei festgestelltem Verstoß die Verfahrenskosten zu ersetzen.

Die wichtigsten Änderungen gegenüber der früheren Regelung betreffen

— die erweiterte Zuständigkeit der Kommission, die nunmehr Verfahren gegen alle Insider und ihnen gleichgestellte Personen sowie Händler und Berater einleiten kann, wenn die Unterwerfungserklärungen vorliegen,
— erleichterte Verfahrenseinleitung durch Verzicht auf vollständigen Tatsachenvortrag in der Anzeige,
— die Befugnis der Kommission, eigene Vorermittlungen anzustellen und
— die Veröffentlichung des Ergebnisses ohne Zustimmung des Betroffenen.

Allerdings ist damit nicht vollständig die bisherige Linie aufgegeben, deren wesentliche Elemente der Schutz des Einzelnen vor nicht-substantiierten Beschuldigungen und die Vertraulichkeit des Prüfungsergebnisses darstellen:

So muß die Anzeige schriftlich und unter schlüssiger Behauptung eines Verstoßes erfolgen. Mangels schlüssigen Vortrages kann es zur „a-limine“ Abweisung kommen. Auch weiterhin ist die Kommission zur Ermittlung von Verdachtsmomenten grundsätzlich nicht befugt (§ 3 Abs. 4 a, erster Satz). Die neu hinzugekommene Befugnis, eigene Vorermittlungen anzustellen, gilt nur bei dringendem Verdacht.

In allen übrigen Fällen liegt die Last, das notwendige Beweismaterial zusammenzustellen, also weiterhin beim Anzeigenden, der angesichts des Bankgeheimnisses und der Anonymität von Börsenumsätzen kaum die Möglichkeit dazu hat und außerdem noch durch die Ausschlußfrist von drei Monaten seit Kenntnis vom behaupteten Verstoß sein Beweismaterial unter Zeitdruck zusammenstellen muß. Dagegen hat die Kommission — wenn sie den dringenden Verdacht bejaht — die Befugnis, vom Betroffenen Auskunft über Geschäfte mit Insiderpapieren zu verlangen und diese Auskünfte stichprobenartig durch Rückfragen bei den Depotbanken zu überprüfen.

Voraussetzung hierfür ist allerdings die Befreiung der Banken vom Bankgeheimnis durch den Insider. Der gute Wille zur Kooperation dürfte aber sehr schnell schwinden, wenn eine Untersuchung fündig zu werden droht.

Auch deswegen ist die Bedeutung der äußersten Konsequenz, der Veröffentlichung des Prüfungsergebnisses ohne Zustimmung des Betroffenen, vermutlich gering[71]. Hinzu kommt, daß der Beschluß zur Veröffentlichung einstimmig gefaßt werden muß, obwohl im übrigen die Prüfungskommission mit absoluter Mehrheit entscheidet (§ 6 der Verfahrensordnung), und daß die Kommission ein die persönlichen und beruflichen Belange des Betroffenen überwiegendes Interesse an der Veröffentlichung bejaht.

Selbst dann noch kann der Betroffene die Veröffentlichung verhindern oder mindestens aufschieben, indem er innerhalb von sechs Wochen ein gerichtliches Verfahren gegen den Beschluß einleitet (§ 5 Abs. 7, letzter Satz der Verfahrensordnung).

Zusammengenommen bringen insbesondere die neuen Insiderhandels-Richtlinien und die neue Verfahrensordnung wesentliche Verbesserungen gegenüber dem früheren Zustand, indem die Reichweite der Richtlinien durch Einbeziehung von Großaktionären und Kreditinstituten sowie deren Mitarbeitern erweitert wird und das Verbot durch eine verschärfte Verfahrensordnung mit verbesserten Untersuchungsbefugnissen mehr Gewicht bekommt. Die wesentlichen Mängel der bisherigen Rechtslage, die insbesondere in der fehlenden Aufklärungsmöglichkeit und der damit verbundenen Schwierigkeit der Rechtsver-

---

[71] Zweifelhaft ist, ob der Betroffene während eines Verfahrens seine Unterwerfungserklärung widerrufen kann (bejahend: *Hopt / Will*, S. 115) oder ob die Erklärung — wenigstens ab Einleitung eines Verfahrens — unwiderruflich wird.

folgung liegen, können dadurch jedoch nicht ausgeglichen werden, wenn es in der Verfahrensordnung unmißverständlich heißt:

(§ 3 Abs. 4 b): „Es ist nicht Aufgabe der Prüfungskommission, die erforderlichen Verdachtsmomente zu ermitteln bzw. ermitteln zu lassen oder belastende Umstände aufzufinden."

In der weiterhin fehlenden Aufklärungsmöglichkeit sowie im Fehlen einer ständigen, den Wertpapierverkehr überwachenden Aufsichtsinstanz liegen — abgesehen von zahlreichen Einschränkungen im Detail — die Hauptnachteile der Freiwilligkeitslösung[72].

Von einem wirksamen Verbot des Informationsmißbrauches oder gar einer Verbesserung des Rechtsschutzes für Anleger kann daher nicht die Rede sein[73].

C. Reformdiskussion

Schon die Kritik an den Insiderhandels-Richtlinien alter Fassung hatte sich vor allem an der Frage entzündet, ob ein auf freiwilliger Unterwerfung beruhendes Lösungsmodell praktikabel und ausreichend sei[74]. Auch nach der Neufassung der „Empfehlungen" bleibt die Frage bestehen, da wesentliche Unzulänglichkeiten nicht ausgeräumt worden sind. In dem Meinungsstreit über das Für und Wider einer gesetzlichen Regelung und ihrer Ausgestaltung spielt das amerikanische Insider-Recht eine wesentliche Rolle: Während die einen auf das ausgeklügelte Normen- und Kontrollsystem verweisen und die Einführung eines ähnlichen Systems empfehlen[75], warnen die anderen vor dem erheblichen Aufwand, der durch eine solche Regelung erforderlich würde und verweisen auf die Möglichkeit der Rechtsfortbildung durch die Gerichte[76]. Als Mittelweg zwischen einer Regelung nach amerikanischem Muster und einer Verbesserung der Freiwilligkeitslösung wird daher teilweise die Einführung eines entsprechenden Straftatbestandes vorgeschlagen[77], weil dadurch Änderungen am bestehenden Rechtssystem kaum erforderlich wären und gleich-

---

[72] Dies wird von *Bitz* (AG 1974, 114, 116) übersehen, der trotz Anonymität von Börsengeschäften und allgegenwärtiger Versuchungen auf die moralische Verbindlichkeit eines Ehrenkodexes vertraut.

[73] Vgl. zur Kritik an den Empfehlungen wegen fehlender Anspruchsgrundlagen für geschädigte Anleger: *Will*, NJW 1973, 654 — insofern hat sich auch nach den neuen Empfehlungen nichts geändert.

[74] Vgl. z. B. *Horn*, ZHR 1972, 369, 394: „Diese Schwächen (der Selbstregulierung) werden eher unterstrichen durch den Ausdruck der Selbstzufriedenheit über den guten Eindruck, den man in der Öffentlichkeit durch die Empfehlungen zu machen hofft." Ähnl.: *Schwark*, BörsG, S. 499.

[75] Vgl. *Hopt / Will*, S. 163; i. E. ähnl.: *Pfisterer*, S. 128 ff.

[76] *Forstmoser*, SAG 1973, S. 133, 150; *H. Bruns*, S. 183; *Horn*, S. 395; zu den Möglichkeiten der Rechtsprechung: *Mertens*, ZHR 138 (1974), 269, 275; krit.: *Ulmer*, JZ 1975, 625, 627.

[77] *H. Bruns*, S. 181 ff.; *Forstmoser*, S. 151 für die Schweiz.

zeitig die Akzeptierung der Grundnorm, daß die Verwertung von Insiderwissen verwerflich ist, erleichtert werde.

Allerdings lassen die Vertreter dieses Vorschlags völlig offen, in welcher Weise Verletzungen des Verbots verfolgt werden sollen, wenn entsprechende Kontrollmechanismen fehlen. Darüber hinaus ist fraglich, ob allein von der Einführung eines Straftatbestandes ein so starker positiver Einfluß auf das Insiderverhalten ausgeht, daß von den vielfältigen Möglichkeiten zum Mißbrauch von Informationen nicht Gebrauch gemacht wird.

Eine stärkere präventive Wirkung sowie eine Voraussetzung für die Entdeckung von Insidermißbräuchen versprechen sich die Vertreter des Vorschlags, der auf eine Einführung von Insidermeldepflichten nach amerikanischem Muster abzielt[78]. Angesichts der in Deutschland vorherrschenden Inhaberaktie erscheint die Einführung einer Meldepflicht für alle Geschäfte einer näher zu umschreibenden Insidergruppe mit Wertpapieren ihrer Gesellschaft (und der verbundenen Unternehmen) vordringlich. Darüber hinaus soll — wiederum entsprechend dem amerikanischen Modell — durch die Einführung einer Gewinnabschöpfung zugunsten der Gesellschaft für bestimmte, in besonderem Maße zum Mißbrauch geeignete Geschäfte auf das Anlageverhalten dieser Insidergruppe Einfluß genommen werden.

Nach einem etwas weitergehenden Vorschlag sollen solche Geschäfte sogar verboten und mit Strafe belegt werden[79].

Fraglich bleibt allerdings auch bei diesen Vorschlägen, ob dadurch wirklich alle oder wenigstens die wichtigsten Mißbrauchsmöglichkeiten erfaßt werden und mit welchem Aufwand. Der Hinweis auf die relativ einfache Wirkungsweise der vergleichbaren amerikanischen Vorschrift (Sec. 16 SEA), die häufig als „hard and fast rule" bezeichnet wird, reicht nicht aus, ihre Wirksamkeit zu beschreiben, wenn unberücksichtigt bleibt, in welchem Zusammenhang diese Vorschrift steht und auf welche Weise sie durchgesetzt wird.

Ein umfassendes Lösungsmodell, das sowohl die Voraussetzungen für die Erfassung von Insidermißbräuchen schaffen soll als auch ausformulierte Verbote und Rechtsfolgebestimmungen enthält, bietet der von dem *Arbeitskreis Gesellschaftsrecht* vorgeschlagene Gesetzesentwurf „Verbot des Insiderhandelns"[80].

---

[78] So für eine Übergangsperiode bis zur Einführung der „großen Lösung": *Hopt / Will*, S. 152 ff.; krit. dazu: *Ulmer*, JZ 1975, 625 (627).

[79] Vgl. § 6 i. V. m. § 40 Abs. 2 Nr. 3 des Gesetzesvorschlags des *Arbeitskreises Gesellschaftsrecht*.

[80] *Arbeitskreis Gesellschaftsrecht*, S. 55 - 74.

Auch dieser Entwurf nimmt Bezug auf das amerikanische Regelungsmodell und gliedert sich in eine Generalnorm (Verbot der Ausnutzung nicht allgemein zugänglicher Informationen) und eine Spezialnorm (Verbot von Spekulationsgeschäften).

Allerdings ist nach diesem Gesetzesvorschlag die persönliche Reichweite der Generalnorm auf solche Anteilseigner beschränkt, die durch ihre Stellung im Unternehmen oder kraft Amtes oder Berufes nicht allgemein zugängliche Kenntnisse über Umstände der Gesellschaft besitzen. Damit werden die Personengruppen beschrieben, die dank ihrer Nähe zum Unternehmen am ehesten die Möglichkeit besitzen, nicht-öffentliche Informationen zum persönlichen Vorteil auszunutzen[81]. Andererseits kann eine solche Eingrenzung zu willkürlichen Unterscheidungen führen. Sie berücksichtigt darüber hinaus nicht die Möglichkeit, daß wichtige Informationen nicht von dem Unternehmen selbst auszugehen brauchen, sondern auch von außen kommen können[82].

Der Gesetzesentwurf unterscheidet zwischen „Personen in unternehmensnaher Stellung" und „Personen mit beruflicher, geschäftlicher oder amtlicher Beziehung zum Unternehmen"[83].

Während der erste, engere Kreis speziellen Pflichten unterliegt, insbesondere dem Verbot von Spekulationsgeschäften und den Meldepflichten, sind die zum weiteren Kreis gehörigen Personen lediglich bei Verdacht eines Verstoßes gegen die Generalnorm der Gesellschaft oder der Börse auskunftspflichtig. Beide Personenkreise haften gleichermaßen bei Verwertung nicht allgemein zugänglicher Kenntnisse den Benachteiligten auf den doppelten Wert des erlangten Vorteils. Zur Erleichterung der Durchsetzung von Ansprüchen wird vermutet, daß diese Personen in Ausnutzung solcher Kenntnisse gehandelt haben, wenn sie in der Lage waren, derartige Informationen zu erhalten und sie in dem maßgeblichen Zeitraum Börsengeschäfte über Wertpapiere der Gesellschaft abgeschlossen haben[84].

---

[81] Ähnlich: *Klainguti*, S. 143.

[82] So richtig *H. Bruns*, S. 177.

[83] Zum ersten Kreis gehören insbesondere gesetzliche Vertreter, Aufsichtsratsmitglieder und leitende Angestellte der Gesellschaft oder verbundener Unternehmen, die Gesellschaften selbst, Großaktionäre (10 % des Grundkapitals), Betriebsräte und Abschlußprüfer. Zum letzteren Kreis zählen Arbeitnehmer der Gesellschaft oder verbundener Unternehmen, Mitarbeiter des Abschlußprüfers sowie sonstige Personen, die eine geschäftliche, beratende oder amtliche Beziehung zum Unternehmen haben.

[84] § 25 Abs. 1 und 3. Die Festsetzung der Haftungssumme auf den doppelten Wert des erlangten Vorteils orientiert sich am Gedanken der Gewinnherausgabe und soll den Schwierigkeiten der Begründung unmittelbarer und individueller Schadensersatzansprüche aus dem Wege gehen: a.a.O., S. 110. Vgl. auch *Roth*, RabelsZ 38 (1974), 720, 737.

Wesentlich weitergehend als die Insiderhandels-Richtlinien bezieht der Gesetzesvorschlag die Kreditinstitute, die unter Einbeziehung des Depotstimmrechts mindestens 10 % des Grundkapitals repräsentieren, in den Organen der Gesellschaft oder eines verbundenen Unternehmens vertreten sind oder zur Gesellschaft in Geschäftsbeziehung stehen, wie unternehmensnahe Personen in die Insiderhaftung ein[85].

Für solche Institute gilt also ebenfalls das Verbot von Spekulationsgeschäften und des Informationsmißbrauchs. Außerdem dürfen sie nicht allgemein zugängliche Kenntnisse ihren Kunden nicht mitteilen oder unter Ausnutzung solcher Kenntnisse Empfehlungen abgeben.

Eine wesentliche Einschränkung von Mißbrauchsmöglichkeiten versprechen sich die Verfasser des Vorschlags von der Ausweitung der Publizitätspflichten der Gesellschaften[86]. Der Vorschlag sieht hier einerseits *ad hoc* entstehende Publizitätspflichten nach der Beschlußfassung über Dividendenvorschläge, Kapitalerhöhungen und Kapitalherabsetzungen, über die Auflösung der Gesellschaft und ähnlich wichtige Strukturentscheidungen vor — sowie die gesetzliche Einführung von Quartalsberichten, deren Inhalt sich auch auf alle Umstände erstrecken soll, die zu einer maßgeblichen Änderung der Ertragskraft oder der Liquidität der Gesellschaft führen können (§ 22, Abs. 2). Andererseits sollen die Gesellschaften bis zur Veröffentlichung zur Geheimhaltung über die vorgenannten Umstände verpflichtet werden, um nicht ihre mißbräuchliche Verwendung durch Dritte zu erleichtern (§ 24).

Verletzungen der Publizitäts- oder der Geheimhaltungspflicht führen zur Schadensersatzverpflichtung der Gesellschaft (§ 26, § 28).

Ansprüche gegen Insider sollen nicht von den Benachteiligten einzeln, sondern durch einen Verwalter geltend gemacht werden[87]. Der Verwalter soll auf Antrag von dem zuständigen Registergericht bestellt werden und nach Abschluß der Verfahren die Verteilung der eingehenden Gelder an die Benachteiligten vornehmen. Mit dieser Regelung soll den Schwierigkeiten bei der Geltendmachung individueller Schadensersatzansprüche aus Börsengeschäften begegnet werden[88].

Neben zivilrechtlichen Ansprüchen sieht der Vorschlag schließlich noch Straf- und Bußgeldvorschriften sowie eine Verfahrensordnung vor, mit deren Hilfe durch Einräumung erweiterter Untersuchungsbefugnisse dem Informationsmißbrauch wirksam begegnet werden soll. Das Ver-

---

[85] § 25 Abs. 2 des Entwurfs.

[86] *Arbeitskreis Gesellschaftsrecht*, S. 101 - 109.

[87] Die Regelung (§§ 30 ff. des Entwurfs) ist dem Modell der Konkursverwaltung entlehnt: a.a.O., S. 49.

[88] Entwurf S. 45; zu den Schwierigkeiten vgl. oben Fn. 84 sowie *Ulmer*, JZ 1975, 625 (628).

fahren zur Aufdeckung gesetzwidrigen Insiderhandelns — von dem Arbeitskreis selbst als Kernstück jeder das Insiderhandeln beschränkenden Regelung bezeichnet[89] — soll nach dem Vorschlag keiner staatlichen Behörde, sondern einem bei der Börse zu bildenden flexiblen Organ anvertraut werden.

Ob ein solches Organ allein und besser als die bestehenden Börsenprüfungskommissionen in der Lage wäre, die Voraussetzungen für die Durchsetzung des Insider-Rechts zu schaffen, scheint immerhin fraglich. Letztlich dürfte dieser Verzicht auf eine Behörde wohl auch auf die Furcht vor übermäßigem Aufwand zurückzuführen sein, der die Verwirklichung des Gesetzesvorschlags illusorisch machen könnte[90]. Insoweit übt das amerikanische Modell, das durch die Existenz einer großen, mit wichtigen Befugnissen ausgestatteten Behörde, der SEC, wesentlich geprägt ist, möglicherweise einen negativen Einfluß aus.

Angesichts der Bedeutung, die dem amerikanischen Insiderrecht für die deutsche Diskussion zukommt, sollte eine eingehende Untersuchung des amerikanischen Insiderrechts der Frage nach der Übernahmefähigkeit vorausgehen. Dabei reicht es nicht aus, wenn — entsprechend den bisher vorliegenden Darstellungen — das amerikanische Recht lediglich in seinen Grundzügen dargestellt wird und man die vielfältigen durch Verordnung und Rechtsprechung bedingten Entwicklungen, die heute den eigentlichen Inhalt des amerikanischen Insiderrechts ausmachen, unberücksichtigt läßt.

Dabei wird man feststellen, daß trotz komplizierter Regelungen die Entwicklung in den Vereinigten Staaten noch nicht abgeschlossen ist und sich ständig neue Fragen ergeben. Fast ein halbes Jahrhundert seit dem Erlaß der einschlägigen Wertpapiergesetze gehört das Thema Insider-Trading immer noch zu den heiß diskutierten Themen des amerikanischen Wertpapier- und Gesellschaftsrechts. Auch diese Tatsache sollte berücksichtigt werden, bevor man sich entschließt, eine gesetzliche Insider-Regelung in das deutsche Recht aufzunehmen.

Dabei ist dem Hinweis auf die Unterschiedlichkeit der Verhältnisse durchaus insoweit zu folgen, als das amerikanische Insiderrecht in ein System von Anlegerschutzvorschriften eingebettet ist, zu denen insbesondere die über die deutschen Anforderungen weit hinausgehenden Publizitätspflichten gehören[91]. Unterschiedlich geregelt ist auch die Durchführung des Börsenhandels, die in den Vereinigten Staaten dem Wertpapierbroker und -dealer vorbehalten ist. Gleichwohl ist auch dem amerikanischen Recht die Problematik, die sich aus der Verbindung ver-

---

[89] Vgl. im Entwurf S. 52.

[90] Vgl. die entspr. Überlegungen auf S. 24 des Entwurfs.

[91] Vgl. unten, 2. Teil, 2. Kap. A.

schiedener Funktionen wie Kreditgeschäft und Wertpapieranlage in bezug auf den Gebrauch von Informationen ergibt, nicht fremd, wenn man an das Treuhandgeschäft der Banken denkt[92].

Auch der Aspekt der personellen Verflechtung durch Mitgliedschaft in fremden Verwaltungsräten findet im amerikanischen System seine Entsprechung und hat dort bereits zu Konsequenzen hinsichtlich der Verwertung solchermaßen erlangter Informationen geführt[93].

Die Untersuchung des amerikanischen Insiderrechts soll Einblick in die vielfältigen Schwierigkeiten geben, die bei der Anwendung des amerikanischen Modells entstehen und die zu einer ständigen Fortentwicklung des amerikanischen Insiderrechts führen. Es kann nicht Aufgabe dieser Darstellung sein, auf der Grundlage des amerikanischen Rechts eine gesetzliche Regelung des Insiderproblems in Deutschland zu entwickeln. Wohl aber sollte diese Darstellung dazu dienen, erfolgversprechende Lösungsansätze aufzufinden und Probleme zu erkennen, die in den Vereinigten Staaten bereits aufgetreten sind. Angesichts der Erfahrungen, die in den Vereinigten Staaten gesammelt wurden, darf die amerikanische Entwicklung auch für die deutschen Überlegungen nicht unberücksichtigt bleiben.

---

92 Vgl. unten, 2. Teil, 3. Kap. B IV 7.

93 Vgl. unten, 2. Teil. 2. Kap. E II 2 und 3. Kap. B IV 6.

Zweiter Teil

USA

Vorbemerkung

Die amerikanische Bundes-Wertpapiergesetzgebung *(Securities Regulation)* blickt auf eine lange Entstehungsgeschichte im anglo-amerikanischen Recht zurück, die sich vor allem auf das Problem des Schutzes der Anleger vor unseriösen Anlageangeboten konzentriert[1]. Schon vor dem Erlaß der diesbezüglichen Bundesgesetze — *Securities Act of 1933*[2] und *Securities Exchange Act of 1934*[3] — war die Notwendigkeit eines verbesserten Anlegerschutzes erkannt worden[4] — allerdings ohne daß während der auf den Ersten Weltkrieg folgenden Periode wirtschaftlicher Prosperität entscheidende Fortschritte gemacht werden konnten.

Erst im Gefolge des Börsenkrachs vom Oktober 1929 setzte sich auch bei den gesetzgebenden Körperschaften des Bundes die Erkenntnis durch, daß umfassende Regelungen notwendig waren. Auf eine Resolution des Senats und eine Botschaft des neugewählten Präsidenten Roosevelt hin fanden in den Jahren 1932 bis 1934 Untersuchungen des *Banking and Currency Committee* statt[5], die schließlich entscheidend zum Erlaß des Securities Act, des Securities Exchange Act und des Banking Act[6] beitrugen. Diese Gesetze bilden einen Teil der *New Deal* Gesetzgebung der Regierung Roosevelt[7].

[1] Vgl. im einzelnen: *Loss*, Bd. I, 3 - 120; zum Insider-Recht vgl. den Überblick bei *Hopt / Will*, S. 92 ff., sowie *Klainguti*, Die Regelung des Aktienhandels durch Insider im amerikanischen Bundesrecht, 1971; *Flachmann*, ZfK 1970, 593, 650.

[2] 15 U.S.C. § 77 a - aa (betr. die Emission von Wertpapieren).

[3] 15 U.S.C. §§ 77 b - e, j, k, m, o, s, 78 a - o, 78 o - 3, 78 p - hh. (betr. den Handel mit Wertpapieren).

[4] Großen Einfluß übte das Buch von *Brandeis*, Other People's Money (1913), aus.

[5] Vgl. *Stock Exchange Practices*, Report of Committee on Banking and Currency. Die Untersuchungen, die sich insbes. auf das Verhalten von Großanlegern, Banken und deren Direktoren konzentrierten, kamen zu dem Ergebnis, daß exzessive Spekulation, *pool operations* und Mißbrauch von Bankmitteln entscheidend zum Zusammenbruch des Kapitalmarktes beigetragen hätten (p. 5, 186 f.).

[6] 12 U.S.C. Chapters 2, 3, 6 (Trennung von Kredit- und Anlage-Geschäft).

[7] Dazu im einzelnen: *Ehmke*, S. 105.

Der Wertpapiergesetzgebung von 1933/34 liegt das Prinzip des *full disclosure*[8] zugrunde, und größter Wert wird dementsprechend auch auf die gesetzlich verankerten Aufklärungspflichten gelegt. Auch die Insiderregelung beruhte ursprünglich im wesentlichen auf dem Publizitätsprinzip: Gemäß Sec. 16 (a) SEA müssen bestimmte Personen (Officers, Directors und Großaktionäre) ihre Umsätze mit Wertpapieren ihrer Gesellschaft melden.

Das Register kann von jedermann eingesehen werden. Im zweiten Absatz (Sec. 16 b) ist sodann vorgesehen, daß Gewinne aus kurzfristigen An- und Verkaufsgeschäften (oder umgekehrt)[9] an die Gesellschaft abzuführen sind. Erst im Laufe der Zeit wurde die allgemeine anti-fraud-Bestimmung Sec. 10 (b) SEA in Verbindung mit der von der SEC erlassenen Durchführungsvorschrift Rule 10 b-5 in zunehmendem Umfang zur Bekämpfung von Insider-Mißbräuchen herangezogen. Sie ist heute eine der wichtigsten Bestimmungen des amerikanischen Wertpapierrechts und bildet eine Grundlage für die Ausdehnung des Bundesrechts in den Bereich des (eigentlich den Einzelstaaten vorbehaltenen) Gesellschaftsrechts[10].

Gleichzeitig wurde durch den Securities Exchange Act of 1934 eine Bundesbehörde (*Securities and Exchange Commission*, SEC) geschaffen, in deren Zuständigkeit die Überwachung und Durchsetzung von insgesamt sechs Bundesgesetzen und zahlreichen dazu ergangenen Verordnungen fällt[11].

Die SEC ist mit umfassenden Regelungskompetenzen ausgestattet (Sec. 23 SEA)[12], führt selbst Untersuchungen durch (Sec. 21 SEA), die nach Durchführung eines Anhörungsverfahrens zum Entzug der Lizenz (Sec. 15 b SEA), Veröffentlichung der Feststellungen (Sec. 21 [a] SEA) oder zur Erhebung einer Unterlassungsklage (Sec. 21 [e] SEA) führen können, ermittelt für die Staatsanwaltschaft in Strafverfahren (Sec. 21 [e] SEA) und tritt in Zivilverfahren als „amicus curiae" auf[13]. Wie zahl-

---

[8] Vgl. das *Brandeis* zugeschriebene Zitat: „Sunlight is said to be the best of disinfectants; electric light the most efficient policeman" — sowie *Brandeis*, Other People's Money, p. 92 ff.

[9] Im folgenden „Doppelgeschäfte".

[10] Vgl. *Ficker*, S. 1059 ff.

[11] Securities Act of 1933, Securities Exchange Act of 1934, Public Utility Holding Act of 1935, Trust Indenture Act of 1939, Investment Company Act of 1940 und Investment Advisers Act of 1940 — hinzu kommen beratende Funktionen bei Verfahren gem. Ch. X Bankruptcy Act.

[12] Die förmlichen Regelungen (Rules) tragen Verordnungscharakter (vgl. *Loss*, Vol. III, 1936 ff.) und sind im Code of Federal Regulations (CFR) abgedruckt. Daneben gibt die SEC Ergebnisse von Ermittlungsverfahren, Rechtsansichten zu Einzelfragen in der Form von *Releases* bekannt. Zum Charakter der SEC als Independent Agency: *Riegert*, S. 48; *Albert*, S. 95, 126 f.

[13] Vgl. dazu unten 3. Kap. E 1., sowie 2. Kap. G 2.

reiche Durchführungsregelungen (so z. B. die zentrale Antifraud-Vorschrift Rule 10 b-5) und Untersuchungsverfahren beweisen, macht die SEC von diesen Kompetenzen durchaus Gebrauch[14]. Vor dem gewaltigen Gebäude der bundesrechtlichen Wertpapiergesetzgebung tritt die Bedeutung der einzelstaatlichen Rechtsgrundsätze und Gesetze zum Wertpapierhandel zurück. Gleichwohl kann gerade auf dem Gebiet des Insiderrechts die Wechselwirkung im Sinne gegenseitiger Beeinflussung der sich im Recht der Einzelstaaten widerspiegelnden Grundsätze des Common Law und des modernen Bundesrechts nicht unberücksichtigt bleiben[15].

---

[14] Zu den Befugnissen der SEC — insbesondere zum (außerordentlich weiten) Umfang ihrer Verordnungsgewalt: *Loss*, Vol. 3, p. 1936 ff. sowie *Evans*, 29 Bus. Law 269 - 309 (1973).

[15] Vgl. hierzu insbes.: *Ficker*, S. 1059.

Erstes Kapitel

Common Law

Nach der Verfassung der Vereinigten Staaten steht das Recht zur Gesetzgebung auf den Gebieten des Gesellschafts- und Wertpapierrechts grundsätzlich den Einzelstaaten zu[1]. Ihre Regelungskompetenz ist allerdings insoweit eingeschränkt, als es um Angelegenheiten geht, die über die Grenzen eines Einzelstaates hinausreichen, da dann die sog. *Commerce Clause* — Art. 1, Sec. 8 der Bundesverfassung — eingreift, durch die das Recht zur Regelung des zwischenstaatlichen Wirtschaftsverkehrs dem Kongreß zugesprochen wird[2].

Nachdem der Bundesgesetzgeber von seiner Kompetenz zur Regelung des Wertpapierverkehrs durch Erlaß des Securities Act von 1933 und des Securities Exchange Act von 1934 Gebrauch gemacht hatte, verlagerte sich das Schwergewicht der Entwicklung auf dem Gebiet des Insider-Rechts in den Bereich der bundesrechtlichen Regelungen — zumal hier eine tatkräftige Behörde, die Securities and Exchange Commission, die Dinge vorantrieb.

Trotzdem verdient auch das einzelstaatliche Insider-Recht — und zwar insbesondere das *Common Law* — noch Aufmerksamkeit, da es

(a) ausschließliche Anwendung auf innerstaatliche Vorgänge findet,

(b) bei zwischenstaatlichen Vorgängen neben dem Bundesrecht konkurriert und

(c) weil unter der Herrschaft des Common Law wichtige Prinzipien über das Verhältnis zwischen Unternehmensleitung und Aktionär erarbeitet wurden und noch erarbeitet werden, die auch in die bundesrechtliche Rechtsprechung einfließen.

Allerdings geht die Bedeutung der Punkte (a) und (b) in dem Maße zurück wie die Rechtsprechung den Anwendungsbereich des Bundesrechts erweitert[3], so daß die Betrachtung des einzelstaatlichen Rechts hauptsächlich unter dem zuletzt genannten Gesichtspunkt zu stehen hat.

---

[1] The Constitution of the United States, Amendment X.

[2] "The Congress shall have power ... to regulate Commerce with foreign Nations, and among the several States, and with the Indian Tribes; ..." Über die Expansion der Bundeskompetenz im Rahmen der Commerce-Clause: *Ehmke*, S. 157.

[3] Im Rahmen des Securities Act von 1933 und des Securities Exchange Act von 1934 besteht Alleinzuständigkeit der Bundesgerichte. Soweit aber gleich-

Nur allmählich gehen die Einzelstaaten dazu über, den Wertpapierverkehr gesetzlich zu regeln. Zwar wurden in zahlreichen Staaten insbesondere in der ersten Hälfte dieses Jahrhunderts aufgrund sich häufender Wertpapier-Betrugsfälle sog. *blue-sky laws* erlassen, jedoch konzentrieren sich diese Gesetze in der Hauptsache auf den Aspekt des Emissionsschwindels[4]. Der Wertpapierhandel — und hier insbesondere das Insider Trading — unterliegen noch immer weitgehend dem *Common Law*[5].

A. Ansprüche auf Schadensersatz und Rückabwicklung

Systematisch wird die Insider Trading-Problematik dem Kapitel *misrepresentations* eingeordnet[6]. Die Ansprüche der Geschädigten richten sich auf Schadensersatz oder Rückabwicklung. Voraussetzung ist neben dem Vorliegen einer irreführenden Erklärung, daß der Geschädigte sich bei Abschluß des Geschäfts auf die Erklärung verlassen hat. Soweit es sich um aktive Täuschungshandlungen handelt, ergeben sich für den Rechtsschutz des Geschädigten keine Schwierigkeiten. Diese ergeben sich erst bei der schweigenden Vornahme von Insider-Geschäften. Sofern eine Pflicht zur Aufklärung des Vertragspartners nicht besteht, wird bloßes Schweigen nicht als Täuschung angesehen. Darüber, ob eine solche Rechtspflicht zwischen dem Insider und seinem Vertragspartner besteht, herrscht Uneinigkeit.

Ansatzpunkt ist in jedem Fall die besondere Treuhänder-ähnliche Stellung der Mitglieder der Unternehmensleitung (*officers and directors*). Während dieser Personenkreis zweifelsfrei höchsten Treue- und Sorgfaltsanforderungen in bezug auf das Unternehmen unterliegt[7], sind

---

zeitig ein Verstoß gegen einzelstaatliches Recht vorliegt und ein Bundesgericht aufgrund von „diversity of citizenship" (U.S. Constitution Art. III Sec. 2) zuständig ist, wendet es einzelstaatliches Recht an, und zwar grundsätzlich auch soweit es sich nicht um Gesetzesrecht handelt (Common Law): Erie Railroad Co. v. Tompkins, 304 U.S. 64 (1938), vgl. *Rheinstein*, S. 543 ff.; *Thannhäuser*, Diss. Köln 1969; *Ficker*, S. 1059 ff.

[4] Der Name soll auf die Redensart zurückgehen, daß einige Leute „dumm genug seien, blauen Himmel zu kaufen", *Ballentine's Law Dictionary*, p. 142. Typische Fälle, die Anlaß zur Gesetzgebung gaben, waren z. B.: Verkauf von Aktien nichtexistenter Gesellschaften, Verkauf unter Hinweis auf angebliche Ölquellen oder Goldminen u. ä.; Überblick bei *Loss*, Vol. I, 30 - 34.

[5] Eine bemerkenswerte Ausnahme bilden die Wertpapier-Gesetze von Kalifornien (Sec. 25402 des California Corporate Securities Act of 1968, Corporate Code, Title 4, Division 1) und von Minnesota (secs. 1 - 3 des Minnesota Securities Act of 1973, Minnesota Laws 1973, chapter 451). Beide Gesetze enthalten entsprechend dem Vorbild der Bundesgesetzgebung breite anti-fraud Bestimmungen und berücksichtigen insbesondere die Entwicklung der Rechtsprechung zu den bundesrechtlichen Bestimmungen.

[6] Dazu: *Restatement* (Torts), Deceit Paragraph 525 und Paragraph 551 sowie Comment zu Paragraph 551 (1).

die Meinungen darüber, ob dies auch im Verhältnis zu den einzelnen Gesellschaftern zu gelten hat, geteilt. Noch immer wird in diesem Zusammenhang eine englische Entscheidung aus dem Jahre 1902 zum Beweis dafür zitiert, daß Aufklärungspflichten gegenüber dem Aktionär nicht bestünden[8].

Diese Entscheidung, deren Formulierungen vielleicht allgemeiner waren als es nach Lage der Dinge erforderlich gewesen wäre[9], wurde zur Grundlage der in den Vereinigten Staaten vertretenen Doktrin vom Fehlen besonderer Treupflichten bei Geschäften zwischen Insidern und Aktionären[10].

Obgleich diese Doktrin vielfach zu harten und ungerechten Ergebnissen führte, hatte sie zunächst unter den amerikanischen Einzelstaaten — und hier insbesondere den Industriestaaten — die größte Gefolgschaft. Sie wird deswegen auch heute noch als „majority view" bezeichnet.

Gleichzeitig entwickelte sich jedoch in einer Minderheit von Staaten, deren vorwiegend ländliche Bevölkerung wohl als schutzbedürftiger angesehen wurde, die Ansicht, daß *officers* und *directors* aufgrund ihrer besonderen Stellung einer Treupflicht zur Mitteilung aller erheblichen, kraft ihres Amtes zugänglichen Informationen unterlägen (sog. „minority view")[11].

Im Extremfall führte diese Treupflichtentheorie allerdings dazu, daß ein Firmenchef verurteilt wurde, weil er die verkaufswillige Aktionärin nur auf die Geschäftsbücher und die letzte Bilanz verwiesen hatte, ohne diese Unterlagen für die geschäftsungewandte Aktionärin auch zu interpretieren[12]. So weit zu gehen, waren nur wenige Gerichte bereit. Die Mehrheit hat sich vielmehr der vermittelnden *special facts* Theorie angeschlossen, die im Jahre 1909 von dem Supreme Court in der Entscheidung *Strong v. Repide* zugrunde gelegt wurde[13].

In jener Entscheidung, die zwar nach philippinischem Recht, aber unter der ausdrücklichen Feststellung erging, daß nach Common Law nicht anders zu entscheiden sei, mochte das Gericht nicht von einer allgemeinen

[7] Vgl. z. B. *Lattin*, 261: "There is no longer any dispute over the contention that directors occupy the status of fiduciaries of their corporation."

[8] Percival v. Wright, 2 Ch. 421 (1902).

[9] So *Yoran*, 23 ff.; in der Folgezeit erfuhr Percival v. Wright allerdings eine gewisse Einschränkung durch die Entscheidung Allen v. Hyatt, 30 T. L. R. 44, P. C. (1914).

[10] Vgl. z. B. Board of Commissioners of Tippecanoe County v. Reynolds, 15 Am. Rep. 245 (1873) (zit. bei *Ballentine*, p. 212); Gladstone v. Murray Co., 50 N. E. 2d 958 (1943).

[11] Vgl. Hotchkiss v. Fischer, 31 P. 2d 37 (Kan. 1934); Oliver v. Oliver, 45 S. E. 232 (Ga. 1903).

[12] Hotchkiss v. Fischer, oben Fn. 11.

[13] 213 U.S. 419 (1909).

Aufklärungspflicht ausgehen, bejahte sie aber jedenfalls dann, wenn besondere Umstände vorlägen. Solche Umstände werden insbesondere in Tatsachen gesehen, die den Wert der Aktien steigern und die nicht durch Einsicht in die Geschäftsbücher festgestellt werden können[14]. Im Fall *Strong v. Repide* hatte der beklagte Allein-Geschäftsführer seine Identität als Käufer durch die Zwischenschaltung eines mittelbaren Vertreters verheimlicht, um bei den Aktionären der seit Jahren ohne Gewinn wirtschaftenden Gesellschaft keinen Verdacht aufkommen zu lassen. Zur Zeit seines Erwerbs lag nämlich ein Angebot der Regierung vor, die Ländereien der Gesellschaft zum Vielfachen ihres Buchwertes zu erwerben.

Situationen wie der bevorstehende Verkauf von Teilen des Gesellschaftsvermögens oder eine beabsichtigte Unternehmensverschmelzung zu günstigen Bedingungen sind typische Anwendungsfälle für die „special facts"-Theorie. Bei weniger bedeutsamen Ereignissen besteht dagegen naturgemäß die Gefahr, daß sie vom Gericht als nicht „special" genug angesehen werden[15].

Der Anwendungsbereich der „special facts"-Theorie ist ferner dadurch eingeengt, daß es sich in allen Fällen um kleine Gesellschaften (closed corporations) handelt, deren Insider den übrigen Gesellschaftern in der Regel persönlich bekannt sind und sich deswegen fast immer unauffälliger Mittelsmänner bei der Durchführung ihrer Geschäfte bedienen[16]. Die Übertragbarkeit der „special facts"-Theorie auf Kapitalmarktgeschäfte wird daher auch zu Recht bezweifelt[17].

So heißt es in *Goodwin v. Aggassiz*[18]*:*

"Purchases and sales of stock on the stock exchange are commonly impersonal affairs. An honest director would be in a difficult situation if he could neither buy nor sell on the stock exchange shares of stock in his corporation without first seeking out the other actual ultimate party to the transaction and disclosing to him everything which a court or jury might later find that he then knew affecting the real or speculative value of such shares. Business of that nature is a matter to be governed by practical rules."

Eine weitere Beschränkung ergibt sich schließlich im persönlichen Anwendungsbereich: Obgleich die Theorie gerade nicht von einem Treupflichten-Verhältnis zwischen Unternehmensleitung und einzelnem Aktionär ausgeht, kommen doch nur solche Personen in Betracht, die der Gesamtheit der Aktionäre gegenüber besonderen Treupflichten unter-

---

[14] Buckley v. Buckley, 202 N. W. 955, 956 (Mich. 1925).

[15] Vgl. *Lattin*, 265 sowie *Loss*, Vol. 3, 1447, *Painter*, 18.

[16] Vgl. die Aufstellung bei *Smith*, 19 Mich. L. Rev. 698, 715 (1921).

[17] *Lattin*, p. 265 f.

[18] 186 N. E. 659 (Mass. 1933); vgl. auch Geller v. Transamerica Corp., 53 F. Supp. 625 (D. Del. 1943), *Aff'd. per curiam*, 151 F. 2d 534 (3d Cir. 1945).

liegen[19]. Dahinter steht der Gedanke, daß derjenige, der von den Aktionären zur Leitung des Unternehmens berufen wurde, die Informationen und — fast noch wichtiger — seine Möglichkeiten zur Gestaltung des Unternehmensschicksals nicht zum Schaden der Aktionäre ausnutzen soll[20].

Zu dem Personenkreis gehören also in erster Linie die *officers* und *directors* der Gesellschaft.

Umstritten ist, ob daneben auch die Inhaber größerer Aktienpakete mit Beherrschungsmöglichkeit (*controlling shareholders*) den Beschränkungen der „special facts"-Theorie unterliegen[21]. Die Rechtsprechung hat seit langem unter bestimmten Umständen den *controlling shareholders* besondere Treupflichten gegenüber den übrigen Aktionären auferlegt und beispielsweise deren Übervorteilung beim Verkauf des Gesellschaftsvermögens untersagt[22]. Allerdings ist die Frage hier von geringerer Bedeutung, da gerade in den kleinen Kapitalgesellschaften die beherrschenden Aktionäre meistens gleichzeitig auch dem *Board of Directors* angehören und insofern schon der „special facts"-Theorie unterliegen.

B. Gewinnherausgabe an die Gesellschaft

Neben der privaten Schadensersatzklage und der Klage auf Rückabwicklung hält das Common Law ein weiteres Rechtsinstrument bereit, das gerade dort wirkt, wo die oben dargestellten Möglichkeiten versagen. Aufgrund der Treuhänder-ähnlichen Stellung der Mitglieder der Unternehmensleitung ist es ihnen versagt, dem Unternehmen sich bietende Gelegenheiten (sog. *corporate opportunities*) zum eigenen Vorteil auszunutzen: Ein *director* oder *officer* muß seiner Gesellschaft alle Gewinne und sonstigen Vorteile herausgeben, die er in Verletzung seiner Treupflichten erlangt hat[23].

In *Brophy v. Cities Service Co.*[24] fand dieser Gedanke auf die Ausnutzung von inside-Informationen Anwendung, und der Beklagte (ein Angestellter der Gesellschaft) wurde zur Herausgabe seines Gewinns

[19] *Berle,* 25 Mich. L. Rev. 827, 834 (1927). — Da es auf eine allgemeine Treuebeziehung ankommt, gilt die Anwendbarkeit der Theorie auf Aktienverkäufe von Insidern an Dritte als zweifelhaft: *Lattin,* p. 265; a. A. *J. Learned Hand* in Gratz v. Claughton, 187 F. 2d 46, 49 (2d Cir. 1951) *(dictum).*

[20] *Lattin,* 262.

[21] Bejahend: *Loss,* Vol. 3, 1446; a. A. *Comment,* 30 U. Chi. L. Rev. 121, 131 (1963).

[22] Speed v. Transamerica Corp., 99 F. Supp. 808, 829 (1951); Jones v. Ahmanson, 460 P. 2d 464 (Cal. 1969); Perlman v. Feldman, 219 F. 2d 173 (2d Cir. 1955), *cert. denied,* 349 U.S. 952 (1955); Pepper v. Litton, 308 U.S. 295, 306 (1939).

[23] *Lattin,* 251.

[24] 70 A. 2d 5 (Del. Ch. 1949).

an die Gesellschaft verurteilt, obgleich eine Schädigung der Gesellschaft nicht ersichtlich war. Diese Rechtsprechung wurde in einer Entscheidung des New Yorker *Court of Appeals* fortgesetzt, in der es darum ging, daß der Vorsitzende im Board und der Präsident einer Computer-Finanzierungsgesellschaft nach einer plötzlichen Verschlechterung der Kostensituation ihre Aktien zum Marktpreis von $ 28 pro Stück verkauften[25].

Kurz nach Bekanntgabe der erhöhten Kosten fiel der Wert der Aktien auf $ 11.

Diesmal traten einige Aktionäre als Kläger für die Gesellschaft auf[26]. Wiederum war es ohne Belang, daß eine Schädigung der Gesellschaft nicht einmal behauptet wurde. Das Gericht sah es so[27]:

"The primary concern, in a case such as this, is not to determine whether the corporation has been damaged but to decide, as between the corporation and the defendants, who has a higher claim to the proceeds derived from the exploitation of the information."

Trotzdem mochte das Gericht die Möglichkeit einer — mindestens indirekten — Schädigung der Gesellschaft nicht ausschließen, da das öffentliche Ansehen der Gesellschaft durch derartige Transaktionen ihrer Vertreter gefährdet würde[28].

In einer neueren Entscheidung, *Schein v. Chasen*[29], bewies der (New Yorker) *Zweite Circuit*, daß sich der in *Brophy* und *Diamond* zum Ausdruck kommende Gedanke auch auf *Tippees*[30] anwenden läßt, obgleich hier noch weniger als in den oben genannten Fällen von einem Schaden für die Gesellschaft die Rede sein kann. Ein Vertreter der Wertpapierfarma Lehmann Brothers war von dem Präsidenten der Firma Lum's, Inc., über eine erhebliche Verschlechterung der Gewinnaussichten unterrichtet worden und hatte diese Information an zwei Manager von Invest-

---

[25] Diamond v. Oreamuno, 248 N. E. 2d 910 (N. Y. 1969).

[26] Sog. „derivative action", Sec. 626 New York Business Corporation Law of 1963.

[27] 248 N. E. 2d 910, 912 (N. Y. 1969).

[28] Vgl. die Formulierung von *J. Botein* zum selben Fall in der unteren Instanz: "The prestige and good will of a corporation, so vital to its prosperity, may be undermined by the revelation that its chief officers had been making personal profits out of corporate events which they had not disclosed to the community of stockholders." 287 N. Y. S. 2d 300, 302 (App. Div. 1968).

[29] 478 F. 2d 817 (2d Cir. 1973), aufgehoben aus anderen Gründen *sub nom.* Lehmann Bros. v. Schein, 94 S. Ct. 1741 (1941); mit „Zweiter Circuit" wird das Appellationsgericht im zweiten Circuit im System der Bundesgerichte bezeichnet. Die Unterinstanz bilden die District Courts, wobei aufgrund der örtlichen Zuständigkeit die meisten Wertpapiersachen im Southern District of New York anhängig gemacht werden.

[30] Das Urbeherrecht für diesen Ausdruck, mit dem treffend die Empfänger von Informationen (Tips) bezeichnet werden, wird von *Loss*, Vol. 3, 1451 und Vol. 6 zu p. 1451 beansprucht. Der Tipgeber wird dementsprechend als „Tippor" bezeichnet.

mentgesellschaften weitergegeben, die daraufhin 83 000 Lums-Aktien verkauften. In Anwendung der Common Law *Agency*-Prinzipien[31] und durch „Streckung" der *Diamond*-Grundsätze vertrat das Gericht den Standpunkt, daß alle Beklagten, die sich vorsätzlich an der Übermittlung und Ausnutzung der Information beteiligt hatten, der Gesellschaft zur Gewinnherausgabe verpflichtet seien. Obgleich die Entscheidung aus anderen Gründen aufgehoben wurde, dürfte sie in konkreter Weise dem heute geltenden Recht der meisten Einzelstaaten entsprechen[32].

Aufgrund der Flexibilität des Common Law und der Doppelfunktion der Bundesgerichte, die in einzelstaatlichen Angelegenheiten das Recht des jeweiligen Staates und in bundesrechtlichen Fragen Bundesrecht anwenden[33], hat sich das einzelstaatliche Insider-Recht zu einer wertvollen Ergänzung des Bundesrechts entwickelt, neben dem es weiterhin anwendbar bleibt. Zahlreiche Entscheidungen[34] beweisen, daß es hier zu einer wechselseitigen Beeinflussung gekommen ist, von der das Insider-Recht als Ganzes profitiert.

---

[31] Vgl. *Restatement* (Second), Agency Paragraph 312, Comment c.

[32] Vgl. *Note*, 87 Harv. L. Rev., 675 (1974); *Note*, 59 Minn. L. Rev. 223, 236 (1974).

[33] Vgl. oben Fn. 3.

[34] Vgl. z. B. Diamond v. Oreamuno, oben Fn. 25; Speed v. Transamerica Corporation, 99 F. Supp. 808, 828 (D. Del. 1951), *aff'd:* 235 F. 2d 369 (3d Cir. 1956) — im letzteren Fall wurde die Klage sowohl auf Bundes- wie einzelstaatliches Recht (Common Law) gestützt.

Zweites Kapitel

Section 16 SEA

A. Überblick

Als Teil des Securities Exchange Act von 1934 baut Sec. 16 SEA ebenfalls auf dem den Securities Act von 1933 und den Securities Exchange Act von 1934 wie ein roter Faden durchziehenden Publizitätsprinzip auf.

Vorausgesetzt, daß die bundesrechtliche Zuständigkeit eingreift — und dies ist immer dann der Fall, wenn der Wertpapierhandel über die Grenzen eines Einzelstaates hinausreicht —, unterliegen zunächst die Gesellschaft selbst, und soweit Sec. 16 (a) SEA eingreift, auch ihre Insider strengen und von der SEC überwachten Publizitätspflichten.

Dies beginnt mit der Emission der Papiere, die grundsätzlich nur nach Einreichung eines umfassenden *registration statement*, dem der Emissionsprospekt im wesentlichen zu entsprechen hat, erfolgen darf (Sec. 5 SA). Ähnliche Meldepflichten sind vor der Börsenzulassung oder bei Überschreitung einer bestimmten Größe von der Kapitalgesellschaft zu erfüllen (Sec. 12 b, g SEA). Durch periodische (jährliche und vierteljährliche) Geschäftsberichte sind die gegenüber der SEC abzugebenden Meldungen und Dokumente auf dem laufenden zu halten, wobei die SEC ermächtigt ist, den Umfang der Informationspflichten bis ins einzelne festzulegen (Sec. 13 SEA, Rules 13 a-1 ff.). Darüber hinaus sind monatliche Kurzmeldungen der SEC gegenüber abzugeben (Rule 13 a-11).

Schon in der Meldung für die Börsenzulassung sind von der Gesellschaft u. a. Angaben über die *directors, officers*, Großaktionäre (10 % und mehr) und Emissionsinstitute zu machen, über ihre Bezahlung, ihre Kapitalbeteiligung und wichtige Verträge mit der Gesellschaft und beherrschten, beherrschenden und unter gemeinsamer Beherrschung stehenden Unternehmen. Bezüglich aller anderen Personen, die eine bestimmte Gehaltsstufe überschreiten, sind u. a. Angaben über Bonusabsprachen und Gewinnbeteiligungen sowie über die Einräumung von Optionen auf den Erwerb von Wertpapieren zu machen. Diese Angaben müssen — ebenso wie die übrigen Informationen — stets auf dem laufenden gehalten werden.

Alle Informationspflichten sind mit strengen Strafbestimmungen bewehrt (Sec. 24 SA und Sec. 32 SEA). Im Falle ihrer Verletzung stehen zudem den auf irreführende Informationen vertrauenden Anlegern Ansprüche auf Schadensersatz zu (Secs. 11, 12 SA und Secs. 18, 20 SEA). Hinzu kommen Manipulationsverbote, die sich besonders an die Börsenmitglieder richten, und ebenfalls mit zivil- und strafrechtlichen Sanktionen ausgestattet sind (Sec. 9 SEA).

Ziel dieser Maßnahmen ist es, durch möglichst umfassende und aktuelle Informationen den Spielraum für Emissionsschwindel, Betrug, unfaire und benachteiligende Geschäfte einzuschränken. Auf diesem Hintergrund ist die Insider-Regelung im Securities Exchange Act zu sehen.

Als erste und immer noch einzige spezielle Insider-Regelung im Securities Exchange Act von 1934[1] enthält Sec. 16 eine Reihe objektiv wirkender Regelungen, die unabhängig davon eingreifen, ob es im Einzelfall zum Mißbrauch der Insider-Stellung gekommen ist. Sec. 16 wendet sich an einen bestimmten Personenkreis, nämlich an die Mitglieder der Unternehmensführung („directors" und „officers") sowie die Eigentümer von mehr als 10 % der Kapitalanteile einer Gesellschaft. Dieser Personenkreis ist vom Gesetz abschließend umrissen, wenngleich die Abgrenzung im Einzelfall nicht immer unproblematisch ist. Durch Sec. 16 (a) werden diese Insider — der Begriff taucht im Gesetz allerdings nicht auf — zur Abgabe von Meldungen über die Höhe ihrer Kapitalbeteiligungen an ihren Gesellschaften verpflichtet. Das Herz der Insider-Regelung steckt jedoch in Absatz (b), der vorsieht, daß alle Gewinne, die solche Insider mit ihren Wertpapieren durch kurzfristige Doppelgeschäfte erzielen, an die Insider-Gesellschaft abzuführen sind. Gleichzeitig sorgt die Vorschrift für die Durchsetzung dieser Maßnahmen, indem sie jedem Aktionär der Gesellschaft das Recht einräumt, namens und zugunsten der Gesellschaft Gewinnherausgabe zu verlangen, falls die Gesellschaft nicht selbst die Durchsetzung ihrer Forderung mit der gebotenen Sorgfalt verfolgt.

Die Regelung wird ergänzt durch ein Verbot bestimmter Termingeschäfte für alle sog. „Sec. 16-Insider" (Abs. c) und durch Ausnahmeregelungen für Wertpapierhändler, die im Freiverkehr marktregulierend tätig sind (Abs. d), sowie für Arbitragegeschäfte (Abs. e)[2].

B. Geltungsbereich

Ursprünglich betraf Sec. 16 — wie der ganze Exchange Act von 1934 — lediglich den Handel an den nationalen Wertpapierbörsen. Erst durch

[1] Gleichlautende Regelungen wurden in den Public Utility Holding Act of 1935 (Sec. 17) und den Investment Companies Act of 1940 (Sec. 30 [f]) übernommen.

[2] Vgl. den Überblick zu Sec. 16 SEA bei *Hopt / Will*, S. 92.

die Novelle von 1964 ist der Geltungsbereich des Exchange Act durch die Einbeziehung des geregelten Freiverkehrs *(over the counter market)* erheblich erweitert worden[3]. Damit ist auch der Bereich des Wertpapierhandels einer gesetzlichen Regelung unterstellt worden, in dem eine Regelung möglicherweise am nötigsten war. Denn solange Insider- und Publizitätspflichten an die Börseneinführung der betreffenden Kapitalanteile anknüpften, konnten gerade die ungesünderen Gesellschaften, die auf eine Börseneinführung ihrer Kapitalanteile keinen Wert legten, der öffentlichen Aufsicht entgehen[4].

Durch die Novelle von 1964 müssen gem. Sec. 12 (g)[5] alle Kapitalgesellschaften von einer bestimmten Größenordnung an (über eine Million Dollar Aktivvermögen und mindestens 500 Anteilseigner für jede Sorte von Kapitalanteilen) ihre Kapitalanteile bei der SEC registrieren lassen[6]. Genau wie die Börseneinführung löst die Registrierung der Kapitalanteile bei der SEC nunmehr die Insiderpflichten nach Sec. 16 aus. Wenn auch nur eine Sorte von Kapitalanteilen der Gesellschaft öffentlich (durch Börseneinführung, Sec. 12 [a], oder bei der SEC, Sec. 12 [g]) registriert ist, fallen alle Insider-Geschäfte mit Kapitalanteilen derselben Gesellschaft, auch solche mit nicht-registrierten Kapitalanteilen, unter Sec. 16[7].

Der Begriff des Kapitalanteils (*equity security*) wird vom Gesetz in Sec. 3 (a) SEA so weit gefaßt, daß nicht nur Geschäfte mit Aktien, die allerdings die größte Gruppe der öffentlich registrierten Kapitalanteile bilden[8], erfaßt werden, sondern ebenso Geschäfte mit Wandelobligationen, Bezugsrechten und ähnlichen Wertpapieren. Außerdem werden gem. Rule 3 a 11-1 zu Sec. 3 (a) SEA Hinterlegungsscheine und Anteile an Stimmrechtsvereinigungen, die für hinterlegte oder eingebrachte Kapitalanteile ausgegeben werden, ebenfalls wie Kapitalanteile behandelt. Durch diese Erweiterung wird die Spekulationstätigkeit in Pools, die sich vor 1933 als besonders gefährlich erwiesen hatte[9], den Melde- und Gewinnabgabepflichten nach Sec. 16 unterstellt. Dagegen fällt der Handel mit einfachen Schuldverschreibungen nicht unter Sec. 16[10].

---

[3] Publ. L. 88 - 467, § 8 (a), 20. Aug. 1964.

[4] *Frey*, 106 U. Pa. L. Rev. 1, 49 (1957).
Zu den weitergehenden Vorschlägen des Entwurfs eines Federal Securities Code vgl. unten (H II).

[5] 15 U. S. C. § 78 1 (g).

[6] Davon zu unterscheiden ist die Registrierung, die jeder öffentlichen Emission vorausgeht (Sec. 5 Securities Act of 1933; 15 U. S. C. § 77 e).

[7] *Gadsby*, Bd. 11 A, § 8.01 (1).

[8] *Berle*, 58 Colum. L. Rev. 1212 (1958).

[9] *Fletcher-Report*, 9.

[10] *Loss*, Bd. 2, S. 1039.

In jedem Fall erfaßt die Regelung nur Geschäfte mit solchen Kapitalanteilen, die von der Gesellschaft des Insiders selbst ausgegeben wurden. Mit den Kapitalanteilen anderer Gesellschaften können Insider also ohne Rücksicht auf Sec. 16 spekulieren. Das bedeutet, daß Sec. 16 SEA einfach umgangen werden kann, indem Insider Spekulationstips, die ihre Gesellschaft betreffen, an Geschäftsfreunde weitergeben, wofür sie dann entsprechende Tips aus deren Gesellschaften erhalten[11]. Da entgegen früheren Entwürfen Sec. 16 SEA kein Verbot der Weitergabe von Informationen enthält[12], wird die Wirksamkeit der Vorschrift durch die Möglichkeit zum *mutual backscratching* begrenzt.

Ferner ist Sec. 16 SEA auch insofern lückenhaft, als Geschäfte mit den Kapitalanteilen verbundener Unternehmen nicht erfaßt werden. Insider eines herrschenden Unternehmens können also ungehindert mit den Aktien eines abhängigen, aber rechtlich selbständigen Unternehmens spekulieren. Das gleiche gilt natürlich für die Insider des abhängigen Unternehmens. Je größer die Abhängigkeit und je besser der Informationsfluß zwischen zwei Unternehmen ist, desto bedenklicher erscheint die Begrenzung des Sec. 16 SEA auf Geschäfte mit Wertpapieren der Gesellschaft des Insiders.

C. „Section 16-Insider"

Die formale Abgrenzung des Insider-Kreises entspricht dem Bedürfnis nach Klarheit, kann aber im Einzelfall häufig nicht befriedigen. Eine flexiblere Bestimmung des Personenkreises, die auch Gläubiger als mögliche Besitzer von inside-Informationen erfaßt hätte, war zwar während der gesetzgeberischen Beratungen erwogen worden[13], wurde dann jedoch wieder fallengelassen. Allerdings sind den größten Gläubigern, den Geschäftsbanken, durch den Banking Act von 1933 Geschäfte mit Kapitalanteilen für eigene Rechnung untersagt[14]. Das Verbot erfaßt jedoch nicht das Treuhandgeschäft der Banken, das einen immer breiteren Raum einnimmt. Sec. 16 SEA hindert diese Banken nicht, ihre Informationen, die sie als Gläubiger anderer Gesellschaften erlangen, bei der treuhänderischen Verwaltung von Wertpapiervermögen auszunutzen[15].

---

[11] *Loss*, Bd. 2, S. 1043, Marquette Cement Mfg. Co. v. Andreas, 239 F. Supp. 962, 967 (S. D. N. Y. 1965); vgl. ferner den Vorschlag von *Manne* (S. 63 ff., 138) zur Einrichtung von Informationsaustausch-Zentralen.

[12] Ein entsprechendes Verbot ist wegen der befürchteten Beweisschwierigkeiten wieder gestrichen worden. *Loss*, Bd. 2, 1043.

[13] Vgl. Chemical Fund, Inc. v. Xerox Corporation, 377 F. 2d 107, 110 (2d Cir. 1967).

[14] 12 U. S. C. A. §§ 24, 378.

[15] Zu den Meldepflichten des Treuhänders vgl. Rule 16 a - 8; 17 C. F. R. § 240. 16 a - 8.

I. Großaktionäre

Die Einbeziehung von Eigentümern von mehr als 10 Prozent einer Klasse von Kapitalanteilen einer Gesellschaft beruht auf der Erfahrung, daß eine derartige Beteiligung in der Regel entweder die Kontrolle über die Gesellschaft, mindestens aber die Plazierung eines Vertrauensmannes in den *Board of Directors* ermöglicht[16].

Selbstverständlich handelt es sich bei der 10-Prozent-Grenze um einen groben Durchschnittswert, der einerseits auch solche Aktionäre erfaßt, die überhaupt kein Informationsprivileg besitzen, andererseits aber eine Vielzahl von Aktionären ausläßt, die mit geringerer Beteiligung ein Unternehmen sogar beherrschen[17]. Trotz entsprechender Vorschläge hat jedoch die Novelle von 1970[18], durch die die Beteiligungsgrenzen für die Entstehung von Meldepflichten nach den Secs. 13 (d), 14 (d) SEA von 10 auf 5 % herabgesetzt wurden, die Beteiligungsgrenze in Sec. 16 SEA unberührt gelassen.

Die Höhe der Beteiligung errechnet sich auf der Grundlage aller zur selben Klasse gehörenden Kapitalanteile (*equity securities*) derselben Gesellschaft. Genehmigtes Kapital, zurückgekaufte Kapitalanteile, die als *treasury shares* von der Gesellschaft selbst gehalten werden, und Kapitalanteile, die sich im Eigentum von Tochtergesellschaften befinden, zählen bei der Berechnung der Beteiligungshöhe nicht mit. Die prozentuale Beteiligung eines Kapitaleigners kann sich also ohne sein Zutun dadurch ändern, daß die Gesellschaft eigene Kapitalanteile zurückkauft oder neue Anteile ausgibt. Solange er gutgläubig ist, kann sich der Kapitaleigner hinsichtlich der Höhe des ausstehenden Kapitals nach der letzten veröffentlichten Bilanz richten[19].

Unter Hinweis auf den Zweck von Sec. 16 hat sich die SEC auf den Standpunkt gestellt, daß nach Möglichkeit vom Vorliegen verschiedener, kleiner Klassen von Kapitalanteilen auszugehen sei, um möglichst viele Kapitaleigner der Regelung zu unterwerfen[20]. Für die Zuordnung der Kapitalanteile einer Gesellschaft zu einer von verschiedenen Klassen ist nicht die gewählte Bezeichnung des Wertpapiers, sondern eine wirtschaftliche Betrachtungsweise maßgeblich[21].

---

[16] Chemical Fund, Inc. v. Xerox Corporation (s. o. Fn. 13).

[17] Vgl. *Eisenberg*, 57 Calif. L. Rev. 1, 43 bei Fn. 127 (1969) zu den Beteiligungsverhältnissen in Publikumsgesellschaften.

[18] Vgl. unten D III.

[19] Sec. 16 i. V. m. Rule 16 a - 2; United States v. Guterma, 281 F. 2d 742, 749 (2d Cir. 1960).

[20] Ellerin v. Massachusetts Mutual Life Ins. Co., 270 F. 2d 259, 263 (2d Cir. 1953) — SEC als *amicus curiae*.

[21] Chemical Fund v. Xerox Corporation, s. o. Fn. 13; kritisch zur uneinheitlichen Haltung der SEC: *Jennings / Marsh*, S. 1035 f.

II. Verwaltungsorgane

Auch insoweit wird der Kreis der Insider durch formale Kriterien bestimmt. *Directors* sind die Mitglieder des *Board of Directors*[22], *Officers* sind nach der Definition der SEC Führungskräfte, die eine Position als Präsident oder Vizepräsident einer Kapitalgesellschaft, als Finanzchef oder als Geschäftsführer bekleiden[23].

Naturgemäß führt die formale Abgrenzung des Führungskreises zu unbefriedigenden Ergebnissen, wenn einerseits trotz gesetzlich angenommener Insider-Eigenschaft kein Zugang zu vertraulichen Informationen besteht und andererseits neben den offiziellen Stelleninhabern auch andere Personen Zugang zu inside-Informationen haben oder sogar an Führungsentscheidungen mitwirken. Vor allem in Großunternehmen ist das Problem aufgetaucht, weil dort zusätzliche Führungspositionen auf Abteilungsebene vorhanden sind, die zwar nicht als „Officer"-Stellen gelten, an Bedeutung jedoch die „Officer"-Stellen in kleineren Betrieben weit übertreffen. Eine funktionale Interpretation des „Officer"-Begriffs, die geeignet wäre, derartige Schwierigkeiten aus dem Wege zu räumen, ohne neue Beweisanforderungen hinsichtlich des Zugangs zu vertraulichen Informationen aufzustellen, erscheint zwar nach dem Wortlaut der Rule 3 b-2 möglich, hat sich aber in der Rechtsprechung nicht durchgesetzt[24]. Lediglich vereinzelt haben Gerichte den formalen Insider-Begriff mit Hilfe funktionaler Kriterien einzuschränken versucht[25]. Die SEC selbst weist in einer Bekanntmachung Stellvertreter, die dauernd die Aufgaben eines Officers wahrnehmen, auf die Möglichkeit ihrer Verantwortlichkeit nach Sec. 16 (b) und ihrer Verpflichtung zur Abgabe von Wertpapier-Meldungen hin[26].

Eine bessere Lösung des Problems ist vielleicht von dem im Entwurf vorliegenden *Federal Securities Code*[27] zu erhoffen, wenngleich die dort

---

[22] Sec. 3 (a) (7) SEA; 15 U. S. C. § 78 c (a) (7).

[23] Rule 3 b - 2; 17 C. F. R. § 240.3 b - 2: "The term 'officer' means a president, vice-president, treasurer, secretary, comptroller, and any other person who performs for an issuer, whether incorporated or unincorporated, functions corresponding to those performed by the foregoing officers."

[24] Vgl. Lockheed Aircraft Corp. v. Campbell, 110 F. Supp. 282 (S. D. Cal. 1953), entgegen: Lockheed Aircraft Corp. v. Tathman, 106 F. Supp. 810, 813 (S. D. Cal. 1952).

[25] Vgl. Gold v. Scurlock, 324 F. Supp. 1211, 1215 (E. D. Va. 1971); ferner Colby v. Klume, 178 F. 2d 872, 873 (2d Cir. 1949), wo allerdings die Gültigkeit der SEC-Rule bezweifelt und durch eine eigene Definition ersetzt wird: "It includes, inter alia, a corporate employee performing important executive duties of such character that he would be likely, in discharging these duties, to obtain confidential information about the company's affairs that would aid him if he engaged in personal market transactions. It is immaterial how his functions are labelled ..."

[26] *Loss*, Bd. 2, 1092.

[27] *American Law Institute*, Tentative Draft No. 1 (1972) (s. dazu unten H. II).

vorgeschlagene gemischt formal-funktionale Insider-Abgrenzung anscheinend nur Erweiterungen, nicht aber Einschränkungen gegenüber einer rein formalen Definition erlaubt:

Sec. 269 "(Officer.) 'Officer' means (a) the chairman of the board of directors, president, principal executive officer, treasurer, secretary, controller, or principal accounting officer of a company; a vice president or other employee who participates or has authority to participate, otherwise than a director, in major policy-making functions of a company, . . ."

III. Geschäfte von Familienmitgliedern und Strohmännern

Umgehungsgeschäfte, die mit Hilfe von Familienmitgliedern oder Strohmännern getätigt werden, lassen sich nur schwer feststellen und — jedenfalls mit den Mitteln des Sec. 16 SEA — kaum verhindern. Allerdings versucht die SEC, durch eine erweiterte Auslegung der Meldepflicht die Möglichkeiten für Umgehungsgeschäfte einzuschränken. Gemäß ihren Richtlinien zu Sec. 16 (a) SEA muß die Meldung des Insiders auch Angaben über den Wertpapierbesitz der Angehörigen enthalten, die im Haushalt des Insiders leben[28].

Die Ausdehnung der Meldepflicht stützt sich auf die Formulierung des Gesetzes, wonach alle Kapitalanteile, deren *beneficial owner* ein Insider ist, in der Meldung anzugeben sind. Eigentümer in diesem „weitesten Sinne"[29] ist nicht nur der in den Büchern der Gesellschaft verzeichnete Aktionär (*record owner*), sondern jeder, der einen Anspruch auf den Erwerb oder Rückerwerb von Kapitalanteilen oder den wirtschaftlichen Nutzen daran hat oder bei dem sonstige *incidents of ownership* festzustellen sind.

Nach Ansicht der SEC ist grundsätzlich immer, wenn ein naher Familienangehöriger eines Insiders Kapitalanteile an der Gesellschaft des Insiders besitzt, der Insider auch als „beneficial owner" anzusehen[30]. Kennzeichnend ist die Begründung, die die SEC in einem Verwaltungsverfahren gegen einen Broker gegeben hat, dessen Insider-Meldung nicht die Wertpapiergeschäfte seiner (verheirateten) Tochter umfaßte:

". . . to say that his daughter's interest in that investment is of no pecuniary interest to him is to ignore realities. That is not the way the minds of human beings ordinarily function."[31]

---

[28] Sec. Ex. Act Release No. 7793 (1966), abgedr. bei *Loss*, Bd. 5, S. 3063.

[29] Der Begriff „beneficial ownership", der sich als „materielles Eigentum" nur unvollkommen übersetzen läßt, wird von *Loss* als „the broadest term you can have" bezeichnet (Bd. V, 3064).

[30] Vgl. SEC v. Dumaine, 218 F. 2d 308, 315 (1st Cir. 1954); damit setzt sich die SEC über das eheliche Güterrecht hinweg, das in der Mehrzahl der Einzelstaaten Gütertrennung vorsieht, vgl. *Bondzio*, S. 5, 32.

[31] In the Matter of J. P. Morgan & Co., Inc., 10 S. E C. 119, 147 (1941); vgl. ferner: SEC v. Golconda Mining Co., 291 F. Supp. 125, 127 (S. D. N. Y. 1968).

Eine Auswertung der veröffentlichten Insider-Meldungen hat zu recht aufschlußreichen Ergebnissen geführt: In einer Anzahl von Fällen zeigt sich, daß erhebliche Beteiligungen im Namen von Familienangehörigen bestanden, während der Insider selbst nur wenig eigenen Wertpapierbesitz zu melden hatte[32].

Die Beschränkung dieser Auslegung auf die Meldepflicht erscheint inkonsequent, da nach dem Aufbau des Gesetzes Melde- und Gewinnabführungspflichten parallel laufen sollen[33]. Trotz der teilweise recht Insider-unfreundlichen Einstellung der Rechtsprechung scheint sich diese Auslegung, die im Grunde einer Eigentumsvermutung zuungunsten des Insiders gleichkommt, bei den zur Entscheidung über die Gewinnherausgabe nach Sec. 16 (b) SEA angerufenen Gerichten erst allmählich durchzusetzen[34]. Auch läßt sich ein allgemeiner Grundsatz, daß unüberwindliche Beweisschwierigkeiten zuungunsten des Insiders gelöst werden müßten, aus Sec. 16 SEA wohl nicht herleiten[35]. Angesichts des mechanischen Charakters der Regelung und des nicht unerheblichen Prozeßkostenrisikos für den Insider wäre es auch zu gefährlich, den Tatbestand der Regelung in dieser Weise auszuweiten.

Die Ausweitung der Meldepflicht des Insiders auf den Wertpapierbesitz von Familienangehörigen ist daher eine Minimallösung von sehr begrenztem Wert. Die verbleibende Publizitätsfunktion der Meldungen wird ferner dadurch eingeschränkt, daß die Meldung nicht erzwungen werden kann, wenn der Insider vorgibt, von seinen Angehörigen nicht die nötigen Informationen zu erhalten. Das macht deutlich, daß nur eine Bestimmung, die den Angehörigen selbst entsprechende Meldepflichten auferlegt, volle Publizität gewährleisten könnte.

IV. Treuhänderisch verwaltete Wertpapiere

Fast ebenso große Schwierigkeiten bereitet die Anwendung von Sec. 16 auf Geschäfte mit treuhänderisch verwalteten Wertpapieren. Das

---

[32] *Shreve*, 22 Bus. Law. 431, 437 (1967).

[33] *Jennings / Marsh*, S. 1036.

[34] Vgl. Marquette Cement Mfg. Co. v. Andreas, 239 F. Supp. 962 (S. D. N. Y. 1965): "Of course he (der Beklagte) had the normal interest in seeing that members of his family were well and comfortable, but this does not come within the Section 16 (b) definition of 'any profit realized by him'"; die entgegengesetzte Entscheidung in Jefferson Lake Sulphur Co. v. Walet, 104 F. Supp. 20, 25 (E. D. La. 1952) betraf die Wertpapiere der Ehefrau, die mit dem Insider in Gütergemeinschaft lebte; vgl. neuerdings: Whiting v. Dow Chemical Co., 523 F. 2d 680 (2d Cir. 1975) (Verurteilung zur Herausgabe von Veräußerungsgewinnen, die von der Ehefrau erzielt worden waren); krit. dazu: *Weigel*, 17 Bost. Coll. Ind. & Comm. L. Rev. 627 (1976).

[35] A. A.: *Kaplan* (1963), Supr. Ct. Rev. 273, 306; *J. Douglas* (*diss. opinion*) in Reliance Electric Co. v. Emerson Electric Co., 404 U.S. 418, 436 (1972).

Problem liegt hier in der Bestimmung ausreichend enger Beziehungen, die es gestatten, dem Insider über formale Eigentumsgrenzen hinweg Geschäfte mit treuhänderisch verwalteten Wertpapieren zuzurechnen. Einen Katalog solcher Beziehungen zum treuhänderisch verwalteten Vermögen hat die SEC in Rule 16 a-8[36] — allerdings wieder nur für die Zwecke von Sec. 16 (a) SEA — aufgestellt. Danach unterliegen Insider der Meldepflicht[37]:

(1) als Treuhänder, wenn sie selbst oder Mitglieder ihrer engeren Familie ein rechtlich gesichertes Interesse am Treuhandvermögen oder seinen Einkünften haben. Zu den Mitgliedern der engeren Familie zählen die Kinder, Enkel und Stiefkinder des Treuhänders, seine Eltern und deren Vorfahren, Stiefeltern sowie der Ehegatte des Treuhänders[38];

(2) als Begünstigte der Treuhand und

(3) als Treugeber, wenn die Treuhand ohne Zustimmung der Begünstigten widerrufen werden kann. Die Meldepflicht umfaßt jedoch nicht auch solche Geschäfte, die ohne Zustimmung des Begünstigten oder des Treugebers vorgenommen wurden.

Wenn das Treuhandvermögen mehr als 10 % einer Klasse von Kapitalanteilen enthält, sind die Treuhand selbst und der Treuhänder stets meldepflichtig, auch wenn ein Interesse an dem Treuhandvermögen im Sinne der drei vorangehenden Ziffern nicht besteht[39]. Diese Bestimmung gewährleistet die Kontrolle von treuhänderisch verwalteten Beteiligungen auch und gerade dann, wenn die eigentlich Meldepflichtigen wie der Begünstigte oder der zum Widerruf berechtigte Treugeber ihren Meldepflichten nicht ordnungsgemäß nachkommen. Außerdem gewinnen die Meldungen dadurch an Übersichtlichkeit, da die anderen meldepflichtigen Insider die Erfüllung der Meldepflicht dem Treuhänder überlassen können, der in seiner Meldung dann die Namen aller in bezug auf das Treuhandvermögen meldepflichigen Insider angibt[40].

Da die generelle Meldepflicht der Treuhand und des Treuhänders nach Rule 16 a-8 (c) nur entsteht, wenn in einem Treuhandvermögen mehr als 10 % einer Klasse von Kapitalanteilen enthalten sind, ist die Treuhand, bzw. der Treuhänder, sofern er kein Insider ist, nicht zur Meldung verpflichtet, wenn in verschiedenen Treuhandvermögen von demselben Treuhänder mehr als 10 % einer Klasse von Kapitalanteilen derselben Gesellschaft verwaltet werden. Dabei ist weniger die Gefahr von Umgehungen durch die Aufsplitterung einer Beteiligung auf mehrere

---

[36] 17 C. F. R. § 240. 16 a - 8.

[37] Rule 16 a - 8 (a).

[38] Rule 16 a - 8 (e).

[39] Rule 16 a - 8 (c).

[40] Rule 16 a - 8 (d).

Treuhandvermögen Anlaß zur Besorgnis, denn die Insider selbst müssen ja unter den oben genannten Voraussetzungen der Rule 16 a-8 (a) Ziff. (1) - (3)[41] ihr Interesse an allen Treuhandvermögen angeben. Besorgniserregend ist vielmehr die unkontrollierte Macht der Treuhänder, wenn sie als Geschäftsbanken oder Broker zahlreiche kleinere Beteiligungen treuhänderisch verwalten[42].

D. Meldepflichten

I. Entstehung und Funktion

Jeder Sec. 16-Insider muß innerhalb von zehn Tagen, nachdem er Mitglied der Unternehmensführung oder Kapitaleigner mit mehr als 10 % geworden ist, der SEC und — wenn die Kapitalanteile an einer Börse notiert werden — auch der Börse gegenüber anzeigen, wieviele Kapitalanteile ihm gehören.

Wenn die Wertpapiere an einer nationalen Börse neu zugelassen oder bei der SEC neu registriert werden, müssen die Insider-Meldungen sofort nach der Einführung bzw. Registrierung erfolgen. Die Meldepflicht bezieht sich nur auf „Insider-Papiere", d. h. Kapitalanteile der Gesellschaft, deren Unternehmensführung der Insider angehört oder an der er mit mehr als 10 % beteiligt ist.

Nach der ersten Meldung müsen weitere Meldungen für jeden Monat abgegeben werden, in dem Veränderungen in der Kapitalbeteiligung eingetreten sind. In der Meldung sind alle Geschäfte einzeln aufzuführen, und zwar auch dann, wenn sie sich gegenseitig aufheben, so daß der Endbestand dem des Vormonats entspricht[43]. Diese Meldungen müssen innerhalb von zehn Tagen nach Ende des Berichtsmonats erfolgen.

Die Meldungen können vom Publikum eingesehen werden. Außerdem veröffentlicht die SEC Monatsberichte („Official Summary of Security Transactions and Holdings"), worin in tabellarischer Form alle gemeldeten Insider-Geschäfte, nach Gesellschaften geordnet, zusammengefaßt sind. Die SEC unterstützt den Gebrauch der Monatsberichte durch Anlageberater, um dadurch eine gleichmäßigere Verteilung der Marktchancen zu erzielen[44]. Daneben hat die Meldepflicht aber vor allem den Sinn, Insider-Geschäfte der Kontrolle der Öffentlichkeit auszusetzen, damit es zur Ausnutzung von inside-Informationen gar nicht erst kommt[45].

---

[41] Vgl. oben bei Fn. 37.

[42] Vgl. *Herman / Safanda*, 14 Bost. U. L. Rev. 21 (1972).

[43] *Gadsby*, § 8.01 (2) (c).

[44] *Special Study*, part 3, S. 15; *Loss*, Bd. 5, S. 3002.

[45] *Cook / Feldman*, 66 Harv. L. Rev. 385, 406 (1953); *Meeker / Cooney*, 45 Va. L. Rev. 949 (1959).

Absatz (a) von Sec. 16 SEA stellt somit einen Anwendungsfall der *disclosure policy* dar, die die gesamte Wertpapiergesetzgebung von 1933/34 kennzeichnet. Im Prinzip war daher die Meldepflicht — im Gegensatz zur Gewinnabgabepflicht — kaum je umstritten. Zwar kann es auch im Rahmen von Sec. 16 (a) zu Auslegungsschwierigkeiten hinsichtlich des meldepflichtigen Personenkreises oder der anzumeldenden Geschäfte kommen. Jedoch können auftretende Zweifel durch informelle Mitteilungen der SEC, die gem. Sec. 21 SEA[46] die Einhaltung der Meldepflicht überwacht, geklärt werden. Außerdem wird die Problematik dadurch entschärft, daß gem. Rule 16 a-3[47] zusammen mit der Anmeldung von Wertpapiergeschäften die Versicherung abgegeben werden kann, nicht Eigentümer der Wertpapiere und somit für etwaige Gewinne nicht verantwortlich zu sein.

II. Ausnahmen von Sec. 16 (a)

In Sec. 16 (a) ist keine Ermächtigung der SEC zur Regelung von Ausnahmen vorgesehen. Die wenigen trotzdem erlassenen Ausnahmeregelungen sind daher nur als Gesetzesinterpretationen der SEC zu werten.

1. Befreiung bestimmter Insider

Geschäfte mit Kapitalanteilen, die unter der Vermögensverwaltung eines Testamentsvollstreckers, Pflegers oder Konkursverwalters stehen, sind während des ersten Jahres nach Anordnung der Vermögensverwaltung weder melde- noch gewinnabgabepflichtig[48]. Danach besteht eine Meldepflicht (und Gewinnabschöpfung) nur, wenn die verwaltete Vermögensmasse selbst mehr als 10 % der gem. Sec. 12 registrierten Kapitalanteile einer Gesellschaft enthält[49].

Eine weitere Ausnahme enthält Rule 16 b-4 (c) zugunsten von Kapitalgesellschaften, die ihre eigenen Aktien zurückerwerben.

Schließlich werden noch solche Wertpapierhändler von der Meldepflicht (wie von den übrigen Beschränkungen der Sec. 16) befreit, die mit der Abwicklung von Aufträgen über kleinere Wertpapiermengen (*odd-lot dealers*) betraut sind[50].

---

[46] 15 U. S. C. § 78 u; vgl. zur Praxis der SEC der Versendung von „no action letters“: *Lowenfels*, 59 Va. L. Rev. 303 (1973).

[47] 17 C. F. R. § 240. 16 a - 4.

[48] Rule 16 a - 4; 17 C. F. R. § 240, 16 a - 4.

[49] Rule 16 a - 4 (b).

[50] Rule 16 a - 5; 17 C. F. R. § 240. 16 a - 5. Die handelsübliche Mengeneinheit an der New York Stock Exchange beträgt 100 Stück. *Loss*, Bd. 2, 1110, Fn. 281. Für kleinere Mengen sind die odd-lot dealer zuständig.

2. *Unbedeutende Geschäfte*

Der Erwerb von Kapitalanteilen im Wert bis zu $ 3000 über einen Zeitraum von sechs Monaten hinweg braucht nicht sofort angezeigt zu werden. Es genügt, wenn solche Geschäfte in dem nächsten Report, der durch die Vornahme eines anzeigepflichtigen Geschäfts ausgelöst wird, mitaufgeführt werden[51]. Damit dürfte die Masse der alltäglichen Insider-Käufe von der sofortigen Meldepflicht ausgenommen sein. Die Befreiung entfällt jedoch, wenn die Kapitalanteile innerhalb von sechs Monaten wieder veräußert werden.

Schenkungen von Kapitalanteilen — sowohl solche, die der Insider erhält, als auch Schenkungen, die er selbst macht — sind bis zum Gesamtwert von $ 3000 innerhalb von sechs Monaten in der gleichen Weise von der Meldepflicht vorläufig ausgenommen[52].

III. Abgrenzung zu den Meldepflichten nach den Sections 13 (d) und 14 (d) SEA[53]

Was die Meldepflichten von Großaktionären betrifft, so gelten unabhängig von Sec. 16 (a) noch wesentlich extensivere Meldepflichten nach den Secs. 13 (d) und 14 (d) des Exchange Act. Beide Vorschriften wurden im Jahre 1968 in den Exchange Act eingefügt, um der in den sechziger Jahren aus England importierten Variante des Kampfes um die Kontrolle von Kapitalgesellschaften durch öffentliches Übernahmeangebot (*Tender Offer*) Rechnung zu tragen[54].

Zuvor waren Aktionäre, die ein Angebot zur Übernahme ihrer Aktien erhielten, auf die Informationen angewiesen, die der Anbieter ihnen mehr oder weniger freiwillig gab[55]. Dabei lag es natürlich im Interesse des Anbieters, der den Übernahmepreis möglichst niedrig halten wollte, wenn seine Absicht, die Kontrolle über ein bestimmtes Unternehmen zu erwerben, möglichst spät und etwaige Fusions- oder Liquidationspläne erst nach dem Erwerb der Kontrolle bekanntgegeben wurden. Dement-

---

51 Rule 16 a - 9; 17 C. F. R. 16 a - 9 (a) - (c).

52 Rule 16 a - 9 (b).

53 15 U. S. C. § 78 m (d) und § 78 n (d).

54 Obgleich es an einer gesetzlichen Begriffsbestimmung fehlt, versteht man unter einer Tender Offer ein zeitlich und u. U. auch mengenmäßig begrenztes Angebot an die Aktionäre einer Zielgesellschaft, ihre Aktien zu einem bestimmten, für alle gleichen Preis (Cash Tender Offer) oder gegen Aktien der anbietenden Gesellschaft (Stock Tender Offer) zu erwerben. *Loss*, Bd. 6, 3649 ff.; *Cohen*, 22 Bus. Law. 149 (1966); *Manne*, 1967 Duke L. J. 231 (1967); *Dietrich*, A. W. D. 1973, 304; *ders.*, Die Tender Offer im Bundesrecht der Vereinigten Staaten (1975).

55 Allerdings waren sie bereits durch Rule 10 b - 5 vor betrügerischen Falschinformationen geschützt.

sprechend sucht die Novelle von 1968, nach ihrem Initiator allgemein *Williams Act* genannt, den Schutz der Aktionäre betroffener Unternehmen in erster Linie[56] dadurch zu verstärken, daß alle Eigentümer von mehr als 5 Prozent[57] der Kapitalanteile einer Gesellschaft sowie alle, die vorhaben, durch ein öffentliches Übernahmeangebot mehr als 5 Prozent zu erwerben, über sich selbst und ihre Absichten Auskunft geben müssen.

Nach Sec. 13 (d) in Verbindung mit dem von der SEC erlassenen Schedule 13D[58] muß jeder Eigentümer von mehr als 5 % der Kapitalanteile eines Unternehmens gegenüber der SEC seine Identität und sämtliche in den letzten zehn Jahren innegehabten Stellungen sowie etwaige Vorstrafen angeben. Ferner müssen die Quelle und die Höhe der zum Erwerb der Anteile aufgewandten Mittel und der Zweck des Erwerbs offengelegt werden. Wenn beim Erwerb der Kapitalanteile die Absicht besteht, die Kontrolle über das Unternehmen zu erlangen, müssen etwaige Pläne, das Unternehmen zu liquidieren, das Vermögen des Unternehmens zu veräußern, das Unternehmen mit einer anderen Gesellschaft zu verschmelzen, oder sonstige geplante wesentliche Veränderungen der Geschäftstätigkeit oder der Struktur des Unternehmens bekanntgegeben werden. Der Erwerber muß ferner auch die Anzahl der ihm bereits selbst oder seinen Gesellschaftern gehörenden Kapitalanteile des betreffenden Unternehmens angeben. Außerdem sind Weiterübertragungs- und ähnliche Vereinbarungen bezüglich der Kapitalanteile offenzulegen. Bei allen wichtigen Veränderungen müssen die Angaben ergänzt werden. Allerdings entfällt bei stufenweisen Erwerbungen, die im Jahr nicht mehr als 2 % der Kapitalanteile ausmachen, die Meldepflicht, die sonst mit der Überschreitung der 5 %-Grenze einsetzt[59]. Grundsätzlich können alle diese Angaben bei der SEC oder der Börse eingesehen werden[60].

Wer die Absicht hat, im Wege eines öffentlichen Übernahmeangebotes an die Aktionäre einer Gesellschaft mehr als 5 % der Kapitalanteile zu erwerben, unterliegt denselben strengen Meldepflichten nach Sec. 14 (d), auch wenn er bisher noch keine Kapitalanteile des Unternehmens besitzt. Spätestens gleichzeitig mit dem Angebot an die Aktionäre der Zielgesellschaft müssen der SEC die nach Schedule 13D erforderlichen Informationen vorliegen. Außerdem prüft die SEC, ob das

---

[56] Zu den weiteren Maßnahmen vgl. *Loss*, Bd. 6, S. 3658 ff.

[57] Durch die Novelle vom 22. 12. 1970 (Publ. L. 91 - 567, §§ 3 - 5) wurde die Grenze von 10 auf 5 % herabgesetzt.

[58] 17 C. F. R. § 240.13 d - 101. Zum Inhalt der Informationspflicht: *Schmid*, 47 So. Calif. L. Rev. 1133, 1140 (1974).

[59] Sec. 13 (d) (5 B) SEA.

[60] Sec. 24 SEA i. V. m. Rule 24 b - 3.

Angebot an die Aktionäre der Zielgesellschaft die nach Rule 14 d-1 (c) erforderlichen Mindestinformationen enthält. Danach ist es erforderlich, daß die Aktionäre der Zielgesellschaft mindestens eine Zusammenfassung der wichtigsten Angaben nach Schedule 13D sowie vollständige Angaben über die Modalitäten des Übernahmeangebots erhalten.

Wer ein öffentliches Übernahmeangebot durch eigene Empfehlung unterstützt oder bekämpft — insbesondere also Wertpapierfirmen und das Management der angegriffenen Gesellschaft[61] —, muß der SEC Anzeige über seine Person, seine Beziehungen zur angegriffenen und zur angreifenden Gesellschaft sowie über alle Geschäfte machen, die von der angegriffenen Gesellschaft, einer Tochtergesellschaft oder einem Mitglied der Unternehmensführung mit Kapitalanteilen der angegriffenen Gesellschaft innerhalb der letzten 60 Tage vor dem Übernahmeangebot getätigt wurden (Schedule 14D)[62].

E. Gewinnherausgabepflicht zugunsten der Gesellschaft

I. Normaler Haftungstatbestand

Kennzeichnend für die Gewinnherausgabepflicht nach Sec. 16 (b) SEA ist ihr objektiver, ja formaler Charakter. Unter völligem Verzicht auf subjektive Elemente stellt der Tatbestand des Gesetzes allein auf das Vorliegen kurzfristiger Doppelgeschäfte ab. Gerade die kurzfristige Spekulation mit Aktien der eigenen Gesellschaft war ja nach den Ergebnissen der gesetzesvorbereitenden Hearings das Hauptbetätigungsfeld für Insider mit „heißen" Informationen[63]. Durch die Gewinnabführungspflicht wollte der Gesetzgeber dieser Art Spekulation die wirtschaftliche Grundlage entziehen.

Nicht zu Unrecht wird die Regelung der Gewinnherausgabe als willkürlich bezeichnet[64]. Da die Verhinderung des Mißbrauchs von inside-Informationen zwar in der Präambel zu Sec. 16 (b) als Zweck des Gesetzes genannt, nicht aber im Tatbestand enthalten ist, hilft dem auf Gewinnherausgabe verklagten Insider auch nicht der Nachweis, daß inside-Informationen tatsächlich nicht vorgelegen haben[65]. Daß diese Unbilligkeit vom Gesetzgeber einkalkuliert war, wird aus der folgenden Passage der Hearings deutlich:

"You hold the director liable, irrespective of any intention or expectation to sell the security within 6 months after, because it will be absolutely

---

[61] *Loss*, Bd. 6, S. 3660; *Schmid* (oben Fn. 58), p. 1144.

[62] 17 C. F. R. § 240.14 d - 101.

[63] *Fletcher-Report*, 9.

[64] Vgl. z. B. *Loss*, Bd. 2, 1088.

[65] Western Auto Supply Co. v. Gamble-Skogmo, Inc., 348 F. 2d 736, 743 (8th Cir. 1965), *cert. denied*, 382 U.S. 987 (1966); *Jennings / Marsh*, S. 1031.

impossible to prove the existence of such intention or expectation, and you have to have this crude rule of thumb, because you cannot undertake the burden of having to prove that the director intended, ..., to get out on a short swing."[66]

Der starre Anwendungsrahmen hat der Regelung darüber hinaus den Vorwurf der Unbrauchbarkeit eingetragen, weil erfahrene Spekulanten ohnehin genügend Möglichkeiten hätten, auf ganz legalem Wege der Insider-Haftung zu entgehen, so daß letztlich nur der harmlose Insider, der an Spekulation gar nicht denke, im Netz der Sec. 16 (b) hängen bleibe[67]. Dennoch ist festzuhalten, daß sich die Rechtsprechung bemüht, die Vorschrift ihrem Zweck entsprechend so auszulegen, daß auch andere als sog. *garden variety*-Geschäfte erfaßt werden. Dadurch erhält die Vorschrift eine begrenzte Flexibilität, die allerdings teilweise auf Kosten der Einfachheit ihrer Anwendung geht.

1. Fristbestimmung

Als kurzfristig sah der Gesetzgeber einen Zeitraum von weniger als sechs Monaten an[68]. Innerhalb dieses Zeitraums gilt grundsätzlich jedes Doppelgeschäft *(short swing)* als Spekulationsgeschäft, während alle Geschäfte, die diese Frist — und sei es auch nur um einen Tag — überschreiten, frei sind.

Der Lauf der Frist beginnt, sobald der Insider eine feste Verbindlichkeit eingeht, Aktien zu einem bestimmten Preis zu übernehmen[69]. Wenn allerdings zwar ein Kaufvertrag fest abgeschlossen wird, die Bestimmung des Kaufpreises aber vom Börsenpreis zur Zeit der Lieferung abhängig sein soll, wird die sechs-Monatsfrist erst durch die Lieferung in Gang gesetzt, da erst zu diesem Zeitpunkt Spekulationen möglich werden[70].

Umgekehrt ist allerdings immer noch nicht geklärt, was als Zeitpunkt des Verkaufs gelten soll. Zählt man nur die Eingehung einer festen Verbindlichkeit als Verkauf, so ließe sich die sechs-Monatsfrist einfach durch den Erwerb einer Verkaufsoption im Terminhandel umgehen, die den Inhaber berechtigt, aber nicht verpflichtet, seine Aktien an einem späteren Zeitpunkt zu dem alten Kurswert zu verkaufen. Dadurch hätte

---

[66] *Th. Corcoran* in: Hearings on Stock Exchange Practices, Senate Committee on Banking and Currency, 73d Cong., 1st Sess., pt. 15, S. 6557 (1934).

[67] *Gerson*, 25 Miami L. Rev. 144, 159 (1970); *Munter*, 52 Cornell L. Qu. 69, 74 (1966); *Jennings / Marsh*, 1031; entgegengesetzter Ansicht, aber ebenfalls ohne Nachweise: *Loss*, Bd. 2, 1043.

[68] Kurzfristige Beteiligungen von weniger als sechs Monaten unterliegen darüber hinaus einer erhöhten Kapitalgewinnsteuer, vgl. *Loss*, Bd. 2, 1087 f.

[69] Vgl. *Jennings / Marsh*, 1074.

[70] Vgl. Booth v. Varian Associates, 334 F. 2d 1 (1st Cir. 1964), *cert. denied*, 379 U.S. 961 (1965).

der Insider alle Vorteile der kurzfristigen Spekulation — nur gemindert um den Preis, den er für die Option zahlen muß.

Zu Recht wird daher vertreten[71], daß als Zeitpunkt des Verkaufs der Tag zu gelten hat, an dem der Insider das Recht erwirbt, seine Aktien zu einem bestimmten Preis zu verkaufen. Dieser Zeitpunkt ist leicht festzustellen, denn nach Rule 16 a-6 ist der Erwerb von Optionen im Terminhandel meldepflichtig.

2. *Ausnahmen von Sec. 16 (b)*

a) Rule 16 a-10

Soweit nicht schon in den Ausnahmebestimmungen zu Sec. 16 (a) selbst auch die Befreiung von der Gewinnabschöpfung vorgesehen ist, werden durch Rule 16 a-10[72] alle von der Meldepflicht ausgenommenen Geschäfte auch von der Gewinnabschöpfung befreit.

Die Rule hat den *Zweiten Circuit* im Ergebnis allerdings nicht gehindert, den Anwendungsrahmen von Sec. 16 (b) durch Einbeziehung bereits ausgeschiedener Direktoren in die Insider-Haftung weiter zu ziehen als den von Absatz (a) der Vorschrift[73]. Entgegen der Ansicht des Zweiten Circuit, der von der Nichtigkeit der Rule ausgeht, steht Rule 16 a-10 allerdings einer — im Verhältnis zu Sec. 16 (a) — weiteren Auslegung von Absatz (b) nicht entgegen. Da Geschäfte ausgeschiedener Direktoren von Sec. 16 (a) tatbestandlich nicht erfaßt werden, kommt Rule 16 a-10, die nur eine gleichmäßige Erstreckung der Ausnahmen („exemptions") von Sec. 16 (a) auf Absatz (b) begründet, gar nicht ins Spiel[74].

b) Erwerb in Verbindung mit bestehender Verbindlichkeit

Die einzige Konzession, die Sec. 16 (b) selbst an das Vorliegen nichtspekulativer Absichten macht, gilt in bezug auf Kapitalanteile, die in gutem Glauben in Verbindung mit einer schon früher eingegangenen Verbindlichkeit erworben werden. Aber diese Klausel ist mißverständlich, denn sie nimmt nicht etwa den Aktienerwerb aufgrund langfristig vorher abgeschlossener Kaufverträge von der Anwendung des Sec. 16 (b) aus[75]. Nach der Auslegung der Rechtsprechung kommt die Klausel

---

[71] *Jennings / Marsh*, 1075, *Comment*, 69 Yale L. J. 868 (1960) und *Obrzut*, 20 U. C. L. A. L. Rev. 1289, 1320 (1973) — wo dieselbe Ansicht zu Recht auch in bezug auf den Empfänger eines festen, zeitlich begrenzten Angebots zum Kauf zu einem festen Preis („call") vertreten wird.

[72] 17 C. F. R. § 240. 16 a - 10.

[73] Feder v. Martin Marietta Corp., 406 F. 2d 260, 268 (2d Cir. 1969); zur Problematik s. u. E II. 2. a).

[74] Vgl. *Loss*, Bd. 5, 3023.

[75] Rheem Manufacturing Co. v. Rheem, 295 F. 2d 473 (9th Cir. 1961); *Comment* (1962), Duke L. J. 589.

praktisch nur für den seltenen Fall in Betracht, daß jemand eine Geldschuld gegenüber einem Insider durch die Übertragung von Aktien tilgt. In dem Fall würde der Erwerb der Aktien durch den Gläubiger nicht als Teilakt eines Doppelgeschäfts zählen, wohl aber ein entsprechendes Dekkungsgeschäft des Schuldners[76].

c) Unfreiwillige Überschreitung der 10-Prozent-Grenze

Entsprechend einer wenig klaren Klausel in Sec. 16 (b) erstreckt sich die Gewinnherausgabe-Verpflichtung nicht auf solche Aktionäre, die nicht sowohl beim Kauf wie beim Verkauf *„beneficial owner"* der Aktien sind. Nach Auffassung der SEC erlaubt es diese Klausel, solche Aktionäre von Sec. 16 (b) auszunehmen, die mit ihrer Beteiligung ohne eigenes Zutun die 10-Prozent-Grenze überschreiten[77]. Zu denken ist etwa an die Fälle, in denen jemand, der gerade seine mehr als 10 %ige Beteiligung verkauft hat, plötzlich durch Erbfall wieder mehr als 10 % an derselben Gesellschaft erwirbt. Ebensowenig könnte eine Gewinnabführungs-Verpflichtung dadurch entstehen, daß jemand der etwa 9 % der Aktien besitzt, durch Kapitalherabsetzung unversehens zum Großaktionär mit über 10 % des ausstehenden Kapitals wird. Freilich liegt im letzteren Fall noch nicht einmal ein Erwerb vor.

d) Befreiung bestimmter Insider

Von der Gewinnabschöpfung befreit sind ferner aufgrund Rule 16 b-10[78] die Geschäfte von Investmentgesellschaften, sofern für diese bereits eine Ausnahmegenehmigung der SEC gem. Sec. 17 (b) *Investment Company Act*[79] erteilt wurde. Weitere Ausnahmen gelten zugunsten öffentlicher Versorgungsunternehmen[80] sowie von Eisenbahngesellschaften[81], soweit deren Kapitalgeschäfte schon anderweitiger administrativer Kontrolle unterliegen.

Unter bestimmten Voraussetzungen sind weiterhin die Geschäfte von Emissionsbanken im Rahmen ihrer normalen Tätigkeit von Sec. 16 (b) ausgenommen[82]. Dazu gehören neben dem An- und Verkauf von Wert-

---

[76] Smolowe v. Delendo Corp., 136 F. 2d 231, 239 (2d Cir. 1943), *cert. denied*, 320 U.S. 751.

[77] Vgl. *amicus curiae*-Schrift der SEC in Reliance Electric Co. v. Emerson Electric Co., 404 U.S. 418, 425 (1972).

[78] 17 C. F. R. § 240. 16 b - 10. Gem. Sec. 16 (b), letzter Satz, hat die SEC das Recht, bestimmte Geschäfte von der Gewinnabschöpfung auszunehmen.

[79] 15 U. S. C. § 80 a - 17.

[80] Rule 16 b - 4, 17 C. F. R. § 240. 16 b - 4.

[81] Rule 16 b - 10, 17 C. F. R. § 240. 16 b - 10.

[82] Rule 16 b - 2, 17 C. F. R. § 240. 16 b - 2. Emissionen unterliegen den Publizitätsvorschriften von Sec. 5 Securities Act of 1933. Zu den Geschäften im einzelnen: *Loss*, Bd. II, 1113, Fn. 295.

papieren — entweder von der emittierenden Gesellschaft selbst oder von anderen am Emissionsverfahren Beteiligten — auch solche Geschäfte, die nach Treu und Glauben (*in good faith*) zur Kursstabilisierung der im Emissionsverfahren befindlichen Wertpapiere oder zur Deckung von Zuteilungslücken erforderlich werden. Wichtig ist jedoch, daß auch in dem umschriebenen Rahmen die Geschäftstätigkeit von Emissionsbanken nur unter der Bedingung von Sec. 16 (b) ausgenommen ist, daß die Emission mindestens zur Hälfte von Personen (oder Instituten) durchgeführt wird, die nicht als Insider i. S. von Sec. 16 zu qualifizieren sind[83]. Den Nicht-Insidern innerhalb eines solchen Emissionskonsortiums müssen mindestens gleich günstige Konditionen für ihre Tätigkeit gewährt werden, was allerdings nicht ausschließt, daß das federführende Institut für die Leitung des Konsortiums eine angemessene zusätzliche Bezahlung erhält, selbst wenn es — etwa aufgrund seiner Kapitalbeteiligung am emittierenden Unternehmen — Insider ist.

Eine bedeutsame Ausnahme wurde schließlich durch die Novellierung des Exchange Act im Jahre 1964[84] zugunsten solcher Wertpapierfirmen eingefügt, denen die Marktpflege für bestimmte Papiere am *over-the-counter*-Markt obliegt[85].

e) Arbitragegeschäfte

Geschäfte, die auf der Ausnutzung unterschiedlicher Preise auf verschiedenen Märkten beruhen, stellen gemeinhin keinen Mißbrauch von inside-Informationen dar und sollen deshalb grundsätzlich von Sec. 16 ausgenommen sein[86]. Weder der Gesetzgeber noch die SEC haben bisher eine Definition der Wertpapierarbitrage geliefert. Entsprechend dem allgemeinen Sprachgebrauch werden deshalb darunter außer der Ausnutzung örtlich verschiedener Preise auch solche Geschäfte verstanden, bei denen der Preisunterschied zwischen sofortiger und zukünftiger Lieferung ausgenutzt wird[87].

Da Kauf und Verkauf grundsätzlich gleichzeitig oder jedenfalls „so kurzfristig wie durchführbar"[88] erfolgen, ist die Ausnutzung von inside-Informationen praktisch ausgeschlossen — es sei denn, eine Information wirkt sich auf dem einen Markt schneller aus als auf dem anderen. Trotzdem — oder vielleicht gerade wegen solcher nicht ganz auszu-

[83] Rule 16 b - 2 (a) (3).

[84] Pub. L. 88 - 467, § 8 (b), 15 U. S. C. § 78 p (d).

[85] Dazu i. e. unten E. I. 2 d.

[86] Sec. 16 (e); zur ratio: *Note*, 54 Colum. L. Rev. 425 (1954); *Note*, 67 Harv. L. Rev. 1277 (1954); Falco v. Donner-Foundation Inc., 208 F. 2d 600, 604 (2d Cir. 1953).

[87] *Note*, 54 Colum. L. Rev. 425, 427 (1954).

[88] Vgl. Reg. T, Sec. 4 (d); 12 C. F. R. § 220. 4 d.

schließender Gefahren — hat die SEC von ihrer Regelungsbefugnis Gebrauch gemacht und die Ausnahme auf 10 %-Insider beschränkt[89].

f) Betriebliche Vermögensbildungspläne

Den Besonderheiten betrieblicher Vermögensbildungspläne wird durch die Ausnahmeregelungen in Rule 16 b-3 und 16 b-5[90] weitgehend Rechnung getragen.

Durch Rule 16 b-3 wird im Rahmen bestehender Vermögensbildungspläne der Erwerb von Aktien sowie von übertragbaren und nichtübertragbaren Optionen, die zum Erwerb von Aktien berechtigen, von Sec. 16 (b) ausgenommen[91]. Je nach dem Typ des Rechts kann es sich um Aktienbonus-, Gewinnbeteilungs-, Altersversorgungs-, Erfolgsanreiz-, Spar- oder ähnliche Pläne handeln (bei Aktien), um Optionserwerbspläne für Angestellte[92] (bei übertragbaren Optionen) oder um qualifizierte oder eingeschränkte Optionserwerbspläne[93] (bei nicht-übertragbaren Optionen). Alle Vermögensbeteiligungspläne müssen folgenden Anforderungen genügen[94]:

(1) Sie müssen von der Mehrheit der Aktionäre gebilligt worden sein;

(2) sie müssen genaue Bestimmungen über die Anzahl der Aktien oder Optionen enthalten, die von den Direktoren erworben werden dürfen, sowie die Zeitpunkte festlegen, zu denen ein Erwerb von Aktien oder Optionen und bis denen die Ausübung von Optionsrechten möglich sein soll. Falls derartige Festsetzungen fehlen und die Bestimmung der Begünstigten oder der Höhe der Zuteilung im Ermessen einer Person liegt, darf das Ermessen nur vom *Board of Directors* oder einem mindestens dreiköpfigen Gremium ausgeübt werden, wobei die Mehrheit im *Board* bzw. die Mitglieder des Gremiums selbst seit mindestens einem Jahr nicht mehr zu dem Kreis der Berechtigten zählen dürfen.

(3) Alle Vermögensbildungspläne müssen schließlich den Wert der Zuteilungen pro Jahr oder für die ganze Laufzeit des Plans in irgendeiner mathematisch kontrollierbaren Weise festlegen.

Infolge dieser Anforderungen dürften die Möglichkeiten der *ad hoc*-Spekulation mit Wertpapieren, die aufgrund betrieblicher Vermögensbildungspläne erworben werden, recht gering sein. Es kommt hinzu, daß

---

[89] Rule 16 e - 1, 17 C. F. R. § 240. 16 e - 1.

[90] 17 C. F. R. § 240. 16 b - 3 und § 240. 16 b - 5.

[91] Rule 16 b - 3, Abs. 1, *Lang / Katz*, 49 Notre Dame Law. 705, 742 (1974).

[92] Zu den Voraussetzungen dieser Vermögensbildungspläne i. e. vgl. Internal Revenue Code of 1954, 26 U. S. C. Sec. 423 (b).

[93] Vgl. i. e. 26 U. S. C. Secs. 422 (b), 424 (b).

[94] Rule 16 b - 3 (b).

nach der Auffassung der SEC nur der Erwerb von Wertpapieren, nicht aber die Veräußerung von Sec. 16 (b) ausgenommen ist, so daß eine Veräußerung solcher Papiere, der innerhalb eines Zeitraums von sechs Monaten ein normaler, nicht zu einem Vermögensbildungsplan gehörender Erwerb gegenübersteht, zur Gewinnabschöpfung führt[95].

Erleichtert wird schließlich die Einrichtung besonderer Fonds, in denen die zugeteilten Wertpapiere verwaltet werden, durch die Klarstellung in Rule 16 b-5[96], daß die Umwandlung von Anteilen am Fonds in Kapitalanteile der Insider-Gesellschaft nicht unter Sec. 16 (b) fällt, sofern das Vermögen des Fonds im wesentlichen nur aus Kapitalanteilen der Insider-Gesellschaft besteht und zur Umwandlung keine Zuzahlung des Insiders nötig ist. Da die Anteile am Fonds eine entsprechende Anzahl von Kapitalanteilen der Insider-Gesellschaft repräsentieren, bedeutet die Umwandlung tatsächlich nur einen Tausch der Zertifikate. Sie ist notwendig, weil die Anteile am Fonds i. a. nicht öffentlich gehandelt werden[97]. Um jeden Mißbrauch auszuschließen, sind Umwandlungen, die innerhalb von sechs Monaten in entgegengesetzter Richtung erfolgen, von der Gewinnabschöpfung nicht ausgenommen.

g) Hinterlegung von Kapitalanteilen

Um einen Tausch gleichwertiger Zertifikate handelt es sich auch bei der Hinterlegung von Aktien oder anderen Anteilsrechten aufgrund eines Verwahrungsvertrages oder einer Abstimmungsvereinbarung *(voting agreement)* gegen Erteilung von Hinterlegungszertifikaten. Der Tausch der Zertifikate ist daher von Sec. 16 (b) ausgenommen[98], sofern der Hinterlegungsfonds nur Wertpapiere derselben Art eines einzigen Ausstellers enthält.

Aus der Gleichstellung von Original- und Hinterlegungszertifikat folgt allerdings auch, daß der Kauf eines Originalzertifikats und der anschließende Verkauf eines Hinterlegungszertifikats (oder der Verkauf eines Originalzertifikats bei anschließendem Kauf eines Hinterlegungszertifikats) als gewinnabgabepflichtiges Doppelgeschäft zu gelten haben[99].

h) Weitere Geschäfte

Infolge der immer weiteren Ausdehnung des Anwendungsbereichs von Sec. 16 (b) durch die Rechtsprechung hat sich die Notwendigkeit

---

[95] *Loss*, Bd. 2, 1114.
[96] 17 C. F. R. § 240. 16 b - 5.
[97] Vgl. *Loss*, Bd. 2, 1118.
[98] Rule 16 b - 8, 17 C. F. R. § 240. 16 b - 8.
[99] Rule 16 b - 8, letzter Satz.

weiterer Ausnahmeregelungen ergeben. Die SEC hat daher unter bestimmten, engen Voraussetzungen den fusionsbedingten Umtausch von Kapitalanteilen eines Unternehmens gegen die eines anderen Unternehmens von der Gewinnabschöpfung ausgenommen[100]. Weitere Ausnahmen finden sich zugunsten des Erwerbs von Kapitalanteilen aufgrund der Ausübung von Wandlungs- oder Bezugsrechten[101].

II. Haftungserstreckung auf weitere Personenkreise

1. Kontrollierende Personen

Eine Erstreckung von Insider-Pflichten einschließlich der Gewinnherausgabepflicht auf „Outsider" findet statt, wenn „Outsider" ihre Macht über andere Personen oder Gesellschaften dazu benutzen, diese zur Vornahme von Insider-Geschäften zu bestimmen. Nach Sec. 20 (a) SEA[102] haften sog. „kontrollierende Personen" gesamtschuldnerisch mit den ihrer Kontrolle unterworfenen Personen, wenn die letzteren einen Haftungstatbestand verwirklichen.

„Kontrolle" bedeutet nach einer Definition der SEC in Rule 405[103] zum Securities Act von 1933, die hier entsprechend herangezogen werden kann, „die direkte oder indirekte Macht, das Management oder die Unternehmenspolitik einer Person zu bestimmen, ganz gleich, ob dies mit Hilfe von Aktienbesitz, durch Vertrag oder auf andere Weise geschieht". Daher ist z. B. der Mehrheitsaktionär einer Holdinggesellschaft für short-swing Gewinne verantwortlich, die diese mit den Aktien eines Unternehmens erzielt, an dem sie mit über 10 % beteiligt ist. Allerdings steht es der kontrollierenden Person frei, den Entlastungsbeweis zu führen, indem sie nachweist, daß sie gutgläubig war und weder direkt noch indirekt das Doppelgeschäft veranlaßt hat[104]. Wann in weniger eindeutigen Fällen „Kontrolle" i. S. von Sec. 20 SEA vorliegt, ist i. e. äußerst umstritten[105]. In der Rechtsprechung zu Sec. 16 (b) hat diese Frage bisher jedoch keine nennenswerte Rolle gespielt, wohl weil der enge Kreis von Sec. 16-Insidern sich normalerweise durch eine gewisse Selbständigkeit auszeichnet und ferner die Vermögenslage der Mitglieder dieser Gruppe die Suche nach einem zahlungskräftigeren Schuldner erübrigt.

---

[100] Rules 16 b - 6 (c), 16 b - 7; 17 C. F. R. § 240. 16 b - 6 (c), 16 b - 7; dazu i. e. unten E V. 4.

[101] Rules 16 b - 9, 16 b - 11; 17 C. F. R. § 240. 16 b - 9, 16 b - 11; dazu i. e. unten V.

[102] 15 U. S. C. § 78 t.

[103] 17 C. F. R § 230.405 (f) betr. Registration Statement.

[104] Sec. 20 (a), letzter Satz.

[105] *Note*, 48 N. Y. U. L. Rev. 1019, 1021 ff. (1973).

Wenn nicht die Holdinggesellschaft, sondern nur der hinter ihr stehende Mehrheitsaktionär Insider bei dem Unternehmen ist, dessen Aktien die Holdinggesellschaft kauft oder verkauft, greift Sec. 20 (a) nicht ein, da die unmittelbar handelnde Person (*die Holding*) selbst keinen Haftungstatbestand verwirklicht. Auch Sec. 20 (b) SEA, wonach die Einschaltung von Mittelsmännern zur Umgehung eines gesetzlichen Verbots untersagt ist, hilft dann nicht, da die Vornahme von Insider-Doppelgeschäften nicht verboten, sondern nur gewinnabgabepflichtig ist.

Die hier bestehende Gesetzeslücke wird nur unvollkommen durch eine Stellungnahme der SEC zu Sec. 16 (b) SEA geschlossen, wonach ein Insider für die Geschäfte seiner Mittelsmänner, bzw. zwischengeschalteten Gesellschaften, haftet, wenn diese von ihm als Werkzeuge zur Insider-Spekulation benutzt werden[106]. Nach Ansicht der SEC besteht die Haftung des Insiders in der Regel dann, wenn die als Käuferin oder Verkäuferin auftretende Gesellschaft vom Insider kontrolliert wird und keinen anderen ins Gewicht fallenden Geschäftszweck hat als den der Spekulation mit Wertpapieren. Diese Ansicht wird allerdings nicht mit Hilfe von Sec. 20 (a) SEA begründet, sondern unmittelbar auf die Stelle in Sec. 16 (b) gestützt, wonach „any profit realized by him" vom Insider herauszugeben ist. Die Zahl derartig offensichtlicher Umgehungen dürfte aber gering und ihr Vorliegen nur sehr schwer nachzuweisen sein.

Dagegen läßt die Stellungnahme der SEC die wahrscheinlich häufigeren Fälle außer Betracht, in denen als Käuferin oder Verkäuferin von Insider-Papieren eine vom Insider kontrollierte Gesellschaft auftritt, die vorwiegend andere Geschäftszwecke verfolgt. Auch in diesen Fällen liegt es eigentlich nahe, daß die vom Insider kontrollierte Gesellschaft auf seine Anweisung hin als Wertpapierspekulantin auftreten kann. Zu begrüßen ist deshalb die Entscheidung *Marquette Cement Manufacturing Company v. Andreas*[107], in der auf die Geschäftszwecke der als Wertpapierkäuferin und -verkäuferin auftretenden Gesellschaft überhaupt nicht abgestellt und der Insider entsprechend seiner Beteiligung an dieser Gesellschaft zur Gewinnherausgabe verurteilt wurde.

Wenn die mit Insider-Papieren spekulierende Gesellschaft in der Rechtsform der *Partnership* organisiert ist, haftet ein Insider, der gleichzeitig „Partner" ist, selbst dann auf seinen Anteil am Gewinn, wenn er von den Spekulationsgeschäften seiner Partnership nichts wußte[108]. Die Haftung kann auch nicht dadurch vermieden werden, daß der In-

---

[106] Opinion of *General Counsel* relating to section 16 (a), Release No. 1965, 21. Dec. 1938, 11 F. R. 10970.

[107] 239 F. Supp. 962 (S. D. N. Y. 1965).

[108] Rattner v. Lehman, 193 F. 2d 564, 565 (2d Cir. 1952); Blau v. Lehman, 368 U.S. 403, 414 (1962).

sider / Partner auf seinen Anteil am Gewinn zugunsten der anderen Gesellschafter verzichtet[109].

2. *Die Haftung von Wertpapierfirmen*

Während die Bemühungen zur Erstreckung der Haftung auf kontrollierende Personen der Gefahr von Umgehungen entgegenwirken sollen, betrifft die Frage der Einbeziehung von Wertpapierfirmen in die Insider-Haftung einen Punkt von grundsätzlicher Bedeutung. Dabei geht es um solche Wertpapierfirmen (*broker / dealers*), die durch einen Direktor im Verwaltungsrat der Gesellschaften vertreten sind, mit deren Aktien sie handeln. Obgleich längst nicht alle Wertpapierfirmen eigene Repräsentanten in andere Verwaltungsräte entsenden, spielen insbesondere die größeren unter ihnen eine maßgebliche Rolle bei der Verflechtung der Wirtschaft durch sog. „*interlocking directors*". So wurde im Jahre 1963 festgestellt[110], daß von ca. 6 000 befragten Wertpapierfirmen 1 371 Firmen Repräsentanten in einem oder mehreren Verwaltungsräten hatten. Über 100 dieser Firmen waren in mindestens 10 Verwaltungsräten vertreten. Eine der größten amerikanischen Wertpapierfirmen stellte sogar 82 Direktoren in 69 Gesellschaften[111].

Die Möglichkeit, solche Wertpapierfirmen selbst wie Insider zu behandeln, deutete sich zuerst in der Entscheidung *Rattner v. Lehman*[112] an, die allerdings zugunsten der beklagten Wertpapierfirma ausging. In einer *concurring opinion* wies *Judge Hand* jedoch darauf hin, daß die Haftung einer Wertpapierfirma nach Sec. 16 (b) SEA dann in Betracht komme, wenn sie ihre eigenen Gesellschafter geradezu in fremde *Boards* „deputiere", während sie gleichzeitig mit den Aktien dieser Gesellschaften Geschäfte mache. Dieses *dictum* fand seine Bestätigung in der Entscheidung des *Supreme Court* in *Blau v. Lehman*[113], gleichzeitig schränkte der *Supreme Court* jedoch die Anwendbarkeit der Deputations-Theorie stark ein.

a) Blau v. Lehman

Die beklagte Wertpapierfirma hatte kurzfristige Doppelgeschäfte mit Aktien der *Tide Water Associated Oil Company* getätigt, obgleich ein

---

[109] Vgl. dazu schon Blau v. Lehmann, 173 F. Supp. 590, 593 (S. D. N. Y. 1959); vgl. ferner: Mouldings, Inc. v. Potter, 41 L. W. 2107 (5th Cir. 1972).

[110] *Special Study*, part 1, 429.

[111] Indirekt — über eine Tochtergesellschaft — war die Firma (Lehman Brothers) sogar in 128 verschiedenen Boards vertreten; vgl. *Crilly*, 50 Calif. L. Rev. 500, 504 (1962).

[112] 193 F. 2d 564, 567 (2d Cir. 1952): "... I wish to say nothing as to whether, if a firm deputed a partner to represent its interests as a director on the board, the other partner would not be liable."

[113] 368 U. S. 403 (1962).

Gesellschafter der Beklagten im Verwaltungsrat von *Tide Water* eine Direktor-Position bekleidete. Zwar konnte nicht festgestellt werden, daß es zur Übermittlung von inside-Informationen gekommen war; der betreffende Gesellschafter der Beklagten hatte sich allerdings mit anderen Gesellschaftern ganz allgemein über die wirtschaftliche Lage von *Tide Water* unterhalten[114]. Obgleich die Beklagte behauptete, ihr Gesellschafter sei nicht als Repräsentant der Firma in den Verwaltungsrat von *Tide Water* berufen worden, gab es gewisse Hinweise dafür, daß die Firmenzugehörigkeit bei der Berufung eine Rolle gespielt hatte. Zuvor war nämlich ein anderer Gesellschafter der Beklagten Direktor im Verwaltungsrat von Tide Water gewesen. Derselbe Gesellschafter hatte auch — und zwar mit Rücksicht auf die Interessen der Beklagten — seinen Nachfolger im Verwaltungsrat selbst vorgeschlagen.

Dennoch gab der Supreme Court der Klage eines *Tide Water*-Aktionärs auf Gewinnherausgabe nur insoweit statt, als sich die Klage gegen den Gesellschafter der Beklagten selbst auf dessen Anteil am Gewinn richtete. Eine generelle Haftung von Wertpapierfirmen, deren Gesellschafter in fremden Verwaltungsräten dienen, für Doppelgeschäfte mit den Aktien solcher Gesellschaften lehnte das Gericht rundheraus als zu weitgehend ab[115]. Die Insider-Haftung kraft „Deputation" beschränkte das Gericht auf solche Wertpapierfirmen, die sich durch einen Gesellschafter wie durch einen Beauftragten im Verwaltungsrat einer Kapitalgesellschaft vertreten lassen, indem sie durch ihn die Direktoren-Pflichten im eigenen Interesse wahrnehmen[116]. Die grundsätzliche Anerkennung der Insider-Haftung kraft Deputation kann aber nicht darüber hinwegtäuschen, daß Wertpapierfirmen nur dann haften, wenn sie ihre persönlichen Beziehungen zur Durchsetzung eigener Interessen mißbrauchen — und der Kläger den Mißbrauch nachweisen kann. Damit wird dem Kläger eine in der Regel unüberwindliche Beweislast überbürdet[117]. Es ist daher nicht verwunderlich, daß nur ein einziger Fall bekanntgeworden ist, in dem die „Deputationstheorie" erfolgreich angewandt wurde[118].

---

[114] Vgl. zum Sachverhalt das Urteil der Vorinstanz 286 F. 2d 786, 788 (2d Cir. 1960).

[115] 368 U.S. 403, 411 (1962).

[116] "Consequently, Lehman Brothers would be a 'director' of Tide Water, if... Lehman actually functioned as a director through Thomas, who had been deputized by Lehman to perform a director's duties not for himself but for Lehman" (p. 410).

[117] So auch *Jacobs*, 43 Temple L. Qu. 381, 385 (1970); *Note*, 14 Stan. L. Rev. 192, 196 (1961); *Painter*, 89.

[118] Feder v. Martin Marietta Corp., 406 F. 2d 260 (2d Cir. 1969); vgl. dazu *Hardgrove*, 45 Notre Dame Law, 340 (1970). Die Beklagte, Martin Marietta Corp., hatte seit längerer Zeit kontinuierlich größere Posten Sperry Rand-Aktien aufgekauft, als der Präsident und Generalbevollmächtigte der Be-

Das Echo auf die *Lehman*-Entscheidung war unterschiedlich. Die schärfste Kritik kam von einem Mitglied des Supreme Court selbst. *Justice Douglas,* der als ehemaliger (und erster) Leiter der SEC zu den Verfechtern eines „harten Kurses" im Kampf gegen Insider-Spekulation zählt, warf in einer *dissenting opinion* der Mehrheit vor, mit der Entscheidung die großen „Wall Street-Firmen" von der Anwendung des § 16 (b) auszunehmen:

"What we do today allows all but one partner to share in the feast which the one places on the partnership table. They in turn can offer feasts to him in the 99 other companies of which they are directors. This result is a dilution of the fiduciary principle that Congress wrote into § 16 of the Act.... We should not leave to Congress the task of restoring the edifice that it erected and that we tear down."[119]

Auch von Kritikern der *Lehman*-Entscheidung wird allerdings eingeräumt, daß die Erstreckung der automatischen Insider-Haftung auf Wertpapierfirmen, deren Gesellschafter in anderen Verwaltungsräten dienen, der Problematik nicht voll gerecht würde[120]. Der Ruf nach dem

---

klagten, Bunker, ein Angebot zur Übernahme eines Sitzes im Verwaltungsrat von Sperry Rand erhielt. Die Beklagte fuhr mit ihrem Anlageprogramm bei Sperry Rand fort, auch nachdem ihr Präsident dort gleichzeitig als Verwaltungsmitglied diente. Am 1. August 1963, drei Monate nach seiner Ernennung, gab Bunker den Verwaltungsratssitz bei Sperry Rand wieder auf. Wenig später verkaufte die Beklagte ihre Sperry Rand-Aktien — einschließlich der 101.300 Stück, die sie während Bunkers Verwaltungsratsmitgliedschaft erworben hatte. — Entgegen der Ersten Instanz, die der Darstellung der Beklagten, wonach Bunker ausschließlich aufgrund seiner — unbestrittenen — persönlichen und fachlichen Qualifikation in den Board von Sperry Rand berufen worden sei, Glauben schenkte, gab die Zweite Instanz der Klage eines Sperry-Aktionärs statt. Dabei stützte das Gericht seine Entscheidung im wesentlichen auf vier Punkte: (1) Der Verwaltungsrat der Beklagten hatte der Ernennung ihres Präsidenten zum Verwaltungsratsmitglied zugestimmt; (2) in dem Brief an den Verwaltungsvorsitzenden von Sperry Rand, in dem Bunker seinen Rücktritt begründete, hieß es u. a.: "When I became a member of the Board in April, it appeared to your associates that the Martin Marietta ownership of a substantial number of shares of Sperry Rand should have representation on your Board." — Am wichtigsten erschien dem Gericht aber, daß (3) Bunker alle Geschäfte von Martin Marietta, insbesondere die Anlagegeschäfte in Sperry Rand-Aktien, beherrschte und abzeichnete und deswegen (4) ohne Schwierigkeiten persönliche Kenntnisse, die er bei Sperry Rand erlangt hatte, in seinen Anlage-Entscheidungen bei Martin Marietta verwerten konnte. — Die Besonderheiten dieser Situation erlaubten eine Unterscheidung von der *Lehman*-Entscheidung des Supreme Court, mindern aber gleichzeitig den Wert der *Martin Marietta*-Entscheidung als Präzedenzfall. Ebenso: *Wagner,* 78 Yale L. J. 1151, 1167 (1969).

[119] *Douglas,* J., dissenting opinion, S. 420.

[120] Vgl. *Painter,* 91; Crilly, 50 Calif. L. Rev. 500, 510 (1962) — beide mit dem Vorschlag, die Anwendung von Sec. 16 (b) — wie in der Rechtsprechung — von dem Mißbrauch der persönlichen Beziehungen abhängig zu machen, dabei aber — entgegen der Rechtsprechung — von einer entsprechenden Vermutung auszugehen und der verbundenen Firma den Entlastungsbeweis aufzugeben. Daß sich dies nur de lege ferenda verwirklichen ließe, wird teilweise eingeräumt, vgl. *Crilly,* o. — Trotz Bedenken zustimmend zur Lehman-Entschei-

Gesetzgeber ist jedoch — wenn auch nicht ungehört, so doch ohne Resultat — verhallt.

b) Vorschläge der Special Study

Dabei entstand gerade im Zuge der Novellierung des Exchange Act im Jahre 1964 die Gelegenheit, diese von vielen erkannte Lücke durch eine Ergänzung von Sec. 16 zu schließen. Vor allem hatte sich die *Special Study* der SEC[121], deren Ergebnisse dem Kongreß vorlagen, für eine Korrektur der durch die *Lehman*-Entscheidung geschaffenen Rechtslage ausgesprochen. Die Empfehlungen der Special Study gehen auf eine eingehende Untersuchung der Funktionen von Wertpapierfirmen und ihrer Bedeutung für die Bildung und Aufrechterhaltung eines geordneten Marktes zurück. Darin wird festgestellt, daß von seiten der Wertpapierfirmen die Übernahme von Sitzen in den Verwaltungsräten von Kapitalgesellschaften in erster Linie mit ihrer Verantwortung bei der Vorbereitung und Durchführung von Neu-Emissionen für die betreffenden Kapitalgesellschaften begründet wird. Tatsächlich bestätigt auch die Special Study, daß — insbesondere bei Erst-Emissionen — Kapitalgesellschaften in hohem Maße auf die Beratung kapitalmarkterfahrener Wertpapierfirmen angewiesen sind. Sie können am ehesten entscheiden, welche Emissionen für den öffentlichen Kapitalmarkt geeignet sind. Sie wirken deshalb u. a. bei der Bestimmung des Ausgabepreises mit. Da gerade bei Erst-Emissionen das Management der Kapitalgesellschaften häufig nicht mit den Erfordernissen des Kapitalmarktes vertraut ist, erstreckt sich die Beratung durch die Wertpapierfirma auch auf die Zeit nach der Emission[122].

---

dung: *Cary / Israels / Loss*, 63 Colum. L. Rev. 856, 860 (1963); *Wagner*, 78 Yale L. J. 1151 (1969); *McCloskey*, 76 Harv. L. Rev. 54, 216 (1962) — letzterer mit der Begründung, daß ein so diffiziles Problem nicht durch einfache „Rule of Thumb" gelöst werden könne; in diesem Sinne auch *Methvin*, 41 Tex. L. Rev. 448, 453 (1963). s. a. *New York Stock Exchange Educational Circular No. 162* (June 22, 1962): "The Exchange is fully aware of the important public service performed by member firm directors on the Boards of corporations. This is particularly true in the case of a smaller growing company which has only recently done public financing for the first time and whose management may be unfamiliar with problems which may arise in the company's relations with its public shareholders." (Abgedr. in: Black v. Shearson, Hammill & Co., 72 Cal. Rptr. 157, 161 [App., 1st Distr., 1968]).

[121] Report of *Special Study* of Securities Markets, part 1, 428 ff. (1963).

[122] "There is no reason to doubt many investment bankers perform valuable services in these and other areas particularly in the case of, but not necessarily limited to, companies whose managements are inexperienced in financial matters or relations with public stockholders." *Special Study*, part 1, 431. Gleichzeitig verweisen die Autoren der Special Study allerdings auf eine Empfehlung der New York Stock Exchange (*N. Y. S. E. Company Manual*, B-23), wonach Kapitalgesellschaften, deren Aktien dort notiert werden, mindestens zwei „Outside Directors" haben sollten, die aus dem Bank- oder Geschäftsleben kommen und nicht dem Emissionskonsortium angehören sollten.

Außerdem wird von den Wertpapierfirmen die Verantwortung gegenüber den Käufern der Emission betont[123]. Diesem Gesichtspunkt kommt insbesondere für die Zeit während und kurz nach einer Emission einige Bedeutung zu. Die Kunden der Wertpapierfirma würden es sicher nicht verstehen, wenn das Institut die Verantwortung für die Kursentwicklung von sich weisen und die Aktionäre einem relativ unerfahrenen Management überlassen würde. Bei Emissionen kleinerer Aktiengesellschaften kommt hinzu, daß u. U. nur eine einzige Wertpapierfirma, die mit dem Emissionsinstitut identisch ist, für die Aufrechterhaltung eines Marktes in Frage kommt. In derartigen — auch zeitlich — eng einzugrenzenden Fällen ist daher gegen die Vertretung in fremden Verwaltungsräten nichts einzuwenden.

Andererseits weisen die Autoren der Special Study darauf hin, daß für die betreffenden Direktoren und ihre Firmen die Übernahme eines Verwaltungsratssitzes mindestens ebenso vorteilhaft sein kann wie für die betreute Kapitalgesellschaft. Seitens der befragten Mitglieder von Wertpapierfirmen waren als Gründe für die Übernahme eines Verwaltungsratssitzes nämlich u. a. auch genannt worden:

(1) der Aufbau engerer Beziehungen, die wiederum zu weiteren Geschäften führen können;

(2) der Prestigewert für den Direktor selbst und sein Institut;

(3) die Gelegenheit, die Verhältnisse in anderen Geschäftszweigen der Wirtschaft kennenzulernen, und schließlich

(4) der Zugang zu inside-Informationen[124].

Gerade der zuletzt genannte Punkt stürzt die durch *„interlocking directors“* mit der Wirtschaft verbundenen Wertpapierfirmen nach den Befürchtungen der Special Study nur zu leicht in schwer lösbare Loyalitätskonflikte, wenn z. B. aus einer Gesellschaft inside-Informationen vorliegen, die einen katastrophalen Kurssturz der im Kundenauftrag verwalteten Aktien erwarten lassen[125].

Die Special Study kommt daher zu dem Ergebnis, daß die Gefahren der Board-Mitgliedschaft von Mitgliedern der Wertpapierfirmen ihre Vorzüge für die in der Weise betreuten Kapitalgesellschaften und die Aktien überwiegen. Hinzu kommt, daß die Autoren der Studie die sachliche Notwendigkeit einer über das Gründungsstadium hinausgehenden Betreuung und Kontrolle von Kapitalgesellschaften durch *„interlocking directors“* bestreiten. Dabei kann die Special Study auf eine Reihe von

---

[123] Vgl. *Special Study*, part 1, 430, sowie oben Fn. 120.

[124] *Special Study*, part 1, 431.

[125] *Special Study*, part 1, 432; vgl. dazu auch den berühmt gewordenen Fall In the Matter of Cady, Roberts & Co., 40 S. E.C. 907 (1961).

Wertpapierfirmen verweisen, die möglichen Interessenverquickungen zwischen Anlagetätigkeit und Verwaltungsratsmitgliedschaft dadurch vorbeugen, daß sie sich grundsätzlich aller Geschäfte — für eigene wie für fremde Rechnung — mit den Wertpapieren solcher Gesellschaften enthalten, in deren Verwaltungsräten sie repräsentiert sind[126]. Auch die Richtlinien der beiden größten amerikanischen Börsen, der New York Stock Exchange und der American Stock Exchange, gehen davon aus, daß die Markt- und Kurspflege für börsennotierte Wertpapiere durch bestimmte Börsenhändler (*specialists*) nicht deren gleichzeitige Anwesenheit in den Verwaltungsräten der betreffenden Aktiengesellschaften erfordert. Im Gegenteil, sie enthalten sogar ein ausdrückliches Verbot gleichzeitiger Zugehörigkeit zum Verwaltungsrat[127].

Von ähnlichen Regelungen und Beschränkungen auf freiwilliger Basis verspricht sich auch die Special Study am ehesten Erfolg[128]. Sie verzichtet damit allerdings auf eine grundlegende Lösung des Problems, deren radikalste Form die vollständige Auflösung der Kombination von Emissionstätigkeit, Board-Mitgliedschaft, Eigengeschäft und Anlageberatung wäre. Aber auch die weniger einschneidende Lösung, die es bei der Kombination der verschiedenartigen Tätigkeiten in der Hand der Wertpapierfirmen beläßt und nur ein Verbot kurzfristiger Doppelgeschäfte für die Zeit der Zugehörigkeit eines Mitgliedes der Wertpapierfirma zum Verwaltungsrat der betreffenden Aktiengesellschaft vorsieht, stieß auf den entschiedenen Widerstand der Wertpapierbranche[129]. Der feindlichen Haltung der Wertpapierbranche wird es auch zugeschrieben, daß die SEC anläßlich der Beratungen über die Novellierung des Exchange Act ein entsprechendes Verbot, das auf eine Korrektur der durch *Blau v. Lehman* geschaffenen Rechtslage hinausgelaufen wäre, unter Aufgabe ihres früheren Standpunktes ablehnte. Statt eines Verbots brachte die Novelle von 1964 schließlich eine Ergänzung von Sec. 16 SEA, die dem Standpunkt der Wertpapierbranche entgegenkommt und die Empfehlungen der Special Study in ihr Gegenteil verkehrt.

c) Section 16 (d) SEA

Durch Sec. 16 (d) SEA werden nunmehr ausdrücklich alle Doppelgeschäfte von der Gewinnherausgabepflicht ausgenommen, die von einer Wertpapierfirma im Rahmen ihres gewöhnlichen Geschäftsbetriebs zum Aufbau und zur Aufrechterhaltung eines Marktes für die betreffenden Wertpapiere vorgenommen werden. Die Regelung gilt allerdings nur

---

[126] *Special Study*, part 1, 432.
[127] *Special Study*, part 1, 437 (bei Fn. 441).
[128] *Special Study*, part 1, 440.
[129] Vgl. *Painter*, 76; *Loss*, Bd. 5, 3085.

für den Freiverkehr, nicht für Börsengeschäfte. Die allgemeine Ausnahme geht weit über den Kompromißvorschlag der Special Study hinaus, eng begrenzte Ausnahmen für den Fall zuzulassen, daß tatsächlich nur ein einziges Institut für die Betreuung der Kapitalgesellschaft durch Besetzung eines Verwaltungsratssitzes und für die Aufrechterhaltung eines Marktes für Aktien der betreffenden Gesellschaft in Frage käme[130].

Bisher hat die SEC von der ihr in Sec. 16 (d) vorbehaltenen Befugnis, die Voraussetzungen der Ausnahmebestimmung im einzelnen näher zu definieren, keinen Gebrauch gemacht. Die dadurch fortbestehenden Unklarheiten machen allem Anschein nach ein Vorgehen wegen Verletzung von Sec. 16 (b) fast unmöglich. Insbesondere ist die Unterscheidung zwischen Geschäften „zur Aufrechterhaltung eines Marktes" und der übrigen Geschäftstätigkeit nur schwer zu ziehen. Darüber hinaus ist als *Market Maker* in bezug auf die Wertpapiere eines Unternehmens jedes Institut anzusehen, das mit den betreffenden Wertpapieren regelmäßig — wenn auch nur in begrenztem Umfang — handelt. Für eine Aktie können daher auch mehrere „Market Makers" auftreten[131]. Geschäfte zur Aufrechterhaltung des Marktes sind zwar nur dann ausgenommen, wenn nicht Papiere aus dem eigenen Investmentvermögen des Instituts verkauft werden, aber die Unterscheidung vom übrigen Vermögen stößt auf Schwierigkeiten, wenn nicht alle Wertpapiere, die in Wahrheit dem Institut selbst als Kapitalanlage dienen, auf einem besonders eingerichteten Investmentkonto verbucht werden. Schließlich bleibt hervorzuheben, daß die Ausnahme nicht nur für eine bestimmte Zeitspanne nach einer Emission gilt, sondern unabhängig davon alle Geschäfte zur Aufrechterhaltung eines Marktes freistellt. Das kann zu der paradoxen Situation führen, daß Doppelgeschäfte mit Aktien, die sowohl an der Börse wie im Freiverkehr gehandelt werden, zur Gewinnherausgabepflicht führen oder von ihr befreit sein können — je nach dem, wo das Geschäft sich abspielt.

Angesichts der tatbestandlichen Unbestimmtheit von Sec. 16 (d) kommt der Theorie, die Gesetzesänderung rechtfertige den Umkehrschluß, daß Wertpapierfirmen mit Repräsentanten in fremden Verwaltungsräten für alle nicht-ausgenommenen Doppelgeschäfte mit Aktien der betreffenden Gesellschaften nach Sec. 16 (b) haften, auch wenn die Voraussetzungen der *deputization*-Theorie nicht vorliegen[132], wenig praktische Bedeutung zu. Allerdings ist anzunehmen, daß der Gesetzgeber anläßlich der No-

---

[130] *Special Study*, part 3, 54 - 64. Nur aus der Besorgnis heraus, sonst für die übrigen Teile der Novelle von 1964 zum Securities Act keine Mehrheit zu finden, soll die SEC sich zu diesem Zugeständnis an die Lobby der Wertpapierfirmen bereitgefunden haben; vgl. *Painter*, 76; *Note*, 60 Nw. L. Rev. 367, 382 (1965).

[131] Vgl. *Loss*, Bd. 5, 3088; *Philips / Shipman* (1964) Duke L. J. 706, 772 ff.

[132] *Painter*, 62 Mich. L. Rev. 649, 674 (1964).

vellierung von 1964 deutlichere Worte gefunden hätte, wenn eine Ausweitung der Insider-Haftung kraft *deputization* über die in *Blau v. Lehman* definierten engen Grenzen hinaus beabsichtigt gewesen wäre[133].

III. Erwerb und Veräußerung ganzer Beteiligungen

Vom Normalfall des Trading bei gleichzeitiger Zugehörigkeit zur gesetzlich definierten Gruppe der Insider[134] unterscheiden sich jene Grenzfälle, in denen nur ein Teilakt eines Doppelgeschäfts ein echtes Insidergeschäft darstellt. Lediglich in bezug auf die sog. 10 %-Insider enthält Sec. 16 (b) eine Klausel, die solche Transaktionen, durch die jemand erst zum Insider wird bzw. die Insider-Stellung wieder verliert, von der Gewinnabschöpfung auszunehmen scheint:

> "This subsection shall not be construed to cover any transaction where such beneficial owner was not such both at the time of the purchase and sale, or the sale and purchase, of the security involved, . . ."[135]

Trotzdem hat sich in der Rechtsprechung nach anfänglichem Zögern[136] die Auffassung durchgesetzt, daß auch dasselbe Geschäft, durch das der Erwerber die 10 %-Marke überschreitet und zum Insider wird, Teilakt eines haftungsbegründenden Doppelgeschäfts sein kann[137]. Die entgegengesetzte Meinung[138], die aus der Formulierung „at the time of the purchase" herausliest, daß jemand schon 10 %-Insider sein müsse, bevor die Insider-Haftung eingreife, würde in der Tat zu bedenklichen Lücken führen. Danach würden nur Doppelgeschäfte oberhalb der 10 %-Marke die Abschöpfung auslösen, während Spekulationsgeschäfte um diese Beteiligungsmarke herum nicht zu erfassen wären[139].

Umgekehrt löst auch der Verkauf der gesamten Beteiligung die Gewinnabschöpfung aus, wenn er innerhalb von sechs Monaten auf den Erwerb folgt[140]. Will ein Großaktionär also seine gesamte Beteiligung

---

[133] Vgl. *Bender,* 18 Stan. L. Rev. 1418, 1426 (1966); *Note,* 60 Nw. L. Rev. 367, 382 (1965).

[134] Vgl. zum „Normalfall": *Note,* 70 Harv. L. Rev. 1312 (1957).

[135] Sec. 16 (b); trotz des nicht ganz eindeutigen Wortlauts wird „such beneficial owner" stets nur auf die 10 %-Eigentümer bezogen.

[136] Vgl. Arkansas Louisiana Gas Co. v. Stephens Investment Co., 141 F. Supp. 841 (W. D. Ark. 1956); Stella v. Graham-Paige Motors Corp., 232 F. 2d 299, 305 (*diss. opinion* v. J. Hincks, (2d Cir. 1956), *cert. denied,* 352 U.S. 831 (1956).

[137] Feder v. Martin Marietta Corp., 406 F. 2d 260 (2d Cir. 1969); Emerson Electric Co. v. Reliance Flectric Company, 434 F. 2d 918, 924 (8th Cir. 1970), *aff'd.:* 404 U.S. 418 (1972).

[138] *Comment,* 9 Stan. L. Rev. 582, 587 (1957); *Note,* 70 Harv. L. Rev. 1312 (1957).

[139] Vgl. Stella v. Graham-Paige Motors Corp., 104 F. Supp. 957, 959 (S.D.N.Y. 1952).

[140] Emerson Electric Co. v. Reliance Electric Company (oben Fn. 137).

von beispielsweise 15 % verkaufen, ohne im vollen Umfang der Gewinnabschöpfung ausgesetzt zu sein, bleibt ihm nur die Möglichkeit, das Veräußerungsgeschäft so zu teilen, daß er wenigstens mit einem Teil nicht der Abschöpfung unterliegt. Im hier gewählten Beispiel könnte er also zunächst nur 5 % und dann die restlichen 10 % verkaufen[141].

Ein solches Vorgehen ist vom Supreme Court in der Entscheidung *Reliance Electric Co. v. Emerson Electric Co.*[142] gebilligt worden, obgleich nach den Umständen feststand, daß die beklagte Gesellschaft die Teilung des Veräußerungsgeschäfts nur in der Absicht vorgenommen hatte, die Gewinnabschöpfung auf ein Mindestmaß zu reduzieren. Unter Betonung des objektiven Charakters der Vorschrift wird in der Entscheidung jedoch die Absicht des Insiders unberücksichtigt gelassen und allein auf das Vorliegen zweier rechtlich getrennter Veräußerungsgeschäfte abgestellt, wobei zur Zeit des zweiten Geschäfts der Verkäufer mit 9,96 % Restbeteiligung nicht mehr unter Sec. 16 (b) fällt.

Das Unbefriedigende an der Entscheidung des Supreme Court, die mit 4 : 3 Stimmen erging, ist die Tatsache, daß eine Manipulation des Insiders besonders honoriert wird[143], denn ohne die Trennung der Veräußerungsgeschäfte hätte die Beklagte ja den Gewinn in voller Höhe abführen müssen. Diesen Vorwurf kann man jedenfalls nicht den Vertretern der *dissenting opinion* machen[144]. Der Vorschlag, im Falle mehrerer aufeinanderfolgender Veräußerungsgeschäfte von einer widerleglichen Vermutung der Zusammengehörigkeit auszugehen und alle Einzelverkäufe als eine einzige Veräußerung zu behandeln, erscheint daher als die bessere Lösung, zumal die Wahrscheinlichkeit dafür spricht, daß der Verkäufer auch beim zweiten Teilverkauf noch von seinem Insider-Wissen profitiert[145]. Diese Lösung würde allerdings im Ergebnis doch zur Notwendigkeit der Beweiserhebung über die Absichten und Pläne des Veräußerers führen. Da Sec. 16 (b) als objektive, mechanisch wirkende Regelung konzipiert ist und in diesem Sinne auch stets von der Rechtsprechung angewandt wird, ist dieser Lösungsvorschlag im Rahmen des geltenden Rechts wohl nicht zu verwirklichen[146].

---

[141] Vgl. *Loss*, Bd. 2, 1060; *Seligman*, 21 Va. L. Rev. 1, 20 (1934). Da die Insiderhaftung erst bei über 10 % einsetzt, reicht es aus, wenn der Großaktionär mit dem ersten Verkauf seine Beteiligung auf genau 10 % reduziert; vgl. *Loss*, Bd. 5, 3023.

[142] 404 U.S. 418 (1972).

[143] Vgl. *Matkov*, 50 N.C.L.Rev. 1180, 1187 (1972); zust. *Altman*, 47 Tulane L. Rev. 1191, 1200 (1973) und *Comment*, 58 Va. L. Rev. 907 (1972), wo die Rückkehr zur Einfachheit der Anwendung von Sec. 16 (b) hervorgehoben wird.

[144] 404 U.S. 418, 427 (J. Douglas, *diss.*).

[145] 404 U.S. 418, 442.

[146] Aus dem gleichen Grund haben auch die Vorschläge, bei Geschäften von Familienmitgliedern (s. o. Fn. 34) und interlocking directors (s. o. Fn. 120) mit widerleglichen Vermutungen zu arbeiten, bisher keinen Erfolg gehabt.

Gerade die mechanische Wirkungsweise der Vorschrift legt aber eine andere Lösung nahe, die zwar nicht so effektiv wie die der *dissenting opinion* sein mag, die jedoch die Ungerechtigkeit des Lösungsweges des Supreme Court vermeidet. Eine Schlechterstellung solcher Insider, die vom Kunstgriff der Teilung der Veräußerung keinen Gebrauch machen, und Schwierigkeiten bei der Beurteilung der Unabhängigkeit mehrerer Veräußerungsgeschäfte ließen sich nämlich vermeiden, wenn die Gewinnabschöpfung immer — auch bei Veräußerung einer 10 % übersteigenden Beteiligung in einem Geschäft — auf den Betrag begrenzt würde, der durch Veräußerung des 10 % übersteigenden Teils der Kapitalbeteiligung entsteht. Im Grunde hat der Supreme Court daher trotz Hervorhebung der Objektivität der Regelung die Gelegenheit versäumt, eine klare und einfache Formel für die Behandlung solcher Geschäfte zu entwickeln.

IV. Geschäfte bei nur zeitweiliger Zugehörigkeit zur Unternehmensführung

Weniger Schwierigkeiten bereiten dagegen die Geschäfte solcher Personen, die noch als „Outsider" Aktien kaufen und erst danach in die Unternehmensführung berufen werden — oder die zwar als Insider kaufen, vor dem Verkauf aber aus der Unternehmensführung ausscheiden.

Da Sec. 16 (b) in bezug auf Officers und Direktoren keine der oben[147] zitierten Klausel vergleichbare einschränkende Bestimmung enthält, stellt die Rechtsprechung allein auf den Mißbräuche verhindernden Zweck des Gesetzes ab. Unter Hinweis auf den Gesetzeszweck sind daher Insider, die ihre vor Eintritt in die Unternehmensführung erworbenen Aktien wieder verkauften, zur Gewinnherausgabe verurteilt worden[148]. Auch im umgekehrten Fall (Verkauf nach Austritt aus der Unternehmensführung) ist Sec. 16 (b) angewendet worden[149]. Allerdings ist gegenüber einer Verallgemeinerung dieser Entscheidung Vorsicht geboten, da die Rechtsprechung in zunehmendem Maße gerade in Grenzfällen die Umstände des Einzelfalles in Rechnung stellt[150]. Je weiter der Austritt aus der Unternehmensführung zurückliegt, desto mehr Gewicht dürfte also der Frage zukommen, ob überhaupt noch ein Mißbrauch von Informationen möglich ist.

---

[147] s. o. Fn. 135.

[148] Blau v. Allen, 163 F. Supp. 702 (S. D. N. Y. 1958); Adler v. Klawans, 264 F. 2d 840, 848 (2d Cir. 1959); Marquette Cement Manufacturing Company v. Andreas, 239 F. Supp. 962 (S. D. N. Y. 1965); zust.: *Meeker / Cooney*, 45 Va. L. Rev. 949, 957 (1959).

[149] Feder v. Martin Marietta Corp. (s. o. Fn. 118).

[150] Vgl. *Loss*, Bd. 5, 3023.

In der Literatur ist diese Rechtsprechung wegen ihrer extensiven Gesetzesauslegung auf Kritik gestoßen. Unter Berufung auf die Entstehungsgeschichte und den Wortlaut von Sec. 16 (b) wird argumentiert, daß die Bestimmung in erster Linie solche Geschäfte erfassen wolle, wo Insider aufgrund besonderer Informationen Aktien kaufen, in der Absicht, kurz darauf wieder mit Gewinn zu verkaufen (und umgekehrt)[151]. Andererseits ist jedoch nicht zu bestreiten, daß schon vor der Berufung in die Unternehmensführung der künftige Insider privilegierten Zugang zu Informationen besitzen kann und daß inside-Informationen auch noch nach Austritt aus der Unternehmensführung eine Zeitlang weiterfließen können. Auch aus diesen Gründen verdient die Lösung der Rechtsprechung den Vorzug.

V. Unorthodox Transactions

1. Ausübung von Wandlungsrechten

Obgleich — mindestens in den Jahren nach Erlaß der Vorschrift — normale kurzfristige Barkäufe und -verkäufe („in- and out trading") den größten Anteil der Streitfälle bildeten, war die Rechtsprechung schon bald bemüht, die einfache „Faustregel" auf kompliziertere Geschäfte („unorthodox transactions") anzuwenden. Unter diesem Terminus werden vor allem Anteilsumwandlungen, der Aktienumtausch im Rahmen von Fusionen, Reklassifizierungen von Kapitalanteilen und Geschäfte mit Optionen und Bezugsrechten zusammengefaßt[152].

Eine Handhabe dafür bieten Secs. 3 (a) (13) und (14) SEA, wo der Kauf von Wertpapieren als „any contract to buy, purchase, or otherwise acquire" und der Verkauf als „any contract to sell or otherwise dispose of" definiert wird[153]. Dementsprechend sah der *Zweite Circuit*[154] in der Umwandlung von Vorzugs- in Stammaktien ein und derselben Gesellschaft einen „Kauf" der Stammaktien mit der einfachen Begründung, daß die beklagten Insider nach der Umwandlung andere Aktien als vorher besäßen. Die Folge davon war, daß ein Verkauf der Stammaktien weniger als sechs Monate nach der Umwandlung die Gewinnherausgabepflicht auslöste. Im Anschluß an diese Entscheidung wurde ferner der Empfang von Bezugsrechten aufgrund eines Anstellungsvertrages[155] und die Ausübung von Optionen[156] als „Kauf" angesehen. Je mehr § 16 (b)

---

[151] *Note,* 70 Harv. L. Rev. 1312 (1957); *Painter,* 70.

[152] *Loss,* Bd. 2, 1069.

[153] 15 U. S. C. § 78 c (a) (13), (14).

[154] Park & Tilford v. Schulte, 160 F. 2d 984, 987 (2d Cir. 1947), *cert. denied,* 332 U.S. 761 (1947).

[155] Truncale v. Blumberg, 80 F. Supp. 387 (S. D. N. Y. 1948).

[156] Blau v. Hodgkinson, 100 F. Supp. 361 (S. D. N. Y. 1951); Bershad v. McDonough, 428 F. 2d 693 (7th Cir. 1970).

jedoch auf solche sog. „unorthodox transactions" angewandt wurde, setzte sich die Überzeugung durch, daß die mechanisch einfache Anwendung der Gewinnherausgabevorschrift auf ihren Kernbereich, das *in-and-out-trading,* zu beschränken sei, während die Anwendung in den Randbereichen der „unorthodoxen" Geschäfte eine differenziertere Betrachtung verlange.

Eingeleitet wurde dieser Wandel in der Rechtsauffassung durch eine Entscheidung des Appellationsgerichts im *Sechsten Circuit*[157], in der die Anwendung von § 16 (b) auf eine Aktienumwandlung als Folge eines Gesellschafterbeschlusses mit der Begründung abgelehnt wurde, die Umwandlung habe den Insidern keine Möglichkeit zum Mißbrauch ihrer besonderen Stellung geboten. Andere Gerichte sind dieser Entscheidung im Prinzip gefolgt, jedoch mit unterschiedlichen Ergebnissen, da die Möglichkeit des Mißbrauchs der Insiderstellung nicht immer mit völliger Sicherheit auszuschließen war[158]. Zu Unrecht wird diese Rechtsprechung als „subjective approach" bezeichnet[159], denn nach der Mißbrauchsabsicht des Insiders wurde auch in diesen Entscheidungen nicht gefragt. Worauf es ankam, war vielmehr, ob unter den gegebenen Umständen objektiv die Möglichkeit eines Mißbrauchs von Informationsvorteilen bestand[160].

Durch die von der SEC im Jahre 1966 erlassene Rule 16 b-9[161] sind nunmehr die meisten Umwandlungen in andere Kapitalanteile derselben Gesellschaft von § 16 (b) SEA ausgenommen. Damit wird dem Umstand Rechnung getragen, daß durch die Umwandlung der Inhaber des Wandlungsrechts seine frühere Beteiligung nicht aufgibt, sondern sie nur in anderer Weise fortsetzt, also ein „ökonomisches Äquivalent" behält[162]. Jedoch ist nur der Vorgang der Umwandlung selbst von § 16 (b) ausgenommen. Wenn dagegen Wertpapiere mit Wandlungsrecht gekauft und — nach Umwandlung — innerhalb von sechs Monaten wieder verkauft werden, so greift § 16 (b) in derselben Weise ein, als wenn es sich beim Kauf und Verkauf um dieselben Wertpapiere handelte.

---

[157] Ferraiolo v. Newman, 259 F. 2d 342 (6th Cir. 1958), *cert. denied,* 359 U.S. 927 (1959).

[158] Vgl. Blau v. Max-Factor & Company, 342 F. 2d 304 (9th Cir. 1965) einerseits und Heli-Coil Corporation v. Webster, 352 F. 2d 156, 164 (3d Cir. 1965) andererseits.

[159] Vgl. *Comment,* 58 Va. L. Rev. 907, 913 (1972).

[160] Vgl. *Note,* 47 N. Y. U. L. Rev. 373, 385 (1972).

[161] 17 C. F. R. § 240. 16 b - 9.

[162] Vgl. Blau v. Lamb, 363 F. 2d 507, 523 (2d Cir. 1966); Blau v. Max-Factor & Company (s. o. Fn. 158) — trotz Kontinuität der Beteiligung wurde in Heli-Coil (oben Fn. 158) jedoch die Umwandlung von Schuldverschreibungen in Stammaktien als Verkauf von Schuldverschreibungen und Kauf von Aktien behandelt, weil das Gericht die „possibility of speculative abuse" nicht verneinen mochte.

Trotz Rule 16 b-9 hat die frühere Rechtsprechung zu Aktienumwandlungen eine gewisse Bedeutung behalten, denn die Rule nimmt Umwandlungen nur dann von der Gewinnherausgaberegelung aus, wenn eine etwa erforderliche Barzuzahlung 15 % des Wertes der durch Umwandlung erlangten Kapitalanteile nicht übersteigt. Außerdem hat der von der Rechtsprechung in *Ferraiolo v. Newman*[163] entwickelte „possibility of abuse"-Test Eingang in die Beurteilung auch anderer „unorthodoxer" Geschäfte gefunden.

2. *Geschäfte mit Bezugsrechten*

Im scheinbaren Gegensatz zu der Entscheidung *Truncale v. Blumberg*[164] entschied der *Zweite Circuit* wenig später, daß der Empfang von Bezugsrechten durch einen Insider nicht als Kauf i. S. von Sec. 16 (b) zu werten sei[165]. Die Divergenz der Entscheidungen beruht aber lediglich auf den unterschiedlichen Fallgestaltungen und läßt auch auf diesem Gebiet das Bestreben der Gerichte erkennen, die Besonderheiten des Einzelfalles zu berücksichtigen.

Während in *Truncale v. Blumberg* nur zwei Insidern aufgrund einer besonderen Klausel im Anstellungsvertrag eine bestimmte Anzahl von Bezugsrechten pro Jahr zustand, handelte es sich in dem vom *Zweiten Circuit* entschiedenen Fall um eine für alle Aktionäre gleichmäßige Zuteilung von Bezugsrechten. Im Rahmen einer allgemeinen und gleichmäßigen Ausgabe von Bezugsrechten sah der *Zweite Circuit* — wohl zu Recht — keine Möglichkeit für den Mißbrauch von inside-Informationen zu Lasten anderer Aktionäre[166]. Inzwischen hat die SEC für den Verkauf von Bezugsrechten eine Ausnahmevorschrift erlassen, die auf denselben Prinzipien beruht[167]. Danach ist der Verkauf von Sec. 16 (b) ausgenommen, wenn

(1) das Bezugsrecht ohne Gegenleistung mittelbar oder unmittelbar vom Aussteller erworben wird;

(2) das Bezugsrecht eine Gültigkeitsdauer von höchstens 45 Tagen hat;

(3) Bezugsrechte im gleichen Verhältnis an alle Inhaber von registrierten Kapitalanteilen der ausstellenden Gesellschaft verteilt werden und

(4) die bevorstehende Emission bei der SEC in der üblichen Form angemeldet oder von der Anmeldungspflicht ausgenommen ist. Aus-

---

[163] s. o. Fn. 157.

[164] 80 F. Supp. 387 (S. D. N. Y. 1948).

[165] Shaw v. Dreyfuß, 172 F. 2d 140, 142 (2d Cir. 1949), *cert. denied*, 337 U.S. 907.

[166] Zust. *Loss*, Bd. 2, 1077; *Note*, 35 Corn. L. Q. 236 (1949); *Note*, 50 Colum. L. Rev. 379 (1950).

[167] Rule 16 b - 11; 17 C. F. R. § 240. 16 b - 11 (1968).

drücklich wird in der SEC-Rule darauf hingewiesen, daß die Ausnahme entfällt, wenn innerhalb eines Zeitraumes von sechs Monaten vor oder nach dem Verkauf gleichartige Bezugsrechte käuflich erworben werden.

Durch die Ausnahmeregelung ist nunmehr klargestellt, daß unter den genannten Voraussetzungen auch die Ausübung von Bezugsrechten nicht zur Annahme eines Doppelgeschäfts mit der Konsequenz der Gewinnabschöpfung führt[168]. Andererseits ist zu beachten, daß die Befreiung sich nicht auf den durch Ausübung des Bezugsrechts ermöglichten Aktienerwerb bezieht. Auch soweit Aktien also durch die Ausübung von Bezugsrechten erworben werden, liegt ein Kauf i. S. von Sec. 16 (b) vor[169].

3. Erwerb durch Reklassifizierung, Aktiensplitting und Kapitalerhöhung aus Gesellschaftsmitteln

Formal gesehen stellt sich der Erwerb infolge von Beschlüssen über die Ausgabe neuer Aktien an die vorhandenen Aktionäre als „Kauf" dar — ebenso wie die Hingabe der alten Aktien als „Verkauf" gedeutet werden kann. Da sich die vermögensmäßige Beteiligung der Aktionäre aber infolge allgemeiner und im selben Verhältnis zur bisherigen Beteiligung erfolgender Reklassifizierungen oder Splittings von Kapitalanteilen nicht ändert, besteht normalerweise kein Bedürfnis nach Gewinnabschöpfung.

Wenngleich daher die Gerichte grundsätzlich bereit sind, den Fortbestand der Beteiligung („continuity of the investment position") anzuerkennen[170] und die Anwendbarkeit von Sec. 16 (b) zu verneinen, ist doch Vorsicht geboten, da nicht immer der Mißbrauch solcher Geschäfte durch Insider ausgeschlossen werden kann[171]. Je nach den Umständen kann die Rücknahme von Aktien gegen Ausgabe veränderter Anteilsrechte oder ihre Einbringung in eine Holding gegen Ausgabe von Anteilen an der Holdinggesellschaft trotz des Fortbestands gleicher Beteiligungen zu Veränderungen des Marktwertes führen — etwa durch Verbesserungen der Umlaufsfähigkeit[172]. Nach der Rechtsprechung der *Zweiten Circuit* obliegt es daher dem Insider, sich von der stets möglichen Haftung dadurch zu befreien, daß er alle Umstände — wie z. B.

[168] Vgl. zur Ausübung von Bezugsrechten als „Verkauf" i. S. von Sec. 16 (b): Shaw v. Dreyfus, 172 F. 2d 140, 142 (2d Cir. 1949).

[169] *Loss*, Bd. 5, 3047.

[170] Shaw v. Dreyfuß, 172 F. 2d 140 (2d Cir. 1949), *cert. denied*, 377 U.S. 907; Roberts v. Eaton, 212 F. 2d 82 (2d Cir. 1954); Blau v. Max-Factor Company, 342 F. 2d 304 (9th Cir. 1965).

[171] Vgl. Meeker-Cooney, 45 Va. L. Rev. 949, 975 - 978 (1959); International Controls Corp. v. Vesco, 490 F. 2d 1334 (2d Cir. 1974) (zu Sec. 10 [b]).

[172] Vgl. Blau v. Mission Corp. 212 F. 2d 77 (2d Cir. 1954), *cert. denied*, 347 U.S. 1016 (1954).

vollständige vorherige Information der Aktionäre und Einholung ihrer Zustimmung — darlegt, die die Wahrscheinlichkeit von Insider-Manipulationen und künstlicher Marktbeeinflussung reduzieren[173].

4. *Aktientausch im Rahmen von Fusionen*

Ganz erhebliche Spekulationsmöglichkeiten bieten sich demgegenüber anläßlich von Unternehmensverschmelzungen. Andererseits ist gerade in diesem Bereich Sec. 16 (b) nur beschränkt anwendbar. So hindert Sec. 16 (b) die Insider zweier fusionierender Gesellschaften nicht, noch vor Bekanntgabe der Fusion Kapitalanteile der jeweils anderen Gesellschaft zu erwerben, um sie nach dem Bekanntwerden der Fusion wieder zu verkaufen[174]. Aber auch sofern Insider Geschäfte mit Kapitalanteilen der eigenen Gesellschaft machen, ergeben sich Lücken. Handelt es sich um eine Verschmelzung durch Aufnahme, bei der das Vermögen der einen Gesellschaft als Ganzes auf eine übernehmende Gesellschaft gegen Gewährung von Aktien dieser Gesellschaft übertragen wird, so ist zwischen den Insidern der übertragenden und der übernehmenden Gesellschaft zu unterscheiden.

Insider der übertragenden Gesellschaft, die kurz vor Bekanntwerden der Fusionspläne noch Aktien der eigenen Gesellschaft kaufen, um sie nach deren Bekanntgabe mit Gewinn wieder zu verkaufen, würden natürlich unter Sec. 16 (b) fallen. Komplizierter wird es dagegen, wenn der Insider statt zu verkaufen von dem Umtauschangebot Gebrauch macht. Dadurch erhält er — wenn das Umtauschverhältnis gut ist — höherwertige Aktien der übernehmenden Gesellschaft, die er entweder behält oder wieder verkauft. In beiden Fällen stellt sich die Frage, ob der durch den Umtausch erzielte Gewinn gem. Sec. 16 (b) herauszugeben ist.

In Anlehnung an die Entscheidungen zur Ausübung von Wandlungsrechten[175] geht die Rechtsprechung davon aus, daß ein Umtausch von Aktien der übertragenden gegen solche der übernehmenden Gesellschaft nicht automatisch als Verkauf und Kauf i. S. von Sec. 16 (b) zu qualifizieren ist. Vielmehr komme es wieder darauf an, ob eine Mißbrauchsmöglichkeit (*possibility of abuse*) bestehe[176]. Anders als bei der Aus-

---

[173] Vgl. Rspr. wie oben sowie *Meeker / Cooney,* 45 Va. L. Rev. 949, 978.

[174] Allerdings würde die Insider-Haftung dann wieder eingreifen, wenn der Käufer durch den Erwerb zum sog. 10 %-Insider bei der betr. Gesellschaft würde, s. o. E III.; *Lang / Katz,* 49 Notre Dame Law. 705, 718 (1974). Zum Verkauf der nach der Fusion erlangten Aktien: Gold v. Sloan, CCH Fed. Sec. L. Rep. (1973) § 94, 186 (4th Cir. 1973).

[175] Vgl. Ferraiolo v. Newman (oben Fn. 157); Heli-Coil Corporation v. Webster (oben Fn. 158); Blau v. Lamb (oben Fn. 162).

[176] Newmark v. RKO General, Inc., 425 F. 2d 348 (2d Cir. 1970), *cert. denied,* 400 U.S. 854 (1970).

übung von Wandlungsrechten, die — wie etwa bei der Umwandlung von Vorzugs- in Stammaktien derselben Gesellschaft — an der kapitalmäßigen Beteiligung des Insiders nichts ändert, wäre die Anwendung der Theorie vom Erhalt des „ökonomischen Äquivalents" zugunsten des Insiders auf den Tausch von Aktien der einen gegen Aktien der anderen Gesellschaft problematisch[177]. Der *Zweite Circuit* beschränkt ihre Anwendung sogar ausdrücklich auf Umwandlungen innerhalb derselben Gesellschaft[178]. Bei einem Aktientausch im Rahmen einer Verschmelzung besteht für Insider der übertragenden Gesellschaft daher eine ungleich größere Gefahr, unter Sec. 16 (b) zu fallen, wenn sich für ein Gericht bei nachträglicher Betrachtung auch nur die kleinste Möglichkeit zum Informationsmißbrauch ergibt.

Wichtige Gesichtspunkte bei der Anwendung des „possibility of abuse-Test" sind nach der bisherigen, noch in der Entwicklung befindlichen Rechtsprechung (1) die Kenntnis des Insiders von der bevorstehenden Verschmelzung; (2) Einflußmöglichkeiten auf die Bedingungen der Verschmelzung und des Umwandlungsangebots und (3) eine etwa in der Hand eines Großaktionärs liegende Kontrolle über das Zustandekommen der Fusion[179]. Dagegen führt allein die Tatsache, daß ein Insider aufgrund der Fusion gezwungenermaßen seine Beteiligung an der untergehenden Gesellschaft verkauft oder in eine Beteiligung an der überlebenden Gesellschaft umtauscht, nicht notwendig zu einem negativen Ergebnis im „possibility of abuse-Test"[180].

Da bei der Umwandlung von Aktien des untergehenden in Aktien des überlebenden Unternehmens unmittelbar noch kein barer Gewinn entsteht, war zunächst fraglich gewesen, ob der Insider zur Gewinnherausgabe verpflichtet ist, auch wenn er die neuen Aktien noch behält. Obgleich nach einer Entscheidung des Appellationsgerichts im *Dritten Circuit* ein Gewinn erst „realisiert" wird, wenn der Verkäufer den Gegenwert der Aktien in Geld erhält[181], sieht der *Zweite Circuit* in einer neueren Entscheidung — wohl zu Recht — als Zeitpunkt der Gewinnrealisierung den Empfang der Aktien der übernehmenden Gesellschaft an[182]. Denn wer im Austausch für die Aktien der übertragenden Ge-

---

[177] So hatte RKO argumentiert, daß der Umtausch keinen Verkauf darstelle, weil sie dadurch ihre frühere Beteiligung an zwei Gesellschaften in eine einzige Beteiligung an der fusionierten Gesellschaft verwandelt habe, 425 F. 2d 348, 354. Ein Anwendungsfall dieser Theorie auf Unternehmensverschmelzungen findet sich jedoch in Rule 16 b - 7 (s. u. E. V. 4.).

[178] Newmark v. RKO General, a.a.O., S. 354.

[179] Vgl. Newmark v. RKO General, Inc., 425 F. 2d 348 (2d Cir. 1970) *cert. denied*, 400 U. S. 854 (1970); *Flynn*, 22 Buff. L. Rev. 889 (1973).

[180] American Standard, Inc. v. Crane Co., 346 F. Supp. 1153 (S. D. N. Y. 1972).

[181] Heli-Coil Corp. v. Webster, S. 167 (s. o. Fn. 158).

[182] Newman v. RKO General, Inc., a.a.O. (oben Fn. 176).

sellschaft höherwertige Aktien der übernehmenden Gesellschaft erhält, erzielt schon in diesem Moment einen Vermögensvorteil, auch wenn es sich zunächst nur um einen Buchgewinn handelt.

Da der Erwerb und Umtausch der Aktien jeweils innerhalb der Sechs-Monats-Frist stattfand, brauchten die Gerichte bisher noch nicht zu der Frage Stellung zu nehmen, ob der Zeitpunkt des Verkaufs und der Gewinnrealisierung noch weiter, nämlich auf den Abschluß des Fusionsabkommens, vorverlegt werden kann[183]. Die Frage kann aber durchaus praktisch werden, wenn der Umtausch erst mehr als sechs Monate nach dem Kauf stattfindet, der Insider jedoch weniger als sechs Monate vor dem Wirksamwerden des Fusionsabkommens Aktien der übertragenden Gesellschaft gekauft hat. Vom Wortlaut des Gesetzes her, das den Verkauf als *contract to sell or otherwise dispose of* definiert[184], bestehen gegen eine solche Vorverlegung des Verkaufszeitpunktes wohl keine Bedenken. Darüber hinaus entspricht es auch dem Sinn und Zweck der Regelung, wenn innerhalb einer Sechs-Monats-Frist alle Möglichkeiten zur Insider-Spekulation ausgeschlossen werden. Da sich der Wert der Aktien der übertragenden Gesellschaft bereits mit dem Wirksamwerden des Fusionsabkommens nach dem vereinbarten Umtauschverhältnis richtet, spricht alles dafür, schon in diesem Zeitpunkt vom Vorliegen eines Verkaufs und ggf. eines Insidergewinns auszugehen.

Trotz zunehmender Schwierigkeiten bei der Anwendung von Sec. 16 (b) im Zusammenhang mit Unternehmensverschmelzungen hat sich die SEC auf diesem Gebiet mit dem Erlaß von Rechtsverordnungen (*rules*) weitgehend zurückgehalten. Nach Rule 16 b-6 (c)[185] gilt die Aufgabe von Anteilsrechten im Zuge einer Unternehmensverschmelzung, Zusammenlegung oder Reklassifizierung dann nicht als „Verkauf" i. S. von Sec. 16 (b), wenn die betreffenden Anteilsrechte aufgrund von Bezugsrechten oder Optionen im Anstellungsvertrag erworben wurden und diese Bezugsrechte bzw. Optionen ihrerseits länger als sechs Monate bestanden. Die Regelung schützt also nur langfristige Anlagepositionen.

Ausnahmefälle ganz anderer Art hat Rule 16 b-7[186] im Auge. Danach ist der im Zuge einer Unternehmenschverschmelzung erfolgende Umtausch von Anteilsrechten von Sec. 16 (b) ausgenommen, wenn es sich um den relativ seltenen Fall einer Verschmelzung handelt, bei der die größere Gesellschaft untergeht, während die kleinere fortbesteht. Wenn

---

[183] Allerdings geht der Supreme Court in Kern County Land Company v. Occidental Petroleum Corporation vom Inkrafttreten des Fusionsabkommens als entscheidendem Zeitpunkt aus: CCH Fed. Sec. L. Rep. § 93, 972 p. 93, 889 (U.S. Supr. Ct., Apr. 24, 1973).

[184] Sec. 3 (a) (14); 15 U. S. C. § 78 c (a) (14).

[185] 17 C. F. R. § 240. 16 b - 6 (c).

[186] 17 C. F. R. § 240. 16 b - 7.

entsprechend den weiteren Voraussetzungen dieser Rule die übertragende Gesellschaft 85 % der Kapitalanteile der übernehmenden Gesellschaft oder 85 % des gesamten Vermögens beider Gesellschaften zusammen besitzt, geht durch die Fusion im wesentlichen nur der Name der übertragenden Gesellschaft unter. Die Aktionäre der übertragenden Gesellschaft erhalten zwar die Aktien einer anderen Gesellschaft, dahinter stehen jedoch im wesentlichen dieselben Vermögenswerte wie vorher[187]. Mit der Ausnahmevorschrift folgt die SEC daher dem schon vorher[188] angetroffenen Prinzip, daß solche Geschäfte, durch die der Aktionär nur das „ökonomische Äquivalent" seiner früheren Beteiligung erwirbt, im Rahmen von § 16 (b) grundsätzlich unbeachtlich bleiben.

Im Gegensatz zu den Aktionären der übertragenden Gesellschaft bleiben die *Aktionäre der übernehmenden Gesellschaft* im Besitz ihrer Aktien, so daß sich die Frage eines Kaufs oder Verkaufs anläßlich der Verschmelzung nicht zu stellen scheint. Andererseits ist nicht zu übersehen, daß eine Fusion auch den Insidern der übernehmenden Gesellschaft Spekulationsmöglichkeiten bietet, insbesondere wenn die wirtschaftliche Bedeutung der Fusion für die übernehmende Gesellschaft groß genug ist, um auch auf den Kurswert ihrer Aktien entsprechende Rückwirkungen zu äußern. So ist es wohl auch nur dem einengenden Wortlaut von Sec. 16 (b) zuzuschreiben, daß es keine Rule gibt, die — als Gegenstück zur oben erwähnten Rule 16 b-7 vom Vorliegen eines gem. Sec. 16 (b) erheblichen Geschäfts der Insider der übernehmenden Gesellschaft ausgeht, wenn vor der Verschmelzung die übertragende Gesellschaft 85 % der Kapitalanteile der übernehmenden Gesellschaft oder 85 % des gesamten Vermögens beider Unternehmen besaß. Bei konsequenter Anwendung der Theorie vom Fortbestand des „ökonomischen Äquivalents" müßte man jedoch zu dem Ergebnis gelangen, daß in einer derartigen Verschmelzung ein i. S. von Sec. 16 (b) erheblicher Geschäftsvorgang liegen würde und Insider der übernehmenden Gesellschaft bei Vorliegen eines korrespondierenden Geschäfts innerhalb von sechs Monaten vor oder nach der Fusion einen etwaigen Gewinn abzuführen hätten.

5. *Besondere Fragen bei öffentlichen Übernahmeangeboten*

Die Bestimmungen der *Williams Act*[189] zur Tender Offer enthalten zwar eine allgemeine anti-fraud-Generalklausel[190], Vorschriften über die Behandlung von Insider-Geschäften, die von der anbietenden Ge-

---

[187] *Lang / Katz*, 20 SW. L. J. 472, 493 (1966); *George*, 47 Texas L. Rev. 1417, 1430 (1969).

[188] Oben Fn. 162; vgl. auch *Loss*, Bd. 2, 1119.

[189] s. o. D III.

[190] Sec. 14 (e); 15 U. S. C. § 78 n (e).

sellschaft oder ihren Angestellten getätigt werden, gibt es jedoch nicht. Dabei ergeben sich im Rahmen öffentlicher Übernahmeangebote durchaus genug Möglichkeiten für solche Geschäfte.

Aufgrund der Vorausinformationen über ein solches öffentliches Übernahmeangebot und den möglicherweise attraktiven Angebotspreis können die Angestellten der anbietenden Gesellschaft ohne geschäftliches Risiko erhebliche Börsengewinne erzielen, indem sie Aktien der Zielgesellschaft kaufen und später im Rahmen des Übernahmeangebots wieder verkaufen. Insoweit gilt das gleiche wie bei anderen Spekulationsgeschäften unternehmensfremder Personen: Sec. 16 (b) greift nicht ein.

Anders verhält es sich in bezug auf die anbietende Gesellschaft selbst: Sie kann mit Sec. 16 (b) in Konflikt geraten, wenn sie nach erfolgreichem Abschluß eines Übernahmeangebots und Erlangung der Kontrolle über die Zielgesellschaft eine Verschmelzung mit dem eigenen Unternehmen oder einer dritten Gesellschaft herbeiführt. Findet eine Verschmelzung durch Aufnahme statt, bei der die Zielgesellschaft als übertragende Gesellschaft untergeht, so würde der Umtausch der Aktien der Zielgesellschaft gegen solche der übernehmenden Gesellschaft als „Verkauf" zu werten sein. Um nicht als Großaktionär der Gewinnherausgabepflicht zu unterliegen, bleibt dem Anbieter daher nur übrig, entweder zwischen dem Abschluß des Übernahmeverfahrens und der Unternehmensverschmelzung eine „Anstandsfrist" von sechs Monaten vergehen zu lassen oder aber das Umtauschverhältnis so zu gestalten, daß er dabei keinen Gewinn erzielt. Im Ergebnis kann sich also der Einfluß von Sec. 16 (b) dahin auswirken, daß der Anbieter den Aktionären der Zielgesellschaft von vornherein ein faires Übernahmeangebot macht, um sich vor späteren Gewinnherausgabeklagen zu schützen.

Während also bei erfolgreichem Verlauf eines öffentlichen Übernahmeangebots der Anbieter grundsätzlich in der Lage ist, den Ablauf so zu steuern, daß keine Verbindlichkeiten nach Sec. 16 (b) entstehen, befindet sich der erfolglos gebliebene Anbieter in einer wesentlich schwierigeren Lage. Einmal kann er aus wirtschaftlichen Gründen — wenn etwa der Erwerb der Aktien mit kurzfristigen Krediten finanziert wurde — gezwungen sein, seine Beteiligung an der Zielgesellschaft möglichst schnell wieder zu verkaufen. Oder aber die Zielgesellschaft beschließt als Verteidigungsmaßnahme gegen das Übernahmeangebot die Fusion mit einer dritten Gesellschaft[191], was den Anbieter dazu zwingt, seine bis dahin erworbene Beteiligung in Anteile der übernehmenden Gesellschaft umzutauschen.

---

[191] Vgl. *Note*, 21 Stan. L. Rev. 1104 (1969) — dort auch zu den weiteren Verteidigungsmöglichkeiten der angegriffenen Gesellschaft; ferner: *Flynn*, 22 Buff. L. Rev. 889, 910 (1973).

Der Supreme Court hatte erst kürzlich Gelegenheit, zu einem ähnlichen Fall Stellung zu nehmen[192]. Die Beklagte (*Occidental Petroleum Corporation*), die zunächst vergeblich der Kern County Land Company (*Kern*) einen Verschmelzungsvertrag angeboten hatte, war daraufhin mit einem unwiderruflichen Übernahmeangebot an die Aktionäre von *Kern* herangetreten und auf diese Weise bis zum 8. Juni 1967 in den Besitz von über 10 % der *Kern*-Aktien gelangt. In ihrem Bemühen, es nicht zum Erwerb der Kontrolle durch die Beklagte kommen zu lassen, schloß die Leitung von *Kern* einen Vertrag mit einer dritten Gesellschaft (Tenneco, Inc.), wonach das *Kern*-Vermögen auf eine neuzugründende 10 %ige Tochtergesellschaft von *Tenneco* übertragen werden sollte. Dafür bot *Tenneco* den *Kern*-Aktionären *Tenneco*-Aktien an, deren Wert den von der Beklagten gebotenen Übernahmepreis um $ 20,— je Aktie überstieg. Der Vertrag wurde von der *Kern*-Hauptversammlung ohne die Stimmen der Beklagten genehmigt und trat am 30. August 1967, also weniger als drei Monate nach dem Auslaufen des Übernahmeangebotes der Beklagten, in Kraft[193].

Die neugegründete Gesellschaft („*New Kern*"), der alle Ansprüche aus Verletzungen des Securities Exchange Act übertragen worden waren, klagte nunmehr unverzüglich auf Herausgabe des Gewinns, nämlich den Differenzbetrag zwischen dem Angebotspreis der Beklagten und dem Wert der *Tenneco*-Aktien. Sie argumentierte, daß die Beklagte ihre *Kern*-Aktien am 30. August „verkauft" habe, weil an diesem Tag die Umtauschvereinbarung zwischen *Kern* und *Tenneco* wirksam geworden sei. Die der Klage stattgebende Entscheidung der ersten Instanz[194] wurde jedoch vom *Court of Appeals* aufgehoben. Der Supreme Court bestätigte die Abweisung der Klage.

Interessant ist die Begründung der Entscheidung des Supreme Court vor allem deshalb, weil das höchste Bundesgericht, das kurz zuvor in einer anderen Entscheidung zu Sec. 16 (b) einen stark formalisierten Standpunkt eingenommen hatte[195] und damit das Ende des „subjective approach" einzuläuten schien[196], hier zum ersten Male Gelegenheit hatte, zu den sog. unorthodoxen Geschäften Stellung zu nehmen. Dabei schließt

---

[192] Abrams v. Occidental Petroleum Corporation, 450 F. 2d 157 (2d Cir. 1971); *affirmed sub nom.* Kern County Land Co. v. Occidental Petroleum Corp. 41 L. W. 4582 (U.S. Supr. Court 1973) s. o. Fn. 183.

[193] Aus Furcht vor Verbindlichkeiten nach Sec. 16 (b) tauschte die Beklagte ihre Kern-Aktien erst am 11. Dezember — also 6 Monate und 3 Tage nach Ende des Übernahmeangebots — gegen Tenneco-Aktien um. Entsprechend einer schon am 2. Juni mit Tenneco vereinbarten Option erwarb Tenneco, bzw. deren Rechtsnachfolger, die Tenneco-Aktien zum Preis von $ 105 das Stück zurück.

[194] 323 F. Supp. 570 (S. D. N. Y. 1971).

[195] Reliance Electric Co. v. Emerson Electric Co., 404 U.S. 418 (1972).

[196] Vgl. *Flynn*, 22 Buff. L. Rev. 889, 915 (1973).

sich die Entscheidung unter ausdrücklicher Beschränkung auf solche Grenzfälle, wie sie die „unorthodoxen" Geschäfte darstellen, der bisherigen Rechtsprechung der Untergerichte an, die von Fall zu Fall entscheiden, ob solche Geschäfte Möglichkeiten für spekulativen Mißbrauch bieten.

In diesem Fall konnte der Supreme Court keine Gefahr des Mißbrauchs von Informationen durch *Occidental* erkennen. Dies in Verbindung mit der Tatsache, daß der Aktienumtausch unfreiwillig als Folge eines „defensive merger" erfolgt war, genügte dem Gericht, das Vorliegen eines „Verkaufs" i. S. von Sec. 16 (b) zu verneinen.

Allerdings verkannte das Gericht nicht, daß trotz alledem auf seiten der Beklagten spekulative Erwägungen mitgespielt haben könnten. Wie jeder Anbieter mußte nämlich auch die Beklagte damit rechnen, daß die Leitung der Zielgesellschaft auf das Übernahmeangebot mit einer „Verteidigungsfusion" antworten würde. Daher bestand durchaus die Möglichkeit, daß die Beklagte das Übernahmeangebot in der Absicht gemacht hatte, entweder die Kontrolle über die Zielgesellschaft zu erwerben oder durch ein besseres Umtauschangebot ausgestochen zu werden — und auf diese Weise selbst als Verlierer noch einen Gewinn zu erzielen[197].

Derartige Spekulationen beruhen jedoch nicht auf dem Mißbrauch von inside-Informationen:

"Calculations of this sort, however, whether speculative or not and whether fair or unfair to other stockholders or to Old Kern, do not represent the kind of speculative abuse at which the statute is aimed, for they could not have been based on inside information obtained from substantial stockholdings that did not yet exist."[198]

Man wird davon ausgehen können, daß die Aktionäre der Zielgesellschaft ihrerseits die gleiche Spekulation anstellen, wenn sie sich überlegen, ob sie auf das Übernahmeangebot eingehen oder einen besseren Vorschlag des angegriffenen Managements abwarten sollen[199].

---

[197] "There has been enough experience in the past two years for any sophisticated takeover bidder to know that unless management joins him, management will seek another partner and that other partner will probably make a better offer. We have the feeling that many of these people are doing it for the short term gain, or to use the vernacular, to make a fast buck." (*Hearings* on H. R. 14475 and S. 510 Before the House Committee on Interstate and Foreign Commerce, 90th Cong., 2d Sess., 22 [1968]); vgl. auch American Standard, Inc. v. Crane Co., 346 F. Supp. 1153 (S. D. N. Y. 1972), sowie *Note*, 72 Colum. L. Rev. 1090, 1098 (1972); *Fleischer / Mundheim*, 115 U. Pa. L. Rev. 317 (1967).

[198] 41 L. W. 4582, 4587. — Andererseits schließt diese Feststellung des Supreme Court natürlich nicht aus, daß ein Anbieter, der schon zur Zeit des Übernahmeangebots ein 10-Prozent-Aktionär i. S. von Sec. 16 war, infolge einer späteren Umtauschaktion nach Sec. 16 (b) haften würde, da bei ihm die Verwendung von Inside-Informationen gesetzlich vermutet würde.

Im Ergebnis läuft die Nichtabschöpfung solcher durch „Verteidigungsfusionen“ erzielten Gewinne allerdings auf eine nicht unbedenkliche Förderung spekulativer Übernahmeangebote hinaus, die nur in der Absicht gemacht werden, einen besseren Vorschlag des Managements herauszufordern. Als Grundlage für die Verhinderung von Mißständen solcher Art kommt jedoch nicht die Insiderregelung von Sec. 16 (b), sondern in erster Linie die anti-fraud Vorschrift der *Williams Act*, Sec. 14 (e) sowie Rule 10 b-5 in Betracht[200].

VI. Gewinnermittlung

Unproblematisch ist die Berechnung des herauszugebenden Insidergewinns, wenn nicht mehr als zwei Einzelgeschäfte sich gegenüberstehen. Herauszugeben ist dann die Differenz zwischen Kaufpreis und Erlös. Schwierigkeiten ergeben sich erst, wenn mehrere Insidergeschäfte vorliegen, die jeweils in Abständen von weniger als sechs Monaten aufeinander folgen. Folgt beispielsweise auf einen Kauf und Verkauf wieder ein Kauf, so lassen sich der Kauf und Verkauf oder aber der Verkauf und anschließende Kauf zu Doppelgeschäften zusammenfassen. Dabei läßt sich je nach der Wahl der Kombination ein höherer oder niedrigerer Gewinn ermitteln.

1. Berechnungsarten

Als einfachste Lösung bietet sich zunächst an, nur Geschäfte mit denselben Zertifikaten zu kombinieren, die Differenz also jeweils zwischen Käufen und Verkäufen (oder umgekehrt) derselben Stücke zu bilden. Aber abgesehen davon, daß die Identifikation der betreffenden Stücke häufig Schwierigkeiten bereiten würde, hat diese Lösung wegen eines viel grundsätzlicheren Nachteils in der Rechtsprechung keine Zustimmung gefunden. Sie würde nämlich Insider mit größeren Beteiligungen begünstigen, weil sie in der Lage wären, nach einem Kauf von Aktien für einen anschließenden Verkauf gleichartige Aktien aus ihren älteren Beständen zu verwenden, für die die Wartefrist bereits abgelaufen ist[201].

Ebenfalls auf Bedenken stößt eine zweite Lösung, nach der dem ersten einer Reihe von Aktienkäufen der erste darauf folgende Verkauf gleichartiger Aktien gegenübergestellt wird (*first-in-first-out-rule*). Bei dieser

---

[199] *Note*, 47 N. Y. U. L. Rev., 373, 382 (1972); *Comment*, 58 Va. L. Rev. 907, 911 (1972).

[200] A. A. anscheinend nur *Olson*, 15 Bost. Coll. Ind. & Comm. L. Rev. 149, 161 (1973), der die Vorteile des Occidental-Angebots für die Kern-Aktionäre hervorhebt.

[201] Vgl. hierzu und zum folgenden die Leitentscheidung Smolowe v. Delendo Corp., 136 F. 2d 231, 238 (2d Cir. 1943); sowie *Painter*, 28; *Rubin / Feldman*, 95 U. Pa. L. Rev. 468 (1947).

Methode wären unter bestimmten Umständen Doppelgeschäfte ohne Gewinnabgabe möglich: Wenn beispielsweise einem ersten Aktienkauf ein zweiter — etwa nach vier Monaten — folgt, könnte der Insider ohne Gefahr für seinen Gewinn die Aktien nach zwei weiteren Monaten wieder verkaufen, da dann schon sechs Monate zwischen dem ersten Kauf und dem ersten Verkauf liegen.

Auch die dritte Methode, nach der einfach der gesamte Aufwand für alle in Frage kommenden Käufe dem Gesamterlös aus allen Verkäufen gegenübergestellt wird, fand nicht die Zustimmung der Gerichte. Denn bei dieser Methode würden solche Insider, die zunächst Spekulationsverluste erlitten haben und diese dann durch weitere Spekulationsgeschäfte wieder ausgleichen, im Ergebnis ungeschoren davonkommen.

Die Rechtsprechung hat sich daher der vierten Lösungsmethode angeschlossen, nach der die einzelnen Käufe und Verkäufe in der Weise einander gegenübergestellt werden, daß sich der theoretisch höchstmögliche Gewinn ergibt (*lowest price in — highest price out*). Der so ermittelte Gewinn entspricht allerdings nur dann dem wirklich erzielten Insider-Erlös, wenn der Insider tatsächlich immer zum niedrigsten Preis gekauft und zum höchsten Preis wieder verkauft hat. Möglich ist es aber auch, daß ein Insider mit Verlust spekuliert. In einem Fall ist auf diese Weise sogar ein Insider, der durch eine Vielzahl kurzfristiger Geschäfte insgesamt 400 000 $ Verlust gemacht hatte, zur Gewinnherausgabe in Höhe von 300 000 $ verurteilt worden[202]. Stillschweigend — durch die Methode der Gewinnermittlung — hat also die Rechtsprechung Sec. 16 (b) zu einem Abschreckungsinstrument gegen Insider Trading entwickelt, wie die zuletzt genannte Entscheidung beweist:

"... it should certainly serve as a warning, and it may prove a deterrent."[203]

Dem Einwand der Kritik, daß damit in Wahrheit eine Pönalisierung der Insider-Geschäfte ohne Schuldfeststellung verbunden sei[204], entgegnet die Rechtsprechung mit dem Auftrag des Gesetzgebers, jeden Anreiz zur Insider-Spekulation durch Erfassung aller auch nur möglichen Gewinne auszuräumen:

"We must suppose that the statute was intended to be thorough-going, to squeeze all possible profits out of stock transactions, and then to establish a standard so high as to prevent any conflict between the selfish interest of a fiduciary officer, director or stockholder and the faithful performance of his duty."[205]

[202] Gratz v. Claughton, 187 F. 2d 46 (2d Cir. 1951), *cert. denied*, 341 U.S. 920; vgl. auch Miller v. Klawans, 267 F. 2d 840, 847 f. (2d Cir. 1959).

[203] Gratz v. Claughton (oben Fn. 202).

[204] *Painter*, 33; Munter, 52 Cornell L. Qu. 69, 81 (1966).

[205] Smolowe v. Delendo Corp., 136 F. 2d 231, 239.

Auch ein Gedanke aus dem Schadensersatzrecht wird herangezogen, wonach ein Schädiger, der durch sein eigenes Verhalten die genaue Ermittlung der Schadenhöhe unmöglich macht, sich die höhere Schadenssumme zurechnen lassen muß[206]. Mit diesem Gedanken steht die Gewinnberechnung nach der „lowest-in-highest-out"-Formel allerdings in Widerspruch, wenn feststeht, daß der wirkliche Insider-Gewinn niedriger ist. Jedoch soll auch dann der Abschreckungszweck Vorrang haben[207].

2. *Berücksichtigung von Dividenden*

Sec. 16 (b) trifft keine Vorsorge für den Fall, daß während der Besitzzeit des Insiders Dividenden ausgeschüttet werden. Immerhin ist es aber denkbar, daß ein Insider versucht, sein Wissen von einer bevorstehenden Dividendenerhöhung auszunutzen, indem er vor der Bekanntgabe Aktien kauft und sie nach der Ausschüttung wieder verkauft. Daß solche Dividendengewinne ebenfalls herauszugeben sind, ist wiederholt entschieden worden[208], jedoch sind Ansprüche auf Herausgabe einer Dividende dann abgewiesen worden, wenn die voraussichtliche Dividende bereits vor dem Kauf der Aktien bekanntgegeben war[209].

3. *Gewinnermittlung in besonderen Fällen*

Bei Veräußerungen ganzer Beteiligungen besteht nach der Auffassung des Supreme Court die Möglichkeit, den herausgabepflichtigen Gewinn durch stufenweises Verkaufen auf ein Minimum zu reduzieren[210].

Ein ganz anderes Problem stellt sich bei der Veräußerung von Aktien, die kurz zuvor durch die Ausübung von Bezugsrechten erworben wurden. Da die Ausübung von Bezugsrechten als Verkauf der Bezugsrechte und Kauf der Aktien zählt[211], führt die kurzfristige Veräußerung so erlangter Aktien zur Annahme eines Doppelgeschäfts i. S. von Sec. 16 (b). Hierbei stellt sich jedoch sofort die Frage nach dem Kaufpreis der Aktien.

Nach der früheren Rechtsprechung wurde als Kaufpreis nur der für die Bezugsrechte gezahlte Preis sowie eine etwa erforderliche Zuzahlung bei ihrer Ausübung berücksichtigt[212]. Eine andere Berechnungsme-

---

206 Vgl. Gratz v. Claughton, 187 F. 2d 46, 51; Bigelow v. RKO Radio Pictures, Inc., 327 U.S. 251, 264 (1946).

207 Western Auto Supply Company v. Gamble-Skogmo, Inc., 348 F. 2d 736, 743 (8th Cir. 1965).

208 Western Auto Supply Co. v. Gamble-Skogmo, Inc., 348 F. 2d 736, 744 (8th Cir. 1965); Marquette Cement Mfg. Company v. Andreas, 239 F. Supp. 962 (S. D. N. Y. 1965).

209 Adler v. Klawans, 267 F. 2d 840, 848 (2d Cir. 1959).

210 Vgl. oben E III.

211 Vgl. oben E V. 2.

212 Berkey & Gay Furniture Co. v. Wigmore, 5 SEC Jud. Dec. 307 (S. D. N. Y. 1947).

thode legt den Wert des Bezugsrechts zum frühesten Fälligkeitszeitpunkt zugrunde[213]. Das Ergebnis beider Auffassungen sind hohe herausgabepflichtige Gewinne, insbesondere wenn der Insider längere Zeit im Besitz der Bezugsrechte war und der höhere Verkaufspreis der Aktien auf den langfristigen Wertzuwachs zurückzuführen ist[214].

Um dem Insider die Wertsteigerungen einer langfristigen Anlage nicht auf diesem Wege wieder wegzunehmen, erließ die SEC im Jahre 1950 Rule 16 b-6[215], durch die der herauszugebende Gewinn auf kurzfristige Preisdifferenzen begrenzt wird. Danach darf die Höhe des herauszugebenden Gewinns die Differenz zwischen dem vom Insider erzielten Erlös und dem niedrigsten Marktwert der betreffenden Aktien sechs Monate vor oder nach dem Verkauf nicht übersteigen.

F. Termingeschäfte

Im Gegensatz zu Absatz (b) enthält Sec. 16 (c) ein Verbot bestimmter Geschäfte. Jedoch sind nicht alle Spielarten von Insider-Geschäften mit Wertpapieren, bei denen die beiderseitigen Verpflichtungen nicht zur Zeit des Geschäftsabschlusses, sondern erst zu einem späteren, bei Geschäftsabschluß vereinbarten Zeitpunkt fällig werden, verboten. Sec. 16 (c) erfaßt nur zwei in besonderem Maße spekulative Varianten des Terminhandels, die sog. Leerverkäufe (*short sales*) und Verkäufe, bei denen trotz ausreichender eigener Bestände des Insiders die zur Erfüllung nötigen Wertpapiere von einem Makler gestellt werden, der dann zu einem späteren Zeitpunkt gleiche Wertpapiere vom Insider zurückbekommt (*selling against the box*)[216].

In beiden Fällen geht der Insider davon aus, daß der Kurs der Wertpapiere fallen wird und er sich die für die Deckung benötigten Wertpapiere deswegen später billiger besorgen kann. Es sind also reine Spekulationsgeschäfte, bei denen die Insider-Vorteile besonders leicht, weil mit geringerem Kapitaleinsatz, ausgespielt werden können.

Von anderen Termingeschäften wie dem Handel mit Kauf- und Verkaufsoptionen (*calls, puts*) sind Insider grundsätzlich nicht ausgeschlossen. Allerdings bestünde die Möglichkeit, den Handel mit derartigen Rechten, wenn sie übertragbar sind, der Gewinnabgabe nach Sec. 16 (b) zu unterwerfen[217].

---

[213] Steinberg v. Sharpe, 95 F. Supp. 32 (S. D. N. Y. 1950); B. T. Babbitt, Inc. v. Lachner, 332 F. 2d 255 (2d Cir. 1964); vgl. ferner *Baumann*, 50 Mich. L. Rev. 474 (1952); *Palmer*, 25 Bus. Law. 1269 (1970).

[214] *Note*, 64 Harv. L. Rev. 1378, 1380 (1951).

[215] 17 C. F. R. § 240. 16 b - 6 (a) - (b); vgl. dazu: *Palmer*, 25 Bus. Law 1269 (1970).

[216] Fuller v. Dilbert, 244 F. Supp. 196 (S. D. N. Y. 1965), *aff'd sub nom.* Righter v. Dilbert, 358 F. 2d 305 (2d Cir. 1966).

Das Risiko, zur Gewinnherausgabe herangezogen zu werden, besteht ebenso, wenn der Insider auf einen Kauf von Kapitalanteilen den Kauf eines *„put"* folgen läßt[218]. Derartige Geschäfte dienen typischerweise dazu, einen nach dem Kauf von Kapitalanteilen entstandenen Wertzuwachs zu konservieren, um ihn nach Ablauf der Sechsmonatsfrist durch Verkauf der Kapitalanteile zu kassieren. Entsprechendes gilt, wenn nach dem Verkauf von Kapitalanteilen und einem anschließenden Kursrutsch in Erwartung eines späteren Kursanstiegs call-Rechte erworben werden[219]. Der Mangel an Rechtsprechung zu diesem Problemkreis mag damit zu erklären sein, daß diese ihrer Natur nach kurzfristigen und spekulativen Geschäfte von Insidern entweder selten praktiziert oder erfolgreich verheimlicht werden.

Weder unter Abs. (c) noch unter Abs. (b) von Sec. 16 fällt aber ein Insider, der sich durch Ausstellung eines „put" oder eines „call" verpflichtet, bis zu einem bestimmten Zeitpunkt von dem Inhaber des „put" Kapitalanteile zu einem bestimmten Preis abzunehmen bzw. Kapitalanteile an den Insider eines „call" zu verkaufen[220]. Gleichwohl besteht auch bei solchen Geschäften genügend Raum zur Verwertung von inside-Informationen, wie das Beispiel von dem Insider zeigt, der trotz Informationen über einen zu erwartenden Kursanstieg „put"-Rechte zum derzeitigen niedrigen Preis ausstellt und, wenn der Inhaber des „put" diesen infolge des Kursanstieges nicht ausüben will, die Prämie dafür erhält[221]. Mißbräuche dieser Art können allenfalls durch Anwendung der allgemeinen *anti-fraud-Rule* 10 b-5 geahndet werden

G. Durchsetzungsprobleme

I. Section 16 (a)

Sec. 16 (a) enthält keine Regelung für den Fall der Nichterfüllung von Meldepflichten. Im allgemeinen ist die SEC daher auf die Einleitung gerichtlicher Verfahren gem. Sec. 21 (e) SEA[222] angewiesen.

---

[217] Das wird bei *Hopt / Will*, S. 86, wohl übersehen. Literatur und Rechtsprechung zu dieser Frage sind allerdings recht spärlich. Vgl. *Comment*, 69 Yale L. J. 868, 872 (1960); dahingestellt in Miller v. General Outdoor Advertising Co., 223 F. Supp. 790, 795 (S. D. N. Y. 1963), reversed on other grounds: 337 F. 2d 944 (2d Cir. 1964).

[218] Vgl. oben E I. 1.

[219] *Comment*, 69 Yale L. J. 868, 883 (1960).

[220] **Silverman v. Landa, 200 F. Supp. 193, 196 (S. D. N. Y. 1961), *aff'd:* 306 F.** 2d 422 (2d Cir. 1962).

[221] Die Begebung wie der Empfang von Puts, Calls und ähnlichen Rechten wäre aber meldepflichtig, gem. Rule 16 a - 6 i. d. F. v. 1. 2. 1972, CCH, Fed. Sec. L. Rep., Supp. Nr. 412 (24. 2. 1972).

[222] 15 U. S. C. § 78 u (e).

Die größte Schwierigkeit liegt in der Feststellung meldepflichtiger Geschäfte, wenn überhaupt keine Insider-Meldung erfolgt. Häufig führen jedoch jährliche Geschäftsberichte, Abstimmungsempfehlungen (*proxy statements*) und andere Veröffentlichungen der Unternehmen die SEC auf die richtige Fährte[223]. Ferner kann die SEC zur Ermittlung, ob eine Verletzung des Exchange Act vorliegt, eigene Nachforschungen anstellen und zu diesem Zweck die Betroffenen hören, Zeugen vorladen und eidlich vernehmen und die Vorlage von Unterlagen erzwingen. Das Ergebnis der Ermittlungen kann veröffentlicht werden.

Nur wenn der betroffene Insider als Börsenmitglied oder eingetragener Wertpapierhändler der besonderen Kontrolle der SEC untersteht, kann die Kommission Disziplinarmaßnahmen treffen, die bis zum Ausschluß vom Wertpapierhandel reichen können[224].

II. Section 16 (b)

Anders als die Nichterfüllung von Meldepflichten stellt die Durchführung kurzfristiger Doppelgeschäfte keinen Verstoß gegen ein gesetzliches Verbot dar. Die Durchsetzung des Anspruchs der Insider-Gesellschaft auf den Gewinn bleibt daher dieser selbst oder — im Falle ihrer Untätigkeit — ihren Aktionären überlassen. Die Rolle der SEC beschränkt sich hier auf die eines *amicus curiae*[225] — ein Recht, von dem die SEC allerdings gerade bei komplizierten oder neuartigen Rechtsfragen häufig Gebrauch macht[226].

Obgleich die Aktionärsklage nur subsidiär eingreift — der klagewillige Aktionär muß zunächst die Gesellschaft zur Klagerhebung auffordern und ihr 60 Tage Zeit geben —, bildet sie doch die eigentliche Garantie für die Wirksamkeit der Gewinnabschöpfung. Dies kommt ferner darin zum Ausdruck, daß das Gesetz den Aktionären ein Klagerecht auch dann einräumt, wenn die Gesellschaft den Prozeß nicht ordnungsgemäß betreibt. Tatsächlich hat sich gezeigt, daß abgesehen von den Fällen, wo Unternehmen Klage auf Gewinnherausgabe gegen andere, feindliche Unternehmen[227] oder gegen ausgeschiedene Manager[228] erheben, die

---

[223] *Wander / Grienenberger (Loomis)*, 177, 192.

[224] Vgl. 15 U. S. C. § 78 f. und o; ferner: *Gadsby*, § 8.01 (10), 8 - 12; *Wander / Grienenberger (Loomis)*, 177, 179.

[225] Darunter wird die Intervention einer am Prozeß nicht beteiligten Seite verstanden, die in der Absicht erfolgt, das Gericht auf bestimmte Rechtsfragen aufmerksam zu machen oder um es zusätzlich zu informieren. Bundesbehörden wie die SEC werden i. d. R. gerichtlicherseits zur Stellungnahme aufgefordert. Vgl.: *American Jurisprudence* 2d, Vol. 4 (amicus curiae), p. 109 - 115; *Krislov*, 72 Yale L. J. 694 (1963), insbes. p. 717 f.

[226] Krit. dazu: *Shipley*, 52 A. B. A. J. 337 (1966); zustimmend dagegen: *Loomis / Eisenberg*, 52 A. B. A. J. 749 (1966).

short-swing Gewinne in der Regel von Aktionären namens und zugunsten ihrer Gesellschaft eingeklagt werden. Unbekannt ist schließlich die Anzahl der Insider, die angesichts hoher Prozeßkosten und einer mit derartigen Prozessen leicht verbundenen Beeinträchtigung ihres persönlichen und des Ansehens ihrer Gesellschaft es vorziehen, freiwillig zu zahlen[229]. Die Veröffentlichung der Insider-Meldungen in dem von der SEC herausgegebenen *Official Summary* sorgt dafür, daß etwaige Ansprüche vor Ablauf der zweijährigen Verjährungsfrist eingeklagt werden können.

Daneben üben die allgemeinen Offenlegungsvorschriften einen Druck auf Insider und Gesellschaft aus, offene Verbindlichkeiten nach Sec. 16 (b) schnell zu erledigen. Gleichgültig ob die Gesellschaft gegen den Insider gerichtlich vorgehen will oder nicht, muß sie alle Insider-Verbindlichkeiten, die über $ 10 000 hinausgehen, vor der Hauptversammlung der Aktionäre in ihrer Wahlschrift (proxy statement) einzeln aufführen[230]. Ebenfalls aufzuführen sind Rückzahlungsvereinbarungen zwischen Gesellschaft und Insider, die außerhalb eines gerichtlichen Verfahrens getroffen werden und Forderungen von mehr als $ 30 000 betreffen[231].

Zur Unterstützung der Privatinitiative bei der gerichtlichen Geltendmachung von Ansprüchen nach Sec. 16 (b) gegen Insider hat die Rechtsprechung schon frühzeitig dem privaten Kläger einen Anspruch auf Erstattung seiner Anwaltskosten zugebilligt[232]. Der Anspruch wird im allgemeinen nur im Erfolgsfall zugebilligt und ist dann von dem an die Gesellschaft auszukehrenden Insidergewinn abzuziehen[233]. In Einzelfällen wird Kostenersatz auch dann gewährt, wenn die Gesellschaft einen Insidergewinn erst aufgrund von Hinweisen eines Aktionärs eintreibt. Allerdings muß — etwa durch längere Untätigkeit der Gesellschaft —

---

[227] Kern County Land Co. v. Occidental Petroleum Corp., 41 L. W. 4582 (U.S. Supr. Ct. 1973).

[228] Perfect Photo Inc. v. Grabb, 205 F. Supp. 569 (E. D. Pa 1962); Carr-Consolidated Biscuit Co. v. Moore, 125 F. Supp. 423, 427 (M. D. Pa. 1954).

[229] Vgl. *Ratner (Appelbaum)*, 57. Die Aktionärsklage ist ohne die einschränkenden Prozeßvoraussetzungen der „derivative action" (Rule 23.1, F. R. C. P., U. S. C. Title 28) zulässig, setzt also insbesondere nicht voraus, daß der Kläger zur Zeit der beanstandeten Geschäfte bereits Aktionär war: *Jennings / Marsh*, p. 1033.

[230] 17 C. F. R. § 240. 14 a - 101, Item 7; vgl. dazu: *Fleischer*, 34 U. M. K. C. L. Rev. 210, 214 (1966).

[231] 17 C. F. R. § 240. 14 a - 101, Item 7 (f.), Instruction 2 (c).

[232] Smolowe v. Delendo Corp., 136 F. 2d 231, 241 (2d Cir. 1943), *cert. denied* 320 U. S. 751 (1943); Magida v. Continental Can Co., Inc., CCH Fed. Sec. L. Rptr. § 90, 777 (S. D. N. Y. 1956).

[233] Vgl. *Comment* (1968), Duke L. J. 94, 103; *Gadsby*, § 8.02 (2 c), 8 - 30; *Jennings / Marsh*, 1032.

feststehen, daß die Nachforschungen und Hinweise des Aktionärs wesentlich zum Erfolg der Gewinneintreibung beigetragen haben[234].

Nicht zuletzt auf die von den Gerichten großzügig[235] gehandhabte Kostenerstattung dürfte es zurückzuführen sein, daß Sec. 16 (b) heute statt der ehemals „crude rule of thumb" eine umfassende, komplizierte Insider-Regelung auf dem Hintergrund einer umfangreichen Rechtsprechung darstellt. Andererseits kann nicht verwundern, daß die Frage der Kostenerstattung zu einem der strittigsten Themen um Sec. 16 (b) gehört. Das Auftreten von Klägern, die davon leben, daß sie verbotene Insider-Gewinne aufspüren, veranlaßt *L. Loss* zu der Bemerkung, hier werde ein moralisches Übel — Insider Trading — durch ein anderes — die eigennützige Verfolgung fremder Ansprüche durch Rechtsanwälte — ersetzt[236]. Tatsächlich wird diese Entwicklung durch die großzügigen Zulässigkeitsvoraussetzungen der Klage gefördert. Um als Kläger Ansprüche nach Sec. 16 (b) geltend zu machen, genügt es nämlich, wenigstens zur Zeit der Klage Aktionär zu sein. Es ist daher durchaus möglich, daß ein auf diesem Gebiet spezialisierter Anwalt zunächst an Hand der Monatsberichte der SEC oder von Proxy-Informationen der Gesellschaften Nachforschungen anstellt und dann eine Aktie kauft, um gegen Insider der betreffenden Gesellschaft Klage zu erheben.

Weder der Vorschlag, die Eintreibung von Insider-Gewinnen der SEC aufzugeben[237], noch der, wonach die Klagebefugnis auf Aktionäre beschränkt werden soll, die es schon zur Zeit der Insidergeschäfte waren[238], sind bisher vom Gesetzgeber aufgenommen worden. Unter den gegebenen Umständen erscheint daher der Weg der Rechtsprechung als der einzig gangbare zur Durchsetzung der Ziele des Gesetzes. Die große Anzahl von Schutzgesetzen, deren Durchsetzung ebenfalls dem „private attorney general" obliegt, beweist, daß es sich hierbei um eine — jedenfalls auf anderen Gebieten — inzwischen weithin akzeptierte und bewährte Form der Gesetzesvollstreckung handelt[239].

---

[234] Dottenheim v. Emerson Electric Mfg. Co., 77 F. Supp. 306 (E. D. N. Y. 1948); Blau v. Rayette-Faberge, Inc., 389 F. 2d 469 (2d Cir. 1968).

[235] Vgl. zur Höhe der zuerkannten Erstattungen *Jennings / Marsh*, 1032 Fn. 11.

[236] *Loss*, Bd. 2, 1053, 1055; ähnlich: *Gerson*, 25 U. Miami L. Rev. 144, 165 (1970). Allerdings sieht die Rechtsprechung den — durch die contingent fee besonders geförderten — anwaltlichen Eigennutz nicht als verwerfliches „champerty" an, vgl. Magida v. Continental Can Co. (oben Fn. 232).

[237] *Loss*, Bd. 2, 1053.

[238] *Comment* (1968), Duke L. J. 94, 105.

[239] Vgl. zur Klagebefugnis Privater insbes. im Rahmen der Konsumentenschutzgesetze: *Smith*, 50 N. C. L. Rev. 767, Fn. 2 (1972); *Fischer*, 20 U. C. L. A. L. Rev. 778 (1973); *Presser*, 41 Geo. Wash. L. Rev. 260, 262 (1972); *Nussbaum*, 48 N. Y. U. L. Rev. 301 (1973); eine entspr. Bestimmung ist auch in dem 1972 erlassenen Motor Vehicle Information Act (Sec. 409) (Pub. Law 92 - 513, Oct. 1972; 41 L. W. 172) enthalten. Eine wettbewerbsrechtliche Untersuchung kommt

H. Reform von Section 16 SEA

I. Reformdiskussion

Die Entwicklung von Sec. 16 (b) von der einfachen „rule of thumb" zur komplizierten Einzelfallregelung hat wiederholt Kritik und den Ruf nach einer Gesetzesreform laut werden lassen[240]. Doch obwohl die Insider-Bestimmung häufig als bestgehaßte Vorschrift bezeichnet worden ist[241], ist die Forderung nach einer gänzlichen Abschaffung von Sec. 16 (b) nur selten erhoben worden. Wesentlich häufiger sind dagegen die Stimmen, die angesichts des in letzter Zeit ebenfalls stark expandierenden Anwendungsbereichs von Rule 10 b-5 fordern, Sec. 16 (b) auf ihren früheren Gehalt zu reduzieren und alles andere — insbesondere also die sog. „unorthodoxen Geschäfte" — der allgemeinen antifraud Bestimmung zu überlassen. Zu einer gesetzgeberischen Reform haben diese Vorschläge jedoch nicht geführt.

Auch sind — abgesehen von einem von *Munter*[242] im Jahre 1966 vorgelegten Reformentwurf — Alternativvorschläge für eine neue, bessere Insider-Bestimmung eine Seltenheit. Munters Vorschlag basiert im wesentlichen auf dem Gedanken, daß die Mehrzahl der heutzutage unter Sec. 16 (b) behandelten Fälle im Interesse der Gerechtigkeit eine flexiblere Regelung erfordert. Unter Zugrundelegung des von ihm als richtig anerkannten Grundprinzips von Sec. 16 (b) schlägt Munter eine Verlängerung der „short-swing"-Periode auf zwei Jahre vor, innerhalb derer eine unterschiedliche Verteilung der Beweislast stattfinden würde. Der entscheidende Teil seines Entwurfs lautet[243]:

"Recovery shall be granted only upon a determination of the possession of inside information. There shall exist a rebuttable presumption of such possession where the beneficial owner, director, or officer has engaged in any purchase and sale, ..., within a one-year period. Where the second transaction has followed the first transaction by more than one year but by less than two years, there shall exist a rebuttable presumption that there has been no such possession of information..."

Mit diesem Vorschlag geht Munter auf die Kritik ein, die sich zu Recht daran stört, daß es dem Insider nach geltendem Recht nicht möglich ist, sich durch den Nachweis fehlender inside-Informationen von der Verbindlichkeit für normale short-swing Gewinne freizuhalten.

---

zu dem Ergebnis, daß eine direkte Beziehung zwischen der Höhe des Anwaltshonorars und der Verfolgung von Wettbewerbsverstößen bestehe: *Kelly,* 60 Calif. L. Rev. 1656, 1678 (1972); *Homburger / Kötz,* Klagen Privater im öffentlichen Interesse (1975); *Koch,* Kollektiver Rechtsschutz im Zivilprozeß (1976).

[240] Vgl. z. B. *Cohen,* 79 Harv. L. Rev. 1340 (1966).

[241] Vgl. *Loss,* Bd. 2, 1087.

[242] 52 Cornell L. Qu. 69 (1966).

[243] 52 Cornell L. Qu. 69, 101 (1966).

Zwar würde die Regelung dadurch etwas an ihrer bisherigen Automatik einbüßen. Das Prozeßrisiko wäre jedoch — jedenfalls bei short swings von weniger als einem Jahr — infolge der gesetzlichen Vermutung für den Kläger recht gering. Auch scheint es richtig, daß nicht auf den Gebrauch, sondern nur auf den Besitz von Informationen abgestellt wird. Wenn also die dahingehende Vermutung nicht widerlegt oder — bei short swings von mehr als einem Jahr — der Nachweis für das Vorliegen von inside-Informationen geführt wird, soll der Insider nicht damit gehört werden, daß er davon keinen Gebrauch gemacht habe[244]. Für die Behandlung der normalen Wertpapierkäufe und -verkäufe stellt Munter's Entwurf daher eine diskussionswürdige Alternative dar.

Andererseits bietet der Entwurf gerade da keine Lösung an, wo sie am nötigsten wäre. Ist es doch gerade der Mangel an Rechtssicherheit und Vorhersehbarkeit, der gegenwärtig die Rechtsprechung zu den sog. „unorthodox transactions" kennzeichnet. Es wäre aber wohl zu viel verlangt, wollte man die Lösung für alle aus der Reihe fallenden Insider-Geschäfte in eine einzige Generalklausel pressen. Mehr als eine Generalklausel bietet demgegenüber der vom *American Law Institute* herausgegebene Entwurf eines *Federal Securities Code* („Code"). Der Entwurf geht auf eine Initiative der *American Bar Association (Section of Corporation, Banking and Business Law)* zurück, die nach eingehenden Beratungen im Jahre 1967[245] beschlossen hatte, eine Reform der gesamten Wertpapier- und Börsengesetzgebung des Bundes in Angriff zu nehmen. Mit der Leitung dieses ambitionierten Vorhabens wurde einer der bedeutendsten Kenner der Materie, der inzwischen verstorbene *Louis Loss*, beauftragt. In Zusammenarbeit mit acht „Consultants" und zweiundzwanzig „Advisers" hat Loss zwei Teilentwürfe des auf insgesamt sechzehn Kapitel veranschlagten Code vorgelegt[246].

II. Der A.L.I.-Entwurf einer Insider-Regelung

Hervorstechendes Merkmal des Code ist die Einheitlichkeit der Gesamtkonzeption, die alle Gebiete umfaßt, die bislang in sechs[247] verschiedenen Gesetzen zum Wertpapier- und Börsenrecht geregelt sind. Im

---

[244] *Munter*, 52 Cornell L. Qu. 69, 91 (1966).

[245] *American Bar Association*, Conference on Codification of the Federal Securities Laws, 22 Bus. Law. 793 (1967).

[246] *The American Law Institute*, Federal Securities Code, Tentative Draft No. 1 (1972); Tentative Draft No. 2 (1973) (im folgenden abgekürzt als *Draft No. 1* und *Draft No. 2*). Zur Insider-Regelung des A. L. I.-Kodifikationsentwurfs vgl. *Note*, 72 Mich. L. Rev 1398 - 1431 (1973).

[247] Securities Act von 1933, Securities Exchange Act von 1934, Public Utility Holding Company Act von 1935, Trust Indenture Act von 1939, Investment Company Act von 1940; Investment Advisers Act von 1940 — hinzu kommt möglicherweise noch die neuere Gesetzgebung seit 1972.

übrigen spiegelt der Code das Bemühen seiner Verfasser wider, die geltenden gesetzlichen Bestimmungen frei von Überschneidungen und von Widersprüchen bereinigt unter Berücksichtigung der neueren Rechtsprechung weitgehend zu übernehmen. Dieser Trend läßt sich auch an den Secs. 604 (a) und 1413, den Nachfolge-Bestimmungen von Sec. 16 (a) u. (b), feststellen. Um so bemerkenswerter sind die vorgeschlagenen Änderungen gegenüber dem bisherigen Rechtszustand.

1. Reform der Meldepflichten

Die entsprechende Bestimmung des Entwurfs lautet:

"Sec. 604 (a) (1) A director or officer of a registrant or a person who is the beneficial owner of more than 10 percent of a class of equity securities of a registrant, shall file, and send to the registrant, whatever reports the Commission prescribes by rule with respect to the amount of all equity securities of the registrant of which he is the beneficial owner and any changes in his beneficial ownership of securities of that kind."[248]

Hervorzuheben sind drei Änderungen: Die Reichweite der Bestimmung wird vergrößert durch eine Erweiterung des Kreises der Insider-Gesellschaften auf alle „registrants". Als „registrants" gelten einmal alle Gesellschaften, die — entsprechend den Bestimmungen des Securities Act von 1933 — wegen einer öffentlichen Emission eine Registrierung bei der SEC durchgeführt haben[249]. Darüber hinaus zählen zu den „registrants" alle Gesellschaften mit mindestens 1 Million Dollar Gesamtvermögen und insgesamt 300 Schuld- oder Anteilsscheininhabern[250]. Da weiterhin eine Klausel geplant ist, wonach Wertpapiere an einer nationalen Börse gehandelt oder in den Listen der Nationalen Vereinigung der Wertpapierhändler (NASD) nur notiert werden dürfen, wenn der Aussteller der Wertpapiere „registrant" ist[251], würden praktisch alle Gesellschaften, für deren Kapitalanteile oder sonstige Wertpapiere ein Markt besteht, erfaßt werden. Die Insider sollen nach dem Entwurf alle Geschäfte mit Kapitalanteilen solcher Gesellschaften melden.

Die zweite Änderung liegt im Wegfall der Zeitbestimmung für die Abgabe von Insider-Meldungen. Obgleich noch der erste Entwurf eine der bislang geltenden Zeitbestimmung entsprechende Regelung enthielt, soll nach dem zweiten Entwurf die Bestimmung der Meldefrist durch die SEC im Verordnungswege erfolgen.

Neu ist schließlich das Erfordernis, daß der Insider-Gesellschaft eine Kopie von jedem Insider-Report zuzuschicken ist. Die Verfasser des

---

[248] *Draft No. 2*, S. 24.
[249] *Draft No. 1*, Secs. 288, 402.
[250] *Draft No. 1*, Secs. 288, 401.
[251] *Draft No. 1*, Sec. 401, Comment (3).

Entwurfs versprechen sich davon eine größere Aktivität der Insider-Gesellschaften bei der Erhebung von Gewinnherausgabeklagen und gleichzeitig eine Entschärfung des „champerty"-Problems[252]. Freilich könnten auch nach geltendem Recht die Gesellschaften — jedenfalls von den unternehmensangehörigen Insidern — die gleichen Informationen nach Einfügung einer entsprechenden Klausel im Dienstvertrag verlangen. Daß es trotzdem bisher nur selten zu Klagen der Gesellschaften gegen ihre Insider gekommen ist, veranlaßt zur Skepsis gegenüber den Hoffnungen der Verfasser des Entwurfs.

Eine weitere, sicherlich sehr beachtliche Neuerung bringt Absatz (2) der Meldebestimmung des Entwurfs:

Sec. 604 (a) (2) "The Commission by rule may require *any person* to file, and send to the registrant, reports comparable to those required by section 604 (a) (1) insofar as they are necessary to disclose transactions covered by section 1413 (c) to (g) inclusive."[253]

Soweit aufgrund dieser Bestimmung für Geschäfte, die sich weniger als sechs Monate vor Erlangung oder nach Aufgabe der Insider-Stellung abspielen, Insider-Reports verlangt werden können, wird damit nur eine entsprechende SEC-Rule gesetzlich festgeschrieben[254]. Ebenso liegt es hinsichtlich der Insider solcher Gesellschaften, die zwischen zwei Insider-Transaktionen ihre Eigenschaft als registrierende Gesellschaft (bislang Sec. 12 SEA) erlangen oder verlieren. Neu aber ist die Ausdehnung der Meldepflicht auf Personen, die weder zum Zeitpunkt des Kaufs noch des Verkaufs Insider waren[255].

Im selben Ausmaß, in dem entsprechend dem Entwurf nach erfolgten Insider-Schenkungen die Geschäfte der bedachten Verwandten oder Mutter-, Tochter- oder Schwesterunternehmen des Insiders diesem selbst zugerechnet werden können, sollen diese Nicht-Insider persönlich der Meldepflicht unterliegen. Dasselbe soll unter bestimmten Voraussetzungen auch für alle anderen Personen gelten, die von einem Insider Wertpapiere zum Pfand oder als Darlehen genommen haben[256]. Damit könnte der Entwurf entscheidend zur Aufdeckung von Umgehungsgeschäften beitragen, da etwaige Hilfspersonen des Insiders — anders als nach der geltenden Rechtslage — selbst unter Strafandrohung stehen würden.

---

[252] *Draft No. 2*, S. 24, Comment (4).

[253] Hervorhebung vom Verfasser.

[254] Rule 16 a - 1 (d), (e); 17 C. F. R. § 240. 16 a - 1. Vgl. dazu im Entwurf: *Draft No. 2*, Sec. 1413 (c) - (e), Draft No. 2, S. 129.

[255] Sec. 604 (a) (2), *Draft No. 2* S. 24 i. V. m. Sec. 1413 (f.) (2), (3), Draft No. 2, S. 129.

[256] Vgl. dazu i. e. unten H II. 2.

2. *Reform der Gewinnherausgaberegelung*

Wenn der Entwurf trotz aller an Sec. 16 (b) laut gewordenen Kritik die Gewinnherausgabebestimmung beibehält, so vor allem deswegen, weil nach den Worten des Berichterstatters Sec. 16 (b) „eine symbolische Bedeutung besitzt, die es verdient und erfordert, anerkannt zu werden“[257].

Die Fassung der Entwurfs-Bestimmung (Sec. 1413)[258], die bis auf wenige Abweichungen die geltende Bestimmung Sec. 16 (b) und die dazu ergangene Rechtsprechung bis ins Detail nachzeichnet, beweist aber, daß der Bestimmung auch nach dem Entwurf nicht nur symbolische Bedeutung zukommen soll.

Mit Ausnahme des letzten Satzes wird Sec. 16 (b) fast wörtlich in Sec. 1413 (a), (b) übernommen. An der Automatik der „hard-and-fast-rule“ wollen also auch die Verfasser des Entwurfs grundsätzlich nicht rütteln.

Das Problem der Haftung von Insidern, die nur bei einem Teilakt eines Doppelgeschäfts den Insider-Status innehaben, wird in Sec. 1413 (c) („Sometime directors or officers“) im Sinne der geltenden Rechtsprechung gelöst und noch dahin erweitert, daß die Insider-Haftung auch eingreift, wenn nur irgendwann zwischen den Teilakten des Doppelgeschäfts der Insider-Status bestand.

Entsprechend der von der Rechtsprechung gefundenen Lösung lautet auch die vorgeschlagene Regelung für den Erwerb und die Veräußerung ganzer Beteiligungen durch sog. 10-Prozent-Eigentümer, Sec. 1413 (d) („Sometime 10 percent owners“). Damit sollen die bisherigen, durch den letzten Satz von Sec. 16 (b) entstandenen Interpretationsschwierigkeiten endgültig ausgeräumt werden. Weitergehend als die Entscheidung des Supreme Court in *Reliance Electric Co. v. Emerson Electric Co.*[259] sieht der Entwurf allerdings vor, daß *alle* Verkaufsgeschäfte, die innerhalb von sechs Monaten auf den Erwerb der Beteiligung folgen, der Gewinnabschöpfung unterliegen — unabhängig davon, wie hoch die Beteiligung des Verkäufers zur Zeit des Verkaufs ist. Der stufenweise Verkauf einer Beteiligung wie im Fall *Reliance Electric* würde danach also genauso der Abschöpfung unterliegen wie der Verkauf *en bloc*.

Auf derselben Linie der Ausweitung des Anwendungsbereichs der Insider-Regelung liegt der Vorschlag, die Regelung auch eingreifen zu lassen, wenn die Gesellschaft nur zur Zeit eines Teilaktes eines Insider-Doppelgeschäfts als „registrant“ unter das Gesetz fällt, Sec. 1413 (e).

---

[257] *Draft No. 2,* Sec. 1413, Comment (1), S. 133.

[258] *Draft* No. 2, S. 129 - 132.

[259] 404 U.S. 418, (1971).

Die einzige Einschränkung, die der Entwurf gegenüber der bestehenden Rechtslage macht, gilt der in *Blau v. Lehmann*[260] und in *Feder v. Martin Marietta*[261] vertretenen Deputationstheorie. Ohne nähere Begründung wird im Entwurf in Sec. 226 der Begriff „Director" so eingegrenzt, daß eine Haftung kraft Deputation ausgeschlossen wird[262]:

"Sec. 226 (Director.) 'Director' means a director of a corporation, ... ; but the term does not include a person who deputizes another person to be a director."

Da die Deputationstheorie bisher wenig praktische Bedeutung gehabt hat, käme ihr Fortfall keiner fundamentalen Änderung gleich. Allerdings sind durch den Vorschlag des Entwurfs die Probleme, die durch personelle Verflechtungen zwischen Anlageinstituten oder Banken und Industrie entstehen, auch von einer politischen Lösung wohl entfernter denn je.

Im Bereich der sog. „unorthodox transactions" versucht der Entwurf dagegen, durch — allerdings recht komplizierte — Regelungen die Ergebnisse der Rechtsprechung und z. T. sogar neue, weitergehende Lösungen in Gesetzesform zu gießen. Eine Weiterentwicklung enthält insbesondere der Vorschlag zur Behandlung von Schenkungen und Verpfändungen.

Im Rahmen der Erörterung der Meldepflichten nach dem Entwurf ist bereits auf die in diesen Fällen vorgesehene Ausdehnung der Meldepflichten auf Außenstehende hingewiesen worden[263]. Dem entspricht bei der Regelung der Gewinnabschöpfung der Vorschlag, in solchen Fällen den Insider auch für Gewinne haften zu lassen, die von Außenstehenden erzielt werden. Nach Sec. 1413 (f) (2) gilt eine Schenkung zwar nicht als Kauf oder Verkauf i. S. der Insider-Regelung, jedoch wird dem Schenkenden jeder Gewinn zugerechnet, den der Beschenkte aus dem Verkauf der Wertpapiere zieht, sofern es sich bei dem Beschenkten um einen Verwandten des Insiders oder um eine verbundene Gesellschaft handelt und der Verkauf innerhalb von sechs Monaten auf den Kauf der Effekten durch den Insider selbst folgt. Unter bestimmten Voraussetzungen wird der Schenker also so behandelt, als stünde er „in den Schuhen" des Beschenkten[264].

Damit machen sich die Verfasser des Entwurfs einen Vorschlag der SEC zu eigen, den diese schon im Jahre 1948 in einer Stellungnahme als *amicus curiae* gemacht hatte[265], dem die Rechtsprechung bisher al-

---

[260] 368 U.S. 403, 410 (1962) (*dictum*).

[261] 406 F. 2d 260 (2d Cir. 1969), *cert. denied*, 396 U.S. 1036.

[262] *Draft No. 2*, S. 12.

[263] s. o. H II. 1.

[264] *Loss*, Bd. 2, 1083.

[265] Vgl. Truncale v. Blumberg, 80 F. Supp. 387 (S. D. N. Y. 1948).

lerdings nicht gefolgt ist. Statt dessen bietet die bisherige Rechtsprechung in dieser Frage ein uneinheitliches Bild: Während einige ältere Entscheidungen darin übereinstimmen, daß eine ordnungsgemäße („bona fide") Schenkung nicht als Verkauf (oder Kauf) von Wertpapieren qualifiziert werden könne[266], wird in einer neueren Entscheidung eine Schenkung von mehr als 3000 $ in Wertpapieren an zwei gemeinnützige Stiftungen dem schenkenden Insider als Verkauf angelastet[267]. Das Ergebnis wird mit einem Umkehrschluß zu Rule 16 a-9 (b) begründet, wonach Schenkungen im Wert bis zu 3000 $ (vorläufig) von der Meldepflicht ausgenommen und die deswegen gem. Rule 16 a-10[268] auch von der Gewinnabgabeverpflichtung befreit sind.

Das — nicht unbedingt zwingende — gesetzestechnische Argument kann jedoch nicht darüber hinwegtäuschen, daß der Schenker aus dem „Doppelgeschäft" keine Gewinne realisiert hat. Die Lösung des Entwurfs vermeidet solche Ungerechtigkeiten weitgehend, da ein späterer Wiederverkauf durch den Beschenkten dem Schenker nur zugerechnet wird, wenn wegen der Verwandtschaft oder kapitalmäßigen Verbindung zwischen beiden der Tatbestand eines Umgehungsgeschäfts naheliegt. Auch könnte sich der Schenker durch eine Auflage an den Beschenkten, die Wertpapiere nicht vor Ablauf der Frist zu verkaufen, vor Verbindlichkeiten schützen.

Als recht geglückt erscheint auch die anschließende Bestimmung des Entwurfs zur entsprechenden Behandlung von Wertpapierverpfändungen, Sec. 1413 (f) (3). Allerdings fällt auf, daß in dieser Bestimmung die Beschränkung auf Verwandte und verbundene Unternehmen nicht gilt.

Die weiteren, üblicherweise unter der Bezeichnung „unorthodox transactions" zusammengefaßten Geschäfte wie die Ausübung von Wandlungs- oder Bezugsrechten und den Tausch von Kapitalanteilen im Rahmen einer Fusion oder eines Tender Offer, sieht der Entwurf — entsprechend der geltenden Rechtslage — nicht automatisch als Insider-Geschäft an[269]. Den von der Rechtsprechung verwendeten „possibility of abuse"-Test ersetzt der Entwurf durch den vom Insider wohl leichter zu führenden Nachweis, daß bei dem Geschäft keine Informationen benutzt worden sind, die auf dem Verhältnis zu einer der beteiligten Gesellschaften beruhen.

Den schwierigeren „possibility of abuse"-Test müssen Insider nach dem Entwurf jedoch dann bestehen, wenn sie vor einer Fusion Kapital-

---

[266] Truncale v. Blumberg, a.a.O.; Shaw v. Dreyfuß, 172 F. 2d 140, 142 (2d Cir. 1949), cert. denied, 337 U.S. 907 (1949); Roberts v. Eaton, 212 F. 2d 82, 84 (2d Cir. 1954), *cert. denied*, 348 U.S. 827 (1954).

[267] Lewis v. Adler, 331 F. Supp. 1258, 1267 (S. D. N. Y. 1971).

[268] 17 C. F. R. § 240. 16 a - 9 (b) und 16 a - 10.

[269] Vgl. zur geltenden Rechtslage oben E V. 1.

anteile der einen Gesellschaft kaufen und — nach erfolgter Fusion und Kapitalumwandlung — Kapitalanteile der anderen Gesellschaft verkaufen. Im einzelnen regelt der Entwurf in der Bestimmung Sec. 1413 (g), für die es bisher keine Vorgängerin gibt:

(1) den Kauf von Wandelschuldverschreibungen oder anderen mit Wandlungsrecht versehenen Wertpapieren einer Gesellschaft A bei nachfolgendem Verkauf der durch die Ausübung des Wandlungsrechts erhaltenen Papiere der Gesellschaft B;

(2) den Kauf von Bezugsrechten einer Gesellschaft A und anschließenden Verkauf der nach Ausübung erhaltenen Kapitalanteile der Gesellschaft B;

(3) den Kauf von Voting Trust- oder Hinterlegungsscheinen der Gesellschaft A und anschließenden Verkauf der nach Beendigung des Trust oder der Hinterlegung empfangenen Wertpapiere der Gesellschaft B und

(4) den Kauf von Wertpapieren, die im Zuge einer Fusion oder Konsolidierung gegen Wertpapiere einer anderen Gesellschaft ausgetauscht werden — und den anschließenden Verkauf der neuen Wertpapiere.

Neu an dieser Regelung ist die Erfassung von Geschäften mit Wertpapieren zweier Gesellschaften. Damit wollen die Verfasser des Entwurfs die Situation unmittelbar vor und nach einer Fusion treffen, da in solchen Zeiten die Gefahr der Spekulation mit Wertpapieren der eigenen Gesellschaft oder Kapitalanteilen des anderen Fusionspartners besonders groß ist. Allerdings bleibt auch hier dem betroffenen Insider die Möglichkeit, sich durch den Nachweis, daß „unter den gegebenen Umständen sein Kauf und Verkauf ... nicht spekulativ mißbraucht werden konnte", von jeder Verbindlichkeit freizuhalten.

Zusammenfassend läßt sich sagen, daß der Entwurf des A. L. I. anstelle der alten „rule of thumb" eine komplizierte und detaillierte Regelung bietet, die gerade wegen ihrer — je nach dem Grad der Mißbrauchsgefahr — unterschiedlichen Beweislastverteilung eine Existenzberechtigung neben der Generalklausel der Rule 10 b-5 hätte. Etwaigen Doppelbelastungen durch Überschneidungen beider Bestimmungen soll zudem nach dem Entwurf durch eine entsprechende Klausel in Sec. 1413 (i) vorgebeugt werden. Kritisieren ließe sich allenfalls die Übernahme des „rule of thumb"-Prinzips für die Normalfälle. Hier hätte man von einer Reform die Berücksichtigung der Vorschläge erwarten können, die unter Wahrung größtmöglicher Automatik der Gerechtigkeit im Einzelfall Genüge tun, indem sie den Entlastungsbeweis zulassen. Gleichzeitig wäre — entsprechend dem Vorschlag Munters[270] — eine Verlängerung der bislang recht kurzen short swing-Frist von sechs Monaten

[270] s. o. Fn. 243.

für alle, auch die sog. unorthodoxen Geschäfte, in Frage gekommen, da eine so extrem kurze Bemessung der Frist nicht mehr not täte, wenn der Insider sich vom Verdacht des Informationsmißbrauchs befreien könnte. Sollte der Entwurf in der jetzt vorliegenden Form Gesetz werden, so bliebe Rule 10 b-5 von unverminderter Bedeutung für die Vielzahl von Fällen, die nicht in das relativ starre „short swing"-Schema passen.

Drittes Kapitel

Rule 10 b-5

A. Überblick

Ursprünglich gedacht als Lückenfüller für solche Fälle, in denen der Verkäufer von Wertpapieren Opfer betrügerischer Machenschaften wird, schien Rule 10 b-5 den Commissioners, die sie beschlossen, so selbstverständlich, daß es nur einen einzigen Kommentar gab: "Well, we're all against fraud, aren't we?"[1] Sprachlich wurde die Rule Sec. 17 des Securities Act von 1933[2] entlehnt und enthält wie diese drei Tatbestandsgruppen: Verboten ist in Verbindung mit dem Kauf oder Verkauf von Wertpapieren

(a) der Gebrauch von Mitteln, Tricks oder Plänen zum Betrug;

(b) das Aufstellen unwahrer Behauptungen über wesentliche Tatsachen oder die Fortlassung einer wesentlichen Tatsache, deren Erwähnung notwendig wäre, um die aufgestellten Behauptungen nicht irreführend zu machen; und schließlich

(c) die Beteiligung an irgendwelchen Handlungen oder Geschäften, die sich als Betrug oder Täuschung auf andere auswirken würden.

Das klingt reichlich unbestimmt, zumal die einzelnen Tatbestände sich zu überschneiden scheinen und wichtige Begriffe, wie „Betrug" und „wesentliche Tatsache", nicht erläutert werden. Es ist daher nicht verwunderlich, daß die Gerichte sich bei der Interpretation dieser Begriffe teilweise der entsprechenden Definition des Common Law bedienen. Da Rule 10 b-5 zum Bundesrecht gehört, kommt der Rechtsprechung zum Common Law allerdings keine verbindliche Bedeutung zu, so daß die dort gefundenen Definitionen und Grundsätze nur als Anhaltspunkt herangezogen werden können[3]. Andererseits erlaubt es die

---

[1] Zur Entstehungsgeschichte: *Freeman*, 22 Bus. Law. 891 (1967); Überblick über die Regelung bei *Jennings*, ZHR Bd. 132, S. 1 - 34 (1969) sowie bei *Hopt / Will*, S. 92 ff.

[2] 15 U. S. C. § 77 q. Entsprechend der Zielrichtung des Securities Act von 1933 wendet sich Sec. 17 SA nur an den Anbieter oder Verkäufer von Wertpapieren und schützt den Käufer vor betrügerischen Machenschaften und irreführenden Darstellungen. Demgegenüber gilt Sec. 10 (b) SEA gegenüber jedermann; *Pfisterer*, S. 66 ff.

[3] "Congress established its own standard which is to be measured by federal law interpreting the statute and the rule unhindered by restrictive applications of state common law." Kohler v. Kohler, 208 F. Supp. 808 (E. D. Wis. 1962).

fehlende Bindung an die Rechtsprechung der Einzelstaaten den Bundesgerichten, die Verhaltenspflichten von Insidern gegenüber Aktionären und anderen Außenstehenden im Sinne der Schutzzwecke der Securities Acts von 1933 und 1934 neu zu definieren[4]. Da die Rechtsprechung gleichzeitig dahin tendiert, das Merkmal *fraud* möglichst weit auszulegen, kommt eine Vielzahl von Klagen, die fehlerhafte Verwaltung (*mismanagement*) rügen, vor die Bundesgerichte an Stelle der für das Gesellschaftsrecht grundsätzlich zuständigen Gerichte der Einzelstaaten. Diese Entwicklung ist nicht ohne Rückwirkung auf die Rechtsprechung der Einzelstaaten geblieben, in der zunehmend die Bereitschaft zur Anpassung an die Entwicklungen der bundesgerichtlichen Rechtsprechung erkennbar wird[5].

Wohl in dem Bestreben, den generalklauselartigen Charakter der Rule zu erhalten und den Auftrag der Präambel zum Exchange Act „to insure the maintenance of fair and honest markets" möglichst vollständig zu entsprechen, vermeidet es die Rechtsprechung, die drei Tatbestandsgruppen der Rule gegeneinander abzugrenzen. Stattgebende Urteile werden daher gewöhnlich nicht nur auf eine, sondern auf alle Tatbestandsgruppen von Rule 10 b-5 zusammen gestützt[6]. Es versteht sich beinahe von selbst, daß die recht lockere tatbestandliche Bindung Klägern und Beklagten die Abwägung ihrer Prozeßaussichten nicht gerade erleichtert. Andererseits ermöglichte diese relative Ungebundenheit den Aufbau eines umfangreichen Komplexes von Verhaltens-, Mitteilungs- und Publizitätspflichten durch die Rechtsprechung, die damit aus einer unscheinbaren Verordnung die wichtigste Bestimmung der Wertpapiergesetze überhaupt machte[7].

Die Tür zu dieser Entwicklung wurde aufgestoßen durch eine Entscheidung aus dem Jahre 1947, mit der privaten Klägern, die eine Verletzung von Rule 10 b-5 geltend machten, ein Klagerecht und ein Recht auf Schadensersatz eingeräumt wurde, obgleich Sec. 10 (b) und Rule 10 b-5 nur von einem Fraud-Verbot sprechen und Schadensersatz sowie die

---

[4] Vgl. Speed v. Transamerica Corp., 135 F. Supp. 176 (D. Del. 1955): Entscheidung zugunsten des Klägers nach Rule 10 b - 5; Abweisung der Parallelklage nach Common Law in Geller v. Transamerica Corp., 53 F. Supp. 625 (D. Del. 1943).

[5] Vgl. z. B. Diamond v. Oreamuno, 287 N. Y. S. 2d 300 (App. Div. 1968). Die Begründung für das Eingreifen von Rule 10 b - 5 liegt in der zum Nachteil von Käufern unterlassenen Aufklärung über fehlerhafte Verwaltung.

[6] Typisch ist etwa die Formulierung in Speed v. Transamerica Corp., 99 F. Supp. 808, 829 (Del. 1951): "The three subparagraphs of this broadly remedial rule are mutually supporting and not mutually exclusive ...".

[7] Vgl. *Loss*, 22 Bus. Law. 795 f. (1967), der den Mangel an einer gesetzlichen Grundlage beklagt: "How big a house of cards can we continue to build on that? This is backdoor jurisprudence with a vengeance."

Zulässigkeit privater Klagen unerwähnt lassen[8]. Seitdem erreicht eine ständig wachsende Zahl von Schadensersatzklagen die Bundesgerichte[9].

B. Geltungsbereich

I. Anwendbarkeit von Bundesrecht

Nach ihrem Wortlaut greift die Rule bei Käufen und Verkäufen jeder Art von Wertpapieren ein, gleichgültig, ob sie an einer nationalen Börse gehandelt werden oder nicht. Allerdings spricht die Präambel zum Exchange Act von der Regulierung der Börsen und *Over-the-Counter-Markets*, was dahin interpretiert werden könnte, daß Geschäfte außerhalb der Börsen und des geregelten Freiverkehrs nicht erfaßt werden. Die Rechtsprechung ist dieser engeren Auslegung jedoch nicht gefolgt, sondern bejaht die Anwendbarkeit der Rule auch bei Geschäften unter Privatleuten, auch wenn es für die Wertpapiere überhaupt keinen Markt gibt[10].

In jedem Fall besteht allerdings das Erfordernis, daß die Transaktion entweder unter Benutzung der Mittel des *interstate commerce*, der Post oder einer nationalen Börse geschieht. Die Rechtsprechung verhält sich aber bezüglich dieser Voraussetzungen großzügig gegenüber den Klägern. So ist es nicht erforderlich, daß gerade die Täuschung mit Hilfe des zwischenstaatlichen Verkehrs oder der Post übermittelt wird, sondern es genügt, wenn beispielsweise nach Geschäftsabschluß die Zertifikate in dieser Weise verschickt werden. Dabei braucht die Postbeförderung oder ein Telefonanruf nicht einmal die Grenzen eines Einzelstaates zu überqueren, um die Anwendbarkeit der Rule und damit die Zuständigkeit der Bundesgerichte zu begründen[11].

II. Verbotsumfang

Wegen der tatbestandlichen Weite ist es außerordentlich schwierig, die Grenzen des „fraud“-Verbots abzustecken. Ganz allgemein sind folgende Gebiete zu nennen, auf denen die Rule Anwendung findet:

1. *Täuschungshandlungen*

Zum Schutz der Anleger vor irreführenden Erklärungen und Täuschungen durch Auslassung wichtiger Details war die Rule ursprünglich

---

[8] Kardon v. National Gypsum Company, 69 F. Supp. 512 (E. D. Pa. 1946). Kritisch dazu: *Ruder*, 57 Nw. L. Rev. 627, 648 (1963).

[9] Vgl. die Aufstellung bei *Loss*, Bd. 3, 1449, 1763; Bd. 6, 3559.

[10] Fratt v. Robinson, 203 F. 2d 627 (9th Cir. 1953); *Jennings / Marsh*, 847.

[11] Nemitz v. Cunny, 221 F. Supp. 571 (N. D. Ill. 1963); Myzel v. Felds, 386 F. 2d 718 (8th Cir. 1967); *Jennings / Marsh*, 847; enger neuerdings: Dupuy v. Dupuy, 42 L. W. 2603 (U. S. D. C. E. La. 1974).

beschlossen worden. Die Ausnutzung vertraulicher Informationen durch Insider bewegt sich in diesem Bereich, wobei stillschweigend und anonym getätigte Wertpapiergeschäfte im amerikanischen Recht unter dem Gesichtspunkt der unterlassenen Aufklärung behandelt werden.

2. *Manipulationen*

In eine andere Richtung geht das Manipulationsverbot der Rule. Hier geht es darum, daß der Markt von unlauteren Einflüssen freigehalten wird. Auch insoweit hat die Rolle von Unternehmensführungen und Großaktionären, aber auch von *Broker-Dealers* der SEC häufigen Anlaß zum Einschreiten gegeben[12].

3. *Mismanagement*

Immer größere Bedeutung gewinnt Rule 10 b-5 ferner in bezug auf die Kontrolle der Geschäftsführung. Zu erwähnen ist insbesondere die Anwendung der Vorschrift gegen die Unterschlagung von Gesellschaftsvermögen (*looting*)[13]. Einige Gerichte gehen sogar so weit, im Nicht-Aufdecken von Fehlern der Geschäftsführung einen Grund zur Schadensersatzklage zu sehen[14]. Obgleich im allgemeinen unterstellt wird, daß der Exchange Act grundsätzlich nicht die internen gesellschaftsrechtlichen Verhältnisse regelt, wird — gerade wenn Treupflichtverletzungen in Frage stehen — oft genug auf Rule 10 b-5 Bezug genommen, sofern nur die Verbindung zum Kauf oder Verkauf von Wertpapieren hergestellt werden kann[15]. Auch diese letzte Einschränkung hat aber beträchtlich an Bedeutung verloren, nachdem der Supreme Court in einer seiner wenigen Entscheidungen zu Rule 10 b-5 entschied, daß die Treupflichten des Mehrheitsaktionärs sowohl zugunsten der übrigen Aktionäre wie der Gläubiger gelten und daß im Namen des Unternehmens Schadensersatzansprüche geltend gemacht werden können, wenn Gesellschaftsvermögen verschleudert wird[16]. Auf das Element der Täuschung wird verschiedentlich ganz verzichtet, wenn alle Mitglieder des

[12] Vgl. z. B. SEC v. Georgia-Pacific-Corporation, CCH Fed. Sec. L. R. 1966 § 91, 680 (S. D. N. Y. 1966): Anhebung des Kurswerts durch gezielte Aktienkäufe kurz vor Börsenschluß. Über die Grenzen zur erlaubten Kursstabilisierung vgl. *Posner*, 22 Bus. Law. 645, 659 (1967). Da es hierbei nicht um die Ausnützung vertraulicher Informationen geht, kann dieser Aspekt im folgenden vernachlässigt werden.

[13] Superintendent of Insurance v. Bankers Life & Casualty Co., 404 U.S. 6 (1971).

[14] Vgl. *Grossfeld*, I. E. C. L., Ch. 4, p. 76.

[15] Birnbaum v. Newport Steel Corp., 193 F. 2d 461 (2d Cir. 1952), *cert. denied*, 343 U.S. 956 (1952). Die Erstreckung von Rule 10 b - 5 hat schon zur Bildung eines „Federal Corporation Law" geführt, das kumulativ neben dem Recht der Einzelstaaten gilt; *Jacobs*, 59 Cornell L. Rev. 27, 32 (1973).

[16] Superintendent v. Bankers Life & Casualty Co., oben Fn. 13.

Verwaltungsrats zum Nachteil der Gesellschaft handeln. Der entscheidende Fall, der die Entwicklung zum sog. *New Fraud* einleitet, ist hier *Schoenbaum v. Firstbrook*[17].

Dabei handelte es sich um den Verkauf von Aktien durch die emittierende Gesellschaft an den Mehrheitsaktionär. Obgleich dieser im Besitz vertraulicher Informationen über die Ergebnisse gemeinsamer Ölbohrungen war, konnte der Mehrheitsaktionär aufgrund seines beherrschenden Einflusses die Aktien zu einem unangemessen niedrigen Preis erwerben[18]. Das Gericht gab der Klage eines Aktionärs, der zugunsten der geschädigten Gesellschaft klagte, statt, da die Gesellschaft auch „betrogen" werden könne, wenn alle Direktoren zu ihrem Schaden zusammenwirkten. Im übrigen seien jedenfalls die — in dieser Angelegenheit allerdings nicht entscheidungsberechtigten — Aktionäre getäuscht worden.

Auch bei diesem Insider-Fall handelte es sich also im Grunde nicht um eine Täuschung des Wertpapierverkäufers, sondern um die mißbräuchliche Ausübung der Beherrschungsmacht.

4. *Sale of Control*

Etwas anders gelagert ist die Problematik des Verkaufs einer Anzahl von Aktien zu einem Preis, der wegen des damit verbundenen Übergangs der Beherrschungsmacht höher ist als der normale Kurswert (Paketzuschlag). Einige Gerichte haben in dem Verkauf der Beherrschungsmacht einen Verkauf von Gesellschaftsvermögen gesehen mit der Folge, daß der Paketzuschlag der Gesellschaft zu erstatten war[19]. Nach einer ebenfalls vertretenen Ansicht handelt es sich hierbei um eine Frage der Offenlegung: Durch rechtzeitige Aufklärung und ein allgemeines Angebot sollten alle Aktionäre die gleiche Möglichkeit zum Verkauf zum höheren Preis haben[20]. Von den hier untersuchten Insider Trading-Fällen unterscheidet sich die Problematik des Paketzuschlags allerdings einerseits durch den Charakter der Information sowie die Tatsache, daß der Mehrbetrag nicht aus den Kassen uninformierter, zu überhöhten Preisen kaufender Anleger stammt, sondern bewußt für den Erwerb der Beherrschungsmacht aufgewandt wird.

---

[17] 405 F. 2d 215 (2d Cir. 1968), *cert. denied,* 395 U.S. 960 (1969); vgl. dazu Jacobs, p. 57 ff.

[18] Der Kaufpreis betrug $ 1,35 pro Aktie, während der Marktpreis nach Bekanntwerden der Bohrergebnisse auf $ 18 stieg.

[19] Perlman v. Feldman, 219 F. 2d 173 (2d Cir. 1955), *cert. denied,* 349 U.S. 952 (1955); Jones v. Ahmanson & Co., 460 P. 2d 464 (Cal. 1969); dazu: *Grossmann,* AG 1975, 158.

[20] Vgl. *Jennings,* 44 Calif. L. Rev. 1, 38 (1956); *Andrews,* 78 Harv. L. Rev. 505, 562 (1965).

Im folgenden interessiert daher in erster Linie nur das Täuschungsverbot der Rule.

III. Täuschungen durch aktives Tun

Da Rule 10 b-5 an *any person* gerichtet ist, bereitet die Abgrenzung des persönlichen Geltungsbereichs jedenfalls bei Täuschungen durch aktives Tun keine Schwierigkeiten. Solche Täuschungen kommen zwar naturgemäß häufiger bei direkten Vertragsverhandlungen als im Rahmen anonymer Börsengeschäfte vor, gleichwohl lassen sich manchmal auch Börsengeschäfte auf aktive Täuschungen zurückführen. In diesem Zusammenhang sind vor allem die Herausgabe irreführender Geschäftsberichte[21] und Mitteilungen an die Presse[22] zu nennen, durch die gutgläubige Investoren zu falschen Anlageentscheidungen veranlaßt werden. Für die Herausgabe solcher Berichte haftet jeder Beteiligte, sofern ihn ein Verschulden trifft, so daß die Frage nach einer Insider-Beziehung sich nicht stellt. Dabei ist es an sich unerheblich, ob derjenige, der die irreführende Meldung veranlaßt hat, auch selbst die Situation zu Spekulationsgeschäften ausnutzt. Erforderlich ist nämlich nur, daß die Meldung in der Absicht abgegeben wurde, damit das Verhalten des Anlagepublikums zu beeinflussen[23].

IV. Täuschungen durch Unterlassen

Hinsichtlich der Täuschung durch Unterlassen — also bei der Mehrzahl der *open market transactions* — entstehen spezielle Probleme hinsichtlich des persönlichen Geltungsbereichs der Vorschrift, da insoweit die Frage nach korrespondierenden Aufklärungspflichten aufgeworfen wird.

1. *Mitglieder der Unternehmensführung und Mehrheitsaktionäre*

In solchen Fällen knüpfte die Rechtsprechung ursprünglich an die „special facts"-Theorie des Common Law an und hielt jedenfalls die Mitglieder der Unternehmensführung sowie Mehrheitsaktionäre kraft ihrer Treuhänderstellung gegenüber den (übrigen) Aktionären zur Offenbarung bestimmter Tatsachen für verpflichtet[24]. Dasselbe gilt für das

---

[21] SEC v. First Standard Corporation, CCH Fed. Sec. L. R. 1966/67, § 91, 824 (S. D. N. Y. 1966).

[22] SEC v. Occidental Petroleum Corp., CCH Fed. Sec. L. R., 1970/71, § 92, 977 (S. D. N. Y. 1971).

[23] Wessel v. Buhler, 437 F. 2d 279, 282 (9th Cir. 1971); Reynolds v. Texas Gulf Sulphur Company, 309 F. Supp. 548 (D. Utah, 1970); *aff'd. sub nom.* Mitchell v. Texas Gulf Sulphur Company, 446 F. 2d 90, 101 (10th Cir. 1971); *cert. den.* 404 U.S. 1004 (1971).

[24] Vgl. z. B. Speed v. Transamerica Corp., 99 F. Supp. 808, 828 f. (D. Del. 1951); *reaff'd:* 100 F. Supp. 461 (D. Del. 1951); 103 F. Supp. 47 (D. Del. 1952); Kardon v. National Gypsum Col, 69 F. Supp. 512 (E. D. Pa. 1946), *reaff'd:* 73

Unternehmen selbst, wenn es neue Aktien ausgibt oder eigene Aktien zurückkauft[25].

Die Anlehnung an das Common Law war durchaus naheliegend, da diese Fälle ausnahmslos Geschäfte außerhalb der Börse betrafen, denen meist direkte persönliche Verhandlungen vorangegangen waren. Zwar bereitete die Begründung von Offenbarungspflichten mittels treuhänderischer Pflichtenstellung gewisse Schwierigkeiten bei Insider-Verkäufen an Nicht-Aktionäre, doch wurde dem Einwand fehlender Treubeziehungen mit dem Argument begegnet, daß solche Beziehungen gerade durch den Verkauf begründet würden[26].

Im Ergebnis hält die Rechtsprechung auch heute noch daran fest, daß Mitglieder der Unternehmensführung (Officers/Directors) und Mehrheitsaktionäre sowie das Unternehmen selbst als Insider anzusehen sind und als solche besonderen Offenbarungspflichten bei ihren Geschäften mit Outsidern unterliegen. Allerdings ging mit der Anwendung von Rule 10 b-5 auf Börsengeschäfte auch ein Wechsel in der Begründung und eine Ausweitung des vom Verbot der Ausnutzung vertraulicher Informationen betroffenen Personenkreises einher. Mehr und mehr stellt die Rechtsprechung statt auf traditionelle Treupflichten darauf ab, ob jemand Zugang zu vertraulichen Informationen besitzt, deren Ausnutzung durch den so Privilegierten „unfair“ erscheint.

2. *Der Zugangs-Test*

Die Weichen für diese Entwicklung wurden in einer Aufsichtsentscheidung der SEC betreffend die Börsengeschäfte eines Wertpapierinstituts gestellt, das aufgrund bis dahin unveröffentlichter Informationen handelte[27]. Die Entscheidung wiederholt zunächst den nun schon traditionellen Rechtsgrundsatz, wonach einem engeren Kreis von „Unternehmens-Insidern“, nämlich den Officers, Directors und beherrschenden Aktionären, besondere Offenbarungspflichten bei ihren Geschäften mit Outsidern obliegen. Unter Berufung auf die Formulierung „any person“ in Rule 10 b-5 kommt die Begründung dann zu ihrer entscheidenden Aussage:

"These three groups, however, do not exhaust the classes of persons upon whom there is such an obligation. Analytically, the obligation rests on two

---

F. Supp. 798 (E. D. Pa. 1947), 83 F. Supp. 613 (E. D. Pa. 1947); über Treupflichten des beherrschenden Aktionärs: Jones v. Ahmanson & Co., 460 P. 2d 464 (Cal. 1969).

[25] *Bromberg,* 180; Note, 66 Colum. L. Rev. 1292 (1966); *Malley,* 29 Bus. Law. 117, 119 (1973).

[26] Gratz v. Claughton, 187 F. 2d 46, 49 (2d Cir. 1951), *cert. denied,* 341 U.S. 920 (1951).

[27] In the Matter of Cady, Roberts & Co, 40 S. E. C. 907 (1961).

principal elements; first, the existence of a relationship giving access, directly or indirectly to information intended to be available only for a corporate purpose and not for the personal benefit of anyone, and second, the inherent unfairness involved where a party takes advantage of such information knowing it is unavailable to those with whom he is dealing."[28]

Damit wird die Offenbarungspflicht auf eine neue Grundlage gestellt, auch wenn die Verfasser der Entscheidungsgründe sich so ausdrücken, als wiederholten sie nur das geltende Recht. Obgleich Zugang zu vertraulichen Informationen und die mit ihrer Ausnutzung verbundene „Unfairness" auch in der bisherigen Rechtsprechung schon eine entscheidende Rolle spielten, erlaubt doch das Absehen von einer Treuhänder-Stellung die Einbeziehung ganz neuer, vor allem auch Unternehmens-externer Personenkreise. Gleichzeitig wird durch die Betonung der „Unfairness" ein zuvor hinter der Treupflichten-Diskussion verstecktes Element einbezogen, das der Beurteilung die notwendige Flexibilität verleiht. Je weiter ein Informationsinhaber von der Unternehmensspitze entfernt und je weniger bedeutsam die vertrauliche Information ist, desto dringlicher muß sich die Frage nach der „Unfairness" der Informationsausbeutung stellen. Umgekehrt beantwortet sich diese Frage fast von selbst, je besser der Zugang zu wichtigen vertraulichen Informationen ist. Auf eine kurze Formel gebracht heißt es in der Entscheidung treffend:

"Intimacy demands restraint least the uniformed be exploited."[29]

Die Rechtsprechung ist der *Cady, Roberts*-Entscheidung vollen Umfangs gefolgt. In einer Entscheidung des Appellationsgerichts im *Achten Circuit* wird der Insider entsprechend *Cady Roberts* wie folgt definiert[30]:

"An insider is a person who because of his position or intimate association with a corporation has greater knowledge of the financial affairs of the corporation."

Zwar wird häufig genug noch auf „fiduciary duties" und die „special facts"-Doktrin Bezug genommen, doch zeigt die Interpretation dieser Theorien, daß sie — jedenfalls im Rahmen der Securities Acts — nur noch wenig mit den traditionellen Common Law-Konzepten gemein haben, wie das folgende Zitat aus der Entscheidung *Securities Exchange Commission v. Texas Gulf Sulphur Co. („TGS")*[31] beweist:

"... the Rule is based in policy on the justifiable expectation of the securities marketplace that all investors trading on impersonal exchanges have relatively equal access to material information ..."

---

[28] 40 S. E. C. 907, 911 (1961).

[29] 40 S. E. C. 907, 912.

[30] Myzel v. Fields, 386 F. 2d 718, 739 (8th Cir. 1967), *cert. denied*, 390 U.S. 951 (1967).

[31] 401 F. 2d 833, 848 (2d Cir. 1968); (im folg.: SEC v. TGS). Der Fall beruht auf einer Klage der SEC gegen TGS und einige ihrer Insider wegen Verstoßes gegen Rule 10 b - 5. Zum Sacherhalt s. u. bei Fn. 111.

Aus dieser nicht mehr auf Treupflichten zwischen Aktionär und Management, sondern auf die Erwartungen eines anonymen Anlagepublikums gestützten *Policy* leitet das Gericht Pflichten zur Mitteilung oder Zurückhaltung für jedermann ab[32]:

"Thus, anyone in possession of material inside information must either disclose it to the investing public, or, if he is disabled from disclosing it in order to protect a corporate confidence, or he chooses not to do so, must abstain from trading in or recommending the securities concerned while such inside information remains undisclosed."

Mit dieser Feststellung geht der *Zweite Circuit* sogar noch über das hinaus, was die SEC in der *Cady, Roberts*-Entscheidung gesagt hatte. Denn wurde in *Cady, Roberts* noch von einer „besonderen Beziehung" gesprochen, „die direkten oder indirekten Zugang zu Informationen verschafft"[33], so stellt die *Texas Gulf Sulphur*-Entscheidung nur auf den Besitz von Informationen ab. Der Unterschied wird relevant, wenn jemand, der normalerweise keinen „Draht" zum Management hat, — beispielsweise als zufälliger, unbemerkter Zuhörer — in den Besitz vertraulicher Informationen gerät. Es ist zumindest fraglich, ob Judge Waterman auch diesen Fall im Auge hatte, als er die Begründung zur *TGS*-Entscheidung schrieb, denn die Beklagten des *TGS*-Falles waren allesamt Inhaber von Vertrauenspositionen innerhalb des Unternehmens, so daß die Frage des „Zugangs" sich nicht stellte. Es erscheint daher angebracht, hinsichtlich der verschiedenen Personengruppen, die mit inside-Informationen in Berührung geraten können, die Insider-Verantwortlichkeit getrennt zu untersuchen.

3. *Angestellte des Unternehmens*

Geht man davon aus, daß innerhalb der Unternehmen der Zugang zu vertraulichen Informationen parallel zur hierarchischen Ordnung nach oben hin zunimmt, so sind nach den Officers und Directors die leitenden Angestellten der Gefahr, im Einzelfall als Insider belangt zu werden, am nächsten. Da die Insider-Haftung nach Rule 10 b-5 aber an keine hierarchische Ordnung gebunden ist[34], besteht auch die Möglichkeit, daß eine Sekretärin, die vertrauliche Geschäftsbriefe schreibt, bei Ausnutzung ihrer Kenntnisse durch Spekulation mit Aktien als Insider haftet. Allerdings stößt hier die Verfolgung solcher Insider-Geschäfte auf erhebliche praktische Probleme, da dem Außenstehenden in der Regel nicht bekannt ist, welcher der nichtleitenden Angestellten im Besitz

[32] 401 F. 2d 833, 848 (2d Cir. 1968).

[33] 40 SEC 907 (910).

[34] SEC v. Texas Gulf Sulphur Co. 258 F. Supp. 262, 279 (S. D. N. Y. 1966), teilw. bestätigt in: 401 F. 2d 833 (2d Cir. 1968); Ross v. Licht, 263 F. Supp. 395, 409 (S. D. N. Y. 1967), *Loss*, Bd. 6, 3560.

welcher Informationen ist. Der Mangel wiegt aber nicht allzu schwer, da dieser Gruppe von Angestellten normalerweise die Mittel fehlen, um in größerem Umfang mit Aktien zu spekulieren.

Wichtiger scheint die Frage, ob auch Angestellte, die — etwa durch eine bahnbrechende Erfindung — den Wert der Aktien ihres Unternehmens steigern, als Insider von der Ausbeutung ihrer Erfindung am Aktienmarkt ausgeschlossen sind. Literatur und Rechtsprechung schweigen sich zu diesem Problem aus, und auch der bekannteste Advokat für die Zulässigkeit von Insider Trading, *Henry G. Manne*, will die Informationsausbeutung allein den „Unternehmern" überlassen[35]. Von der Rechtsprechung ist allerdings nicht zu erwarten, daß sie dem Argument, der beklagte Angestellte habe die Wertsteigerung durch seine Erfindung selbst verursacht, Bedeutung beimessen würde. So wurden im *TGS*-Fall die Mitglieder der Gruppe von Geophysikern, Geologen und Ingenieuren, die für Texas Gulf Sulphur ein gewaltiges Erzvorkommen in Kanada entdeckt hatten, ebenso verurteilt wie die übrigen Insider[36]. Im Ergebnis erscheint das auch richtig. Im Grunde befindet sich der Entdecker von Bodenschätzen oder ein Erfinder in der gleichen Lage wie der Geschäftsführer, der einen günstigen Vertrag für das Unternehmen abschließt. In jedem dieser Fälle tragen die Leistungen Einzelner zur Erhöhung des Gewinns und damit möglicherweise der Kurswerte der Aktien des Unternehmens bei. Sowenig es der Unternehmensleitung aber gestattet ist, ihr Wissen auszunutzen, sowenig kann es dem angestellten Wissenschaftler erlaubt sein, sich die Entlohnung für seine Entdeckung von einem nichtsahnenden Anlagepublikum zu holen.

4. *Familienangehörige von Insidern*

Im Gegensatz zu Sec. 16 (b) erlaubt Rule 10 b-5 auch die Einbeziehung der Wertpapiergeschäfte von Familienmitgliedern in die Insider-Haftung. Im *Texas Gulf Sulphur*-Fall geschah dies, indem das Gericht einfach die im Namen der Ehefrauen der Beklagten getätigten Geschäfte den Beklagten selbst zurechnete mit der Bemerkung, es sei „unrealistisch", diese Geschäfte anderen als den beklagten Insidern zuzurechnen[37]. Diese Lösung hat gegenüber dem ebenfalls denkbaren Weg, die Ehefrauen als Tip-Empfänger (*Tippees*) zu behandeln, den Vorteil, daß keine Beweisprobleme hinsichtlich der Weiterleitung der Information entsteht. Der Zweck der Wahrung eines fairen Wertpapiermarktes hat

---

[35] *Manne*, 138 ff.

[36] SEC v. Texas Gulf Sulphur Co., 312 F. Supp. 77 (S. D. N. Y. 1970); *aff'd:* 446 F. 2d 1301 (2d Cir. 1971).

[37] SEC v. Texas Gulf Sulphur Co., 401 F. 2d 833, 841 (1968) — die Ehefrauen waren von der SEC nicht mit verklagt worden.

hier Vorrang vor güterrechtlichen Rücksichten[38]. Aus dem gleichen Grunde würden wahrscheinlich auch die Geschäfte Angehöriger, die in Hausgemeinschaft mit einem Insider leben, diesem zugerechnet werden.

5. *Unternehmensexterne Kreise*

Hierzu gehören Rechtsanwälte oder Wirtschaftsprüfer, die kein Anstellungsverhältnis mit dem Unternehmen haben, aber auch Geschäftspartner, Wertpapierinstitute, Fusionspartner und Konzerngesellschaften. Sie alle haften, sofern sie im Laufe ihrer Tätigkeit in den Besitz vertraulicher Informationen gelangen, als Insider nach Rule 10 b-5[39]. Wenn diese Insider aus rechtlichen Gründen an der Offenlegung ihrer Informationen gehindert sind — wie z. B. Rechtsanwälte —, bleibt ihnen nichts anderes übrig, als von Geschäften mit Aktien des betreffenden Unternehmens Abstand zu nehmen.

Andererseits kann Untätigkeit allein ebenfalls zur Verantwortlichkeit führen, wenn aufgrund der beruflichen Stellung eine Pflicht zur Offenbarung besteht. Diese Pflicht trifft Wirtschaftsprüfer und Rechtsanwälte — unabhängig von der Vornahme eigener Aktiengeschäfte — insbesondere dann, wenn sie im Verlauf ihrer Tätigkeit Kenntnis von betrügerischen Machenschaften zum Nachteil der Aktionäre erhalten[40]. Selbst die Einhaltung der anerkannten Bilanzierungsregeln sichert den Wirtschaftsprüfer nicht vor Regreßansprüchen, wenn ihm hinsichtlich der Eintreibbarkeit von Außenständen ernste Bedenken kommen mußten.

6. *Deputization*

Zweifelhaft ist die Rechtslage hinsichtlich der Haftung von Gesellschaften (*partnerships*) kraft „Deputation", wenn nur einer der Gesellschafter als Insider gilt. Angesichts der stets vorhandenen Möglichkeit, daß jemand durch Informations-Zugang zum Insider wird, wäre die Ausdehnung der Haftung auf die Gesellschafter eines solchen Insiders durchaus problematisch.

Allerdings wurde im *Cady, Roberts*-Fall das beklagte Wertpapierinstitut für Aktienverkäufe verantwortlich gemacht, die von einem im eigenen Namen und für Rechnung von Kunden handelnden Gesellschafter des Instituts veranlaßt worden waren, nachdem ein anderer Gesellschafter in seiner Eigenschaft als Direktor bei der *Curtiss-Wright*

---

[38] Dazu s. o. 2. Teil, 2. Kap., Fn. 30 sowie *Loss*, Bd. 6, 3561.

[39] Vgl. die Aufstellung bei *Bromberg*, 180.

[40] SEC v. National Student Marketing Corp., CCH Fed. Sec. L. R. § 93, 360 (D. D. C. 1972). Herzfeld v. Lauenthal, Krekstein, Horwath & Horwath, 42 U. S. L. W. 2653 (S. D. N. Y. 1974). Näheres zu den Berufspflichten der Wirtschaftsprüfer und Rechtsanwälte bei *Gaither*, 48 Notre Dame Law. 661 (1972); *Small*, 61 Calif. L. Rev. 1189 (1973); *Note*, 50 Texas L. Rev. 1267 (1972).

Corporation von einer unerwarteten Dividendenkürzung erfahren hatte[41]. Letzterer hatte erwiesenermaßen seinen Mit-Gesellschafter gewarnt, so daß das Problem der allgemeinen Zurechnung der Kenntnisse eines in fremden Boards dienenden Gesellschafters zum Nachteil der entsendenden Gesellschaft nicht zur Debatte stand. Da sich auch in anderen Entscheidungen keine Hinweise auf die Anwendung dieser Theorie im Rahmen von Rule 10 b-5 finden, ist kaum anzunehmen, daß eine Haftung kraft Deputation praktisch werden könnte — zumal der „Deputations-Theorie" durch die Entscheidung des Supreme Court in *Blau v. Lehman* weitgehend der Boden entzogen worden ist[42]. Die Konsequenz dieser Rechtslage ist der Fortbestand der Vorzugsstellung solcher Wertpapierinstitute, die durch ihre Gesellschafter in fremden Boards vertreten sind. Soweit sich in bezug auf die Auslegung von Rule 10 b-5 überhaupt eine sichere Aussage machen läßt, ist festzustellen, daß die Geschäfte solcher Institute mit Aktien der betreffenden Kapitalgesellschaften nur dann angreifbar sind, wenn die Weitergabe vertraulicher Informationen aus dem Board nachgewiesen werden kann[43].

7. *Treupflichtenkonflikte*

a) Die Situation der institutionellen Anleger

Während sich somit jedenfalls für die eigenhändlerische Geschäftstätigkeit der Wertpapierinstitute aus ihren Verbindungen zu anderen Unternehmen keine unmittelbaren Beschränkungen ergeben, geraten sie bei ihren Geschäften mit privaten Anlegern u. U. in schwer lösbare Konflikt-Situationen. Der Konflikt besteht darin, daß solche Institute aufgrund ihrer Insider-Stellung — und gegebenenfalls auch durch Vertrag — an der Ausnutzung vertraulicher Informationen, die aus den von ihnen betreuten Unternehmen stammen, gehindert sind, andererseits aber ihre privaten Kunden nach bestem Wissen und Gewissen beraten sollen.

In derselben Lage befinden sich zahlreiche Banken, die außer einer Spar- und Kreditabteilung auch über ein „Trust Department" verfügen, in dem für Rechnung der Anleger Wertpapierkonten verwaltet wer-

---

[41] In the Matter of Cady, Roberts & Co., 40 S. E. C. 907 (1961). — Obgleich die einzige Sanktion gegen das beklagte Institut in der Veröffentlichung der Entscheidung bestand, läßt die Begründung keinen Zweifel daran, daß die SEC das Institut für die Geschäfte ihres Gesellschafters mitverantwortlich machte.

[42] Vgl. oben 2. Kap., Fn. 115, vgl. auch *Bromberg*, 181, Fn. 171.3: "This concept appears to have no application under the 'access' test developed for 10 b - 5."

[43] *Klaingutis* entgegengesetzte Vermutung (S. 118) hat sich bisher nicht bestätigt.

den. Nach offiziellen Feststellungen aus dem Jahr 1971 sind die Wertpapier-Portfolios der amerikanischen *Bank Trust Departments* größer als die aller übrigen institutionellen Anleger (Anlageberater, Versicherungsfirmen, Pensionsfonds und Stiftungen) zusammengenommen[44]. Gleichzeitig bestehen vielfältige Verbindungen zu Industrieunternehmen — z. B. in der Form von Kreditbeziehungen oder wechselseitiger Repräsentation in den Aufsichtsräten —, die geeignet sind, den Banken Zugang zu internen Informationen zu verschaffen[45]. Wenngleich der Einfluß solcher Verbindungen auf die Anlageentscheidungen der *Trust Departments* von den Banken im allgemeinen bestritten wird, halten unabhängige Untersuchungen es für möglich, daß das (gewinnbringendere) Spar- und Kreditgeschäft einige Banken dazu verleiten könnte, einen großen Teil des Trust-Vermögens in Wertpapieren ihrer größten Geschäftskunden anzulegen[46].

Auch unter den übrigen sog. institutionellen Anlegern — in erster Linie sind hier die Investmentgesellschaften zu nennen — taucht das Problem des Treupflichten-Konflikts auf, wenn zwischen ihnen und Portfolio-Gesellschaften Verbindungen in Form von *interlocking directorships* bestehen. Grundsätzlich erfüllt hier die auswärtige Board-Mitgliedschaft von Investment-Managern eine nützliche Funktion, da auf diese Weise die Anleger indirekt ein Mitspracherecht im Board der Portfoliogesellschaften ausüben können. Von der SEC wird diese Entwicklung daher im Prinzip begrüßt, zumal die gegenseitige Einflußnahme gering zu sein scheint[47]. Die besseren Informationsmöglichkeiten können jedoch dann problematisch sein, wenn es für die gleichen Wertpapiere außer institutionellen auch private Anleger gibt, die diese Informationsvorteile nicht haben.

Der Hinweis auf die Treupflichten gegenüber den Anlegern spielte eine maßgebliche Rolle in der Verteidigungsargumentation institutioneller Anleger, die von der SEC wegen Verletzung von Rule 10 b-5 durch Benutzung vertraulicher Informationen zum Vorteil einiger Anleger belangt wurden[48]. Aus naheliegenden Gründen scheint die Problematik

---

[44] *Institutional Investors Study*, Report, Pt. 2, 413 f.; vgl. auch die Aufstellung bei *Blumberg*, 53 Boston U. L. Rev. 547, 555 (1973).

[45] *Lybecker*, 82 Yale L. J. 977, 981 (1973). Eine Untersuchung aus dem Jahre 1968 stellte in 768 Fällen interlocking directorships zwischen Banken und den 5000 größten Industrieunternehmen der USA fest: *Report on Commercial Banks*, 3.

[46] *Institutional Investor Study*, Pt. 2, 489; *Lybecker*, S. 982.

[47] *Report on Investment Companies*, CCH Fed. Sec. L. R. (Special Studies), § 74, 544.

[48] Vgl. z. B. das Argument von Cady, Roberts & Co. in 40 S. E. C. 907, 913 f. (1961); zur Weitergabe vertraulicher Industrieinformationen durch ein Wertpapierinstitut an ausgewählte Kunden: In the Matter of Merrill, Lynch,

dieser Konfliktsituation von einigen Wertpapierinstituten allerdings über Gebühr hochgespielt worden zu sein. Wie die SEC in der *Cady Roberts*-Entscheidung zutreffend feststellt, beinhaltet die Treupflicht gegenüber dem Kunden keine Pflicht zum Gesetzesbruch[49]. In anderen Worten: Die Kunden haben kein Recht, von ihrem Broker die Vorteile seiner inside-Informationen zum Nachteil aller übrigen Anleger zu erwarten. Das schließt jede Pflicht zur Weitergabe von inside-Informationen an einzelne Anleger ebenso aus wie die Pflicht zur Beschaffung solcher Informationen. Auch soweit ein Broker oder Anlageinstitut beauftragt und bevollmächtigt ist, nach eigenem Ermessen Anlageentscheidungen zu treffen, ist der scheinbare Konflikt dadurch zu lösen, daß beim Vorliegen von inside-Informationen von Anlageentscheidungen, die solche Aktien betreffen, Abstand zu nehmen ist[50]. Das Problem reduziert sich somit auf die Fälle, in denen der Broker vom Kunden unmittelbar nach seiner Meinung über eine bestimmte Anlage befragt wird. Besonders kritisch wird es dann, wenn bereits — zutreffende oder unzutreffende — Gerüchte im Umlauf sind, die der befragte Broker aufgrund von inside-Informationen bestätigen oder richtigstellen könnte. Nach ständiger Rechtsprechung verstößt die Weitergabe vertraulicher Informationen — sofern sie nicht gerade zum Zweck der Veröffentlichung erfolgt — genauso gegen Rule 10 b-5 wie die Ausnutzung der Informationen durch den Insider selbst[51]. Soll aber ein Broker, der von einer bevorstehenden Dividendenkürzung oder gar einem drohenden Konkurs weiß, sich etwa allein auf die allgemein bekannten, aber unzutreffenden positiven Berichte über ein Unternehmen verlassen und dem Kunden zum Kauf raten? Sicher kann auch das Verbot des Gebrauchs von inside-Informationen den Broker nicht zur Lüge gegenüber dem Kunden verpflichten. Als Lösung bietet sich daher an, daß sich der Broker in derartigen Fällen jeder Stellungnahme enthält, sofern die Alternative der Veröffentlichung aller Informationen aus rechtlichen, praktischen oder zeitlichen Gründen verschlossen ist. In der Tat spricht die *Merrill Lynch*-Entscheidung der SEC, bei der es sich um die Zulässigkeit der Weitergabe bestimmter inside-Informationen an besonders wichtige Kunden handelte, für die Richtigkeit dieser Auffassung.

Pierce, Fenner & Smith, Inc., Securities Exchange Act *Release* No. 8459 (1968), abgedr. bei *Jennings / Marsh* (Supp. 1969), 73.

[49] 40 S. E. C. 907, 914 (1961); ferner Shulof v. Merrill, Lynch, Pierce, Fenner & Smith, Inc., CCH Fed. Sec. L. R. 1970/71, § 93, 147 (S. D. N. Y.); Levine v. Seilon, Inc., 439 F. 2d 328, 333 (2d Cir. 1971).

[50] In the Matter of Cady, Roberts & Co., 40 S. E. C. 907 (1961); *McDowell*, 22 Bus. Law. 76, 85 f. (1955/67).

[51] Securities and Exchange Commission v. Texas Gulf Sulphur Co., 401 F. 2d 833, 852 (1968); in the Matter of Merrill Lynch, Pierce, Fenner & Smith, Inc., Securities Exchange Act Release No. 8459 (S. E. C. Nov. 25, 1968), CCH Fed. Sec. L. R, 1968/69, § 77, 629 (abgedr. bei *Jennings / Marsh*, Supp. 73.); *Note*, 87 Harv. L Rev. 675, 682 (1974).

b) Die *Merrill Lynch*-Entscheidung der SEC[52]

Das Wertpapierinstitut *Merrill Lynch* hatte die Emission von Schuldverschreibungen für *McDonnell Douglas Aircraft Co., Inc.* („Douglas") zu einer Zeit übernommen, als *Douglas'* Gewinnaussichten günstig waren und im Unternehmen selbst die voraussichtliche Dividende für 1966 auf $ 4,— geschätzt wurde. Nur wenige Wochen später jedoch, als in der Öffentlichkeit noch der Eindruck von der günstigen Situation des Unternehmens vorherrschte, teilte die Unternehmensleitung seinem Emissionsinstitut mit, daß infolge der jüngsten, verlustreichen Geschäftsentwicklung die Gewinnaussichten für das Jahr 1966 praktisch auf null geschrumpft seien. Die Information wurde sofort von dem für die Emission zuständigen Vize-Präsidenten von *Merrill Lynch* an die Anlageberatungs-Abteilung des Instituts weitergegeben, deren Angestellte nichts Eiligeres zu tun hatten, als diese Information umgehend den Managern verschiedener Investmentgesellschaften mitzuteilen, die kurz zuvor noch über *Merrill Lynch* größere Posten *Douglas*-Aktien erworben hatten.

Die SEC sah darin eine Verletzung von Rule 10 b-5 durch *Merrill Lynch*[53], ohne allerdings auf die besondere Konfliktsituation der Betroffenen einzugehen. Die meisten der von Angestellten der Betroffenen gewarnten Investmentfirmen hatten sich nämlich bereits für den Erwerb der neuen Schuldverschreibungen vormerken lassen. Es wäre interessant zu wissen, wie die SEC entschieden hätte, wenn *Merrill Lynch* die Schuldverschreibungen verkauft hätte, ohne die Käufer über die veränderten Geschäftsaussichten bei Douglas vorher aufzuklären. Jedenfalls sollte nicht unerwähnt bleiben, daß etwa zur selben Zeit ein kalifornisches Gericht[54] in einem ähnlichen Fall ein Wertpapierinstitut wegen „fraud" nach Common Law verurteilte, weil es seinen Kunden Wertpapiere verkauft hatte, obwohl einem Gesellschafter des Wertpapierinstituts aufgrund seiner Verbindung mit dem ausgebenden Unternehmen dessen katastrophale Geschäftslage bereits bekannt war. Nach Ansicht des Gerichts werden die Treupflichten gegenüber den Kunden

---

[52] In the Matter of Merrill, Lynch, Pierce, Fenner & Smith, Securities Exchange Act Release No. 8459 (Nov. 25, 1968), CCH Fed. Sec. L. R. 1968/69, § 77, 629.

[53] Das betroffene Institut wurde dabei als Einheit angesehen und als Insider behandelt: "It would appear that the corporate insider position that Merrill Lynch in effect occupied by virtue of its role in assisting Douglas in its corporate financing functions would embrace anyone in its organization who obtained and transmitted the Douglas information, and not merely those in its underwriting division." In the Matter of Investors Management Co., Inc. CCH Fed. Sec. L. R. 1970/71, § 78, 163, p. 80521.

[54] Black v. Shearson, Hammill & Co., 72 Cal. Rptr. 157 (App. 1st Dist. Cal. 1968).

nicht durch entgegengesetzte Treupflichten gegenüber dem Unternehmen eingeschränkt: *"The officer-director's conflict in duties is the classic problem encountered by one who serves two masters."* Das Gericht schlägt auch eine Lösung des Konflikts vor: *"It should not be resolved by weighing the conflicting duties; it should be avoided in advance . . or terminated when it appears."*

c) Lösungsversuche

Die damit angesprochene Trennung von Anlegerbetreuung (einschließlich der treuhänderischen Verwaltung von Anlegerkonten) und Unternehmensbetreuung (einschließlich Emissionstätigkeit und Stellung von *outside directors*) könnte bei Instituten, die auf beiden Gebieten tätig bleiben wollen, in der Weise erfolgen, daß sie die Wertpapiere der Unternehmen, die sie betreuen, von ihrem Anlageprogramm ausnehmen. Dies wäre zwar aus dem Gesichtspunkt der Erhaltung eines von inside-Informationen möglichst unbeeinflußten Marktes die ideale Lösung, jedoch erscheint sie aus den bereits angeführten Gründen[55] im Moment nicht durchführbar.

Eine andere, von der SEC stark befürwortete Lösung zielt auf strikte räumliche und personelle Trennung innerhalb der Institute ab, die auf beiden Gebieten tätig sind. Dementsprechend wurde im *Merrill Lynch*-Verfahren dem betroffenen Institut die Annahme eines „Statement of Policy" zur Auflage gemacht, wonach es den Mitarbeitern der Emissionsabteilung untersagt ist, Informationen von Bedeutung an Mitarbeiter außerhalb ihrer Abteilung (ausgenommen die Firmenleitung, Rechtsanwälte und den mit der Emission befaßten Wirtschaftsprüfer) weiterzugeben. Die Errichtung innerbetrieblicher Kommunikationsbarrieren (*Walls*) wird auch in der SEC-Studie über institutionelle Anleger befürwortet[56]:

"Institutions must . . . consider the necessity of segregating information flows arising from a business relationship with a company as distinct from information received in an investor or shareholder capacity. Thus, a bank that receives detailed operating information from a company under the terms of a loan agreement may have to prevent that information from being utilized by the bank's trust department; if the information is material and non-public, its disclosure to the trust department investment officers might have the effect of contaminating any transactions in the company's stock by the trust department during the period of nondisclosure. These problems are not insuperable; they do require a reasoned systematic response by institutional investors."

---

[55] Vgl. oben 2. Kap. E II. 2.

[56] *Institutional Investor Study*, Bd. 5, 2539.

Banken, die anscheinend in großer Zahl dieser Empfehlung nachgekommen sind, teilen den Optimismus der SEC hinsichtlich der Wirksamkeit innerbetrieblicher „Walls“, während einige Untersuchungen in ihrer Beurteilung wesentlich skeptischer sind[57]. In einer Studie über Trust Abteilungen von Banken werden den Kommunikationsbarrieren innerhalb größerer Banken noch die besten Chancen eingeräumt, da nach den Feststellungen der Autoren die Autonomie der einzelnen Abteilungen mit der Größe der Bank zunimmt[58].

Derselben Studie zufolge finden sich in größeren häufiger als in kleineren Banken Richtlinien, wonach Darlehnsakten von der Kreditabteilung nicht an andere Abteilungen ausgeliehen und vertrauliche Informationen über Darlehnsnehmer auch nicht mündlich weitergegeben werden dürfen. Die Weitergabe aller, einschließlich nicht-wesentlicher, Informationen wird nur von ganz wenigen Banken untersagt, die Mehrzahl will auf die Vorteile des Meinungs- und Informationsaustausches unter den Mitarbeitern der Kredit- und Trust-Abteilungen nicht vollständig verzichten. Davon abgesehen gelten die Informationsbarrieren nicht in bezug auf die Geschäftsleitung der Bank, bei der daher alle Informationen nach wie vor zusammenlaufen[59].

Die „Wall“ ist also in der Regel keinesfalls „wasserdicht“. Dabei stellt die Unterscheidung zwischen wesentlichen und nicht-wesentlichen Informationen die einzelnen Mitarbeiter vor schwierige Abgrenzungsprobleme, die u. U. nicht einmal durch Einschaltung der Rechtsabteilungen eindeutig gelöst werden können. Das grundsätzliche Problem aber liegt nach Ansicht der zitierten Untersuchung darin, daß die Bank gerade auf die Vorteile der Vereinigung verschiedener Dienstleistungen in einem Hause und des Erfahrungsaustausches der verschiedenen Abteilungen untereinander aufbaut und daß deswegen eine effektive Trennung der Abteilungen ohne wesentliche Erhöhung der Dienstleistungskosten gar nicht möglich sei. Aus diesem Grunde dürften auch die Chancen für die Einrichtung einer wirksamen Überwachung der Nichtweitergabe von inside-Informationen durch die Bankenaufsicht nicht besonders gut sein[60].

---

[57] Vgl. z. B. *Eisenberg,* 28 Bus. Law. 545, 549 (1973); *Herman / Safanda,* 14 Bost. Coll. Ind. & Comm. L. Rev. 21, 44 (1972): “inherently flimsy, a whistling in the dark”. Vgl. zur ähnlichen Entwicklung in Großbritannien: *Davies,* 36 Modern L. Rev. 457, 470 (1973).

[58] *Herman / Safanda,* S. 43.

[59] *French,* 2 Probate & Property, 10 (11), (1973).

[60] Vgl. den Vorschlag von *Lybecker,* 82 Yale L. J. 977, 1002 (1973) — dort auch über die Aufsichtsmaßnahmen nach geltendem Recht, die u. a. die Vorlage von Listen einschließen, auf denen die „interlocking directorships“ aufgeführt werden. Im wesentlichen beschränkt sich die herkömmliche Bank-Trust-Aufsicht aber auf die Einhaltung der Auflagen des Treugebers und die Verfolgung einer vorsichtigen Anlagepolitik durch die Bank; *Lybecker,* S. 979.

Es ist daher keinesfalls sicher, daß ein Gericht, das auf eine Klage der SEC über den Mißbrauch von inside-Informationen durch eine im Kredit- und Treuhandwesen tätige Bank zu entscheiden hätte, die Klage wegen der Existenz einer „Wall" abweisen würde.

Auf der anderen Seite zeigt sich, daß das „Wall"-Konzept auch von den Kunden der Banken und Wertpapierinstitute nicht anerkannt wird. Diese berufen sich nämlich darauf, als Anleger nicht mit der Trust-Abteilung oder einem einzelnen Anlageberater, sondern mit der Bank oder dem Wertpapierinstitut zu kontrahieren. Zum Schutz vor Inanspruchnahme durch geschädigte Kunden, denen von der Anlageabteilung falscher Rat zuteil wurde, wird daher vereinzelt vorgeschlagen, eine Freizeichnungsklausel in den Beratungs- oder Treuhandvertrag aufzunehmen, in der auf das Bestehen der „Wall" hingewiesen wird[61]. Die Berechtigung dieser Erwägung wird durch die schon erwähnte kalifornische Entscheidung unterstrichen, in der das beklagte Institut zum Schadensersatz verurteilt wurde, weil der Anlageberater die Kläger zum Kauf überredete — nicht wissend, daß dem unternehmensbetreuenden Gesellschafter des Instituts die Wertlosigkeit der Papiere längst bekannt war[62]. Einen Widerspruch zur *Merrill-Lynch*-Entscheidung der SEC sieht die Rechtsprechung hierin nicht, da jene nur die Weitergabe von Informationen verbiete. Allerdings erscheint die in der Rechtsprechung vertretene Ansicht, bei Vorliegen negativer Informationen in der unternehmensbetreuenden Abteilung des Wertpapierinstituts dürfe die Anlageabteilung ihre Werbung für die betreffenden Wertpapiere nicht fortsetzen, mit dem „Wall"-Konzept der SEC kaum vereinbar, da sie gerade dann, wenn besondere negative Informationen vorliegen, Kommunikation der Abteilungen voraussetzt[63].

Man mag sich fragen, ob nicht die plötzliche Aufgabe einer Empfehlung ihrerseits wieder als Ratschlag von den Kunden des Instituts aufgefaßt werden könnte.

Die sauberste Lösung, die jeden Anschein von Informationsmißbrauch vermeidet, wäre sicher die Unterlassung jeglicher Empfehlung in bezug auf die Wertpapiere solcher Unternehmen, mit denen das Institut besondere Kontakte pflegt. Im Ergebnis könnte die Entwicklung durchaus auf eine Verringerung der Unternehmenskontakte zugunsten der

---

[61] Vgl. *French*, S. 11.

[62] Black v. Shearson, Hammill & Co. (oben Fn. 54); vgl. auch Slade v. Shearson, Hammill & Co., Inc, CCH Fed. Sec. L. R. (Current), § 94, 329 (S. D. N. Y. 1974).

[63] Konsequenterweise müßte für positive Informationen das gleiche gelten. Wenn vorher vom Kauf bestimmter Aktien abgeraten wurde, dürfte der Anlageberater bei positiven Informationen seiner Emissionsabteilung an diesem Rat nicht festhalten.

Anlageberatung (einschließlich treuhänderischer Verwaltung von Anlegerkonten) hinauslaufen. Denn immerhin erleiden solche Institute, die aufgrund ihres Informationszugangs in bezug auf bestimmte Wertpapiere keine Ratschläge erteilen dürfen, einen erheblichen Wettbewerbsnachteil gegenüber anderen Instituten ohne solche Verbindungen. Die Entwicklung der Rechtsprechung stellt Wertpapierinstitute und Geschäftsbanken vor die Wahl, welcher Geschäftszweig ihnen wichtiger ist[64].

Obgleich Rule 10 b-5 auf die Ausnutzung wie auf die Weitergabe von inside-Informationen erstreckt wird, wäre der Schutz eines von solchen Informationen unbeeinflußten Marktes nur unvollkommen, wenn das Verbot nicht auch auf solche Personen erstreckt würde, die von Insidern mit „Tips“ versorgt werden. Im Unterschied zu (unternehmensinternen und -externen) Insidern, die durch „interlocking directorships“ oder Geschäftsbeziehungen unmittelbar selbst Einblick in die Verhältnisse von Unternehmen haben, werden Personen ohne solchen Zugang gewöhnlich als „Tippees“ bezeichnet[65]. Im Einzelfall kann aber die Unterscheidung zwischen „unternehmensexternen Insidern“ und „Tippees“ problematisch sein, insbesondere wenn Außenstehende, die mit einem Unternehmen in irgendeiner Weise verbunden sind, „Tips“ von Führungsleuten dieses Unternehmens erhalten.

8. *Tippees*

Allerdings stieß die Einbeziehung von „Tippees“ in die Insider-Haftung zunächst auf Skepsis, die durch eine konkursrechtliche Entscheidung aus dem Jahre 1949 bestärkt wurde, wonach Familienmitglieder und Freunde eines Firmendirektors, die ihr Geld auf dessen „Tip“ hin in Schuldverschreibungen investiert hatten, nicht schon deswegen als Teilnehmer am Treubruch des „Fiduciary“ anzusehen und verantwortlich zu machen seien[66]. Ein anderes, ebenfalls gegen jede Tippee-Haftung gerichtetes Argument, daß nämlich — anders als die Mitglieder der Unternehmensleitung — Tippees in der Regel nicht über die Möglichkeiten verfügen, vor ihren Marktgeschäften für vollständige Marktaufklärung zu sorgen[67], wurde von der Rechtsprechung mit Hinweis auf die Alternative,

---

[64] “Having assumed fiduciary responsibilities, Shearson is required to inure whatever commercial disadvantage fulfillment of those obligations entails.” Slade v. Shearson, Hammill & Co., Inc. (oben Fn. 62), p. 95, 131; gegen eine Vereinbarkeit der unterschiedlichen Treupflichten auch Black v. Shearson, Hammill & Co. (oben Fn. 54).

[65] Die Urheberschaft für diesen Ausdruck wird von *Loss*, Bd. 6, 3561, beansprucht.

[66] In re Calton Crescent, Inc., 173 F. 2d 944, 950 (2d Cir. 1949), *aff'd. sub nom.* Manufacturers Trust Co. v. Becker, 338 U.S. 304 (1949).

[67] Vgl. *Owens*, 20 Stanf. L. Rev. 347, 355 (1968); — zudém wäre dieser Weg nur allzu leicht mit der Verantwortung für irreführende Erklärungen verbunden.

in solchen Fällen von Geschäften abzusehen, zurückgewiesen[68]. Für die Tippee-Haftung sprechen vorwiegend praktische Gründe. So ist darauf hingewiesen worden, daß die Wirksamkeit des Verbots der Ausnutzung vertraulicher Informationen in Frage gestellt sei, wenn nicht auch wenigstens die naheliegendsten Umgehungsformen erfaßt würden[69]. Zwar hat die SEC bereits zu erkennen gegeben, daß sie an dem kleinen, gelegentlichen Tippee nicht interessiert ist, jedoch gewinnt die Frage der Tippee-Haftung ihre eigentliche Dringlichkeit bei Informationsweitergabe an institutionelle Investoren, denen ungleich höhere Beträge zur Spekulation zur Verfügung stehen als gewöhnlichen, unternehmensangehörigen Insidern[70]. Der Unterschied der finanziellen Möglichkeiten spricht auch dagegen, die im Fall *Texas Gulf Sulphur*[71] gefundene Lösung der Haftung der Insider für die Geschäfte von Familienmitgliedern zum allein gültigen Prinzip zu erheben. Zwar hat die Lösung den Vorteil einer besonders starken Abschreckungswirkung auf Insider und andere potentielle Tipgeber[72], jedoch verbessern sich Kompensationsmöglichkeiten und Abschreckungswirkung nur, wenn Geschädigte und SEC auch gegen den Tippee vorgehen können. Weder die Rechtsprechung noch die SEC haben sich diesen Einsichten verschlossen und in verschiedenen Entscheidungen den Tipempfänger zur Verantwortung gezogen[73]. Allerdings lassen sich die bisher vorliegenden Entscheidungen nicht ohne weiteres verallgemeinern, da unter den denkbaren Tippees mehrere Gruppen zu unterscheiden sind.

Zunächst lassen sich — je nach ihrer Entfernung zur Quelle der Information — solche Tippees unterscheiden, die ihre Informationen direkt von Insidern erhalten („unmittelbare Tippees"), und solche, die über zahlreiche Zwischeninformanten unterrichtet werden („mittelbare

---

[68] Shapiro v. Merrill Lynch, Pierce, Fenner & Smith, Inc., 42 U. S. L. W. 2544 (2d Cir. 1974).

[69] *Loss*, Bd. 3, 1451; Owens, 20 Stanf. L. Rev. 347, 355 (1968).

[70] Vgl. die Begründung der SEC in Investors Management Co., Inc., CCH Fed. Sec. L. R. 1970/71, § 78, 163, P. 80521.

[71] SEC v. Texas Gulf Sulphur Co., 401 F. 2d 833, 841 (1968). — Das Gericht ließ keinen Zweifel in der Begründung, daß es diese Tippees ebenfalls verurteilt hätte, wenn sie verklagt worden wären.

[72] Vgl. SEC v. Texas Gulf Sulphur Co., 446 F. 2d 1301, 1308 (1971); *Comment* 38 U. Chi. L. Rev. 372, 379 (1971) (mit Vorschlag, die Haftung auf den Tipgeber zu beschränken).

[73] Ross v. Licht, 263 F. Supp. 395, 410 (S. D. N. Y. 1967); Shapiro v. Merrill Lynch, Pierce, Fenner & Smith, Inc., 42 U. S. L. W. 2544 (2d Cir. 1974); vgl. auch Kuehnert v. Texstar Corp., 286 F. Supp. 340, 345 (S. D. Tex. 1968) sowie Nathanson v. Weis, Voisin, Cannon, Inc., 325 F. Supp. 50 (S. D. N. Y. 1971) und SEC v. Golconda Mining Co., CCH Fed. Sec. L. R., 1970, § 92, 504 (S. D. N. Y. 1969) — interessant ist, daß der Tipgeber selbst nur auf Rückzahlung seiner eigenen Gewinne verklagt worden war. Ferner: In the Matter of Investors Management Co., Inc., CCH Fed. Sec. L. R. 1970/71, § 78, 163, p. 80514 (SEC 1971).

Tippees"). Die Kette der Tippees ließe sich auf diese Weise fast bis ins Unendliche verfolgen. Zwischen dem Rat eines Managers an seinen besten Freund, sich wegen einer bevorstehenden Fusion Aktien zu kaufen, und dem Tip eines Brokers zu kaufen, weil ein Bekannter mit Beziehungen zur Industrie Kurssteigerungen voraussagt, sind zahlreiche Abstufungen denkbar, die eine unterschiedliche Behandlung erfordern.

Ferner gibt es Tippees, die einen Insider bewußt nach Unternehmensgeheimnissen ausfragen, und solche, die ungewollt zu Mitwissern werden, wie der vielzitierte Chauffeur, der ein Gespräch zwischen zwei Direktoren mitanhört. Ein Sonderproblem stellen wiederum die Aktivitäten von Wertpapierberatern und -analytikern dar, die in Gesprächen mit Unternehmensleitungen ihr Wissen über die betreffenden Unternehmen zu erweitern suchen.

Wie problematisch die Tippee-Haftung sein kann, zeigt der zum *Merrill Lynch*-Komplex[74] gehörende, ebenfalls von der SEC entschiedene Fall *Investors Management Co., Inc.*, der die Verwertung der von *Merrill Lynch* weitergegebenen inside-Informationen durch die in dieser Weise bevorzugten Anlagegesellschaften betrifft[75]. Nachdem die Anlagegesellschaften von *Merrill Lynch* über den Gewinnrückgang bei *Douglas* gewarnt worden waren, verkauften sie fast ihre gesamten *Douglas*-Aktien und schlossen daneben noch Leerverkäufe ab für einen Gesamtpreis von mehr als 13 Mill. Dollar. Am Tag nach der Veröffentlichung der *Douglas*-Nachrichten fiel der Kurswert von 90 auf 69. Die Anlagegesellschaften hatten also Verluste von 21 Dollar pro Aktie vermieden und möglicherweise durch die Leerverkäufe noch Gewinne erzielt.

Entsprechend ihrer Haltung in früheren Fällen[76] betrachtete die SEC das Verhalten der Tippees — und zwar sowohl die Tätigung von Leerverkäufen wie den Verkauf bestehender Beteiligungen — als Verletzung von Rule 10 b-5. Ausdrücklich wies sie das Argument der Betroffenen zurück, daß die Rule nur dann verletzt sei, wenn derjenige, der unveröffentlichte Informationen verwertet, in einer besonderen Beziehung zu dem Unternehmen steht und dadurch Zugang zu vertraulichen Informationen erhält. Nach Ansicht der SEC kommt es für die Tippee-Haftung vielmehr auf den Charakter der Information an sowie darauf, daß sie erkennbar aus einer Quelle innerhalb des Unternehmens stammt[77]:

"We consider that one who obtains possession of material, nonpublic corporate information, which he has reason to know emanates from a corporate

[74] Vgl. oben bei Fn. 52.

[75] CCH Fed. Sec. L. R. 1970/71, § 78, 163 (SEC 1971).

[76] Van Alstyne, Noel & Co., Securities Exchange Act *Release* No. 8511 (Jan. 31, 1969), CCH Fed. Sec. L R. 1967/69, § 77, 656; Blyth & Co., Inc., Securities Exchange Act *Release* No. 8499 (Jan. 17, 1969).

[77] CCH Fed. Sec. L. R. 1970/71, § 78, 163 (p. 80, 520).

source, and which places him in a position superior to other investors, thereby acquires a relationship with respect to that information within the purview and restraints of the antifraud provisions."

Daraus entwickelte die SEC einen *Tippee-Test,* der sich auf drei Punkte erstreckt[78]:

(1) Die fragliche Information muß „wesentlich" und nicht-öffentlich sein;

(2) der Tippee, der von der Information auf direktem oder indirektem Weg Kenntnis erhält, weiß oder hat Grund zur Annahme, daß sie nicht öffentlich bekannt ist und regelwidrig weitergegeben wurde;

(3) die Information hat die Entscheidung des Tippees, eine bestimmte Transaktion vorzunehmen, beeinflußt.

Die recht vorsichtige Formulierung, der Tippee müsse „Grund zur Annahme" haben, daß die Information regelwidrig („improperly") weitergegeben wurde, in Verbindung mit dem Absehen vom Bestehen besonderer Beziehungen zum Unternehmen deutet darauf hin, daß die SEC bereit sein könnte, dem Besitz wesentlicher, nicht-öffentlicher Informationen und der daraus resultierenden Marktüberlegenheit die entscheidende Bedeutung für das Bestehen von Aufklärungs- oder Zurückhaltungspflichten beizumessen[79].

Das Fehlen einer Abstufung nach der Entfernung zur Quelle der Information und der Zahl der Zwischeninformanten wirft die Frage auf, ob auch der *Tippee eines Tippee* haften würde und ob an irgendeinem Punkt der Informationskette das Verbot der Ausnutzung bestimmter Informationen aufhört. Anscheinend sieht die SEC insoweit nur eine praktische Grenze, nämlich die der Beweisbarkeit der Informationskette[80].

Andererseits erscheint es fraglich, ob einem privaten oder institutionellen Anleger, der über verschiedene Mittelsmänner einen „Tip" erhält, von dem er allein aufgrund seines Inhalts annehmen muß, daß er aus einer undichten Stelle im Unternehmen stammt, zugemutet werden kann, den „Tip" zu mißachten und die Gefahr eines Verlustes in Kauf zu nehmen. Je weniger der so gewarnte Tippee seinen Informanten und dessen Vor-Informanten kennt, desto mehr unterscheidet er sich von dem Insider oder selbst dem unmittelbaren Tippee, deren Aktienspe-

---

[78] Investors Management Co., Inc. (oben Fn. 75), p. 80, 519.

[79] Vgl. dazu aber die concurring opinion von Commissioner *Smith* (CCH Fed. Sec. L. R., 1970/71, p. 80, 523): "I believe the emphasis in the law should continue to be upon the conduct of corporate insiders and their privies, as it has been since *Strong v. Repide,* 213 U.S. 419 (1909) and as it was in *Cady Roberts, Texas Gulf* and *Merrill Lynch,* rather than upon a concept — too vague for me to apply with any consistency — of relative informational advantages in the marketplace."

[80] Investors Management Co., Inc., p. 80521.

kulationen in den Beratungen zum Exchange Act einmal als „sure thing" bezeichnet wurden[81].

Abgesehen davon, daß der mittelbare Tippee die Richtigkeit der Information nicht überprüfen kann, ist für ihn auch der Grad der Verbreitung der Information kaum feststellbar. Wenn bereits Gerüchte im Umlauf sind und jeder, der sich informieren will, sich entsprechend informieren kann, fehlt es an einem entscheidenden Element, das die Unfairness von Insider Spekulationen ausmacht, nämlich der Unzugänglichkeit der Information für andere. Hinzu kommt, daß es für den Außenstehenden, der einen „Tip" von seinem Anlageberater erhält, völlig unklar sein kann, ob der „Tip" auf eine undichte Stelle im Unternehmen zurückgeht oder das Ergebnis erlaubter Recherchen und Analysen des Wertpapierspezialisten ist.

In der *Investors Management*-Entscheidung kam es auf diese Punkte allerdings weniger an, weil das Institut, das die Warnung weitergab, selbst Insider bei *Douglas* war. Da die gewarnten Anlagefirmen wußten, daß *Merrill Lynch* als Emissionsinstitut über die Verhältnisse bei *Douglas* besser als jeder Außenstehende orientiert war, brauchten ihnen weder hinsichtlich der Richtigkeit der Warnung Bedenken zu kommen noch konnten sie von der Allgemein-Zugänglichkeit der Information ausgehen. Im wesentlichen standen sie daher in bezug auf den Marktvorteil und die Unfairness seiner Ausnutzung Insidern gleich.

In diesem Zusammenhang ist es interessant zu beobachten, daß in allen bisher von der Rechtsprechung entschiedenen Tippee-Fälle die Insider-Stellung des Tip-Gebers und die Kenntnis dieser Stellung seitens des Tippee eine wesentliche Rolle spielte[82]. Eine neuere, allerdings nach Common Law ergangene Entscheidung aus dem *Zweiten Circuit* begründet die Haftung des Tippee sogar mit einer Verletzung von Treupflichten gegenüber dem Unternehmen[83]. Die Treupflicht des Insiders gegenüber seinem Unternehmen, vertrauliche Informationen nicht für persönliche Zwecke zu mißbrauchen, erstreckt sich nach dieser Entscheidung auch auf den Tippee, wenn dieser sich bewußt mit einem solchen „Fiduciary" am Bruch seiner Treupflichten beteiligt[84].

---

[81] Eine Abstufung entsprechend der unterschiedlichen Gefährlichkeit findet sich in Nathanson v. Weis, Voisin, Cannon, Inc. (oben Fn. 73, p. 57: "The true insider or the broker-dealer is at the fountainhead of the confidential information whereas the tippee ... may be only one of many who innocently or otherwise receives a tip, and whose potential for harm is minimal ...".

[82] Vgl. die oben (Fn. 73) zitierten Fälle.

[83] Schein v. Chasen, 478 F. 2d 817, 822 (2d Cir. 1973).

[84] Kritisch dazu: *Kaufman, J., dissenting opinion*, 478 F. 2d 817, 825 ff.; ferner: *Lobrano*, 48 Tulane L. Rev. 166, 171 (1973); zustimmend: *Note*, 26 Vand. L. Rev. 1337 (1973); *Landreth*, 53 Bost. U. L. Rev. 1150 (1973); *Note*, 87, Harv. L. Rev. 675 (1974).

Keine Rolle spielte in den Erwägungen der SEC die Tatsache, daß die betroffenen Anlagefirmen sich um die Information nicht selbst bemüht hatten, sondern ohne eigenes Zutun von den Anlageberatern von Merrill Lynch gewarnt wurden. Da Tippees nach übereinstimmender Auffassung von SEC und Rechtsprechung sich in derselben Lage wie unternehmens-interne Insider befinden, erscheint es auch konsequent, wenn darauf, von wem die Initiative zur Informationsweitergabe ausgeht, nicht abgestellt wird. Den Tippee kann daher eine gutgemeinte Warnung mit inside-Informationen teuer zu stehen kommen — zumal wenn er ohnehin vorhatte zu verkaufen. In dem Fall müßte er u. U. mit dem Verkauf zurückhalten, um sich nicht dem — schwer zu widerlegenden — Anschein auszusetzen, aufgrund der Warnung gehandelt zu haben.

Was aber geschieht, wenn Insider oder gutinformierte Tippees nur „Ratschläge" erteilen (z. B.: „Ich würde jetzt verkaufen!"), die Informationen jedoch, auf die sie sich berufen, nicht preisgeben? Die SEC, die von der Weitergabe wesentlicher inside-Informationen als entscheidendem Element der Tippee-Haftung ausgeht, müßte in solchen Fällen die Geschäfte der so Gewarnten für erlaubt halten. Zu demselben Ergebnis würde wohl auch die Rechtsprechung gelangen — jedenfalls wenn die Tatsache der Verbindung des Insiders oder Brokers, der den Rat gibt, mit dem Unternehmen allgemein bekannt ist[85].

Am Rande ist zu erwähnen, daß der Tippee, der im Vertrauen auf die Richtigkeit seiner Informationen disponiert, auf eigenes Risiko handelt und nicht etwa nachher seinen Broker oder einen anderen Tipgeber für falsche Informationen haftbar machen kann, da die Rechtsprechung dann im allgemeinen das Schutzbedürfnis des Klägers verneint[86]. Die Rechtsprechung zur Tippee-Haftung versetzt insbesondere solche Anlageberater und Fondsverwalter in eine schwierige Lage, zu deren Geschäftspolitik es gehört, durch persönliche und freundschaftliche Kontakte mit Managern ihren Informationsstand über andere Unternehmen zu erweitern[87]. Auch die von den meisten größeren Unternehmensleitungen regelmäßig veranstalteten Informations-Zusammenkünfte mit Wertpapierspezialisten können unversehens zu Tippee-Fallen werden, wenn wesentliche inside-Informationen mitgeteilt werden[88].

---

[85] Hope v. Hayden-Stone, Inc., CCH Fed. Sec. L. R., 1972/73, § 93, 685 (5th Cir. 1972).

[86] Kuehnert v. Texstar Corp., 286 F. Supp. 340 (S. D. Tex 1968), „in pari delicto"; Wohl v. Blair & Co., Inc., CCH Fed. Sec. L. R., 1969/70, § 92, 619 (S. D. N. Y. 1970) „unclean hands", „equal fault".

[87] Vgl. dazu *Herman,* 21 U. C. L. A. L. Rev. 1, 7 (1973).

[88] Vgl. dazu die Empfehlung der New York Stock Exchange, in solchen Fällen die Information sofort zu veröffentlichen. (*Company Manual,* CCH Fed. Sec. L. R. [Bd. 2, § 23, 121, p. 17, 097 - 3].) — Aber wer entscheidet über die Veröffentlichung?

9. *Informationskontakte mit Anlageberatern*

a) Stellungnahmen der SEC und der NYSE

Grundsätzlich hat die SEC gegen solche Kontakte nichts einzuwenden[89].

"We also recognize that discussions between corporate management and groups of analysts which provide a forum for filling interstices in analysis, for forming a direct impression of the quality of management, or for testing the meaning of public information, may be of value."

Gleichwohl sollte es sich dabei nach Ansicht der SEC nur um unterstützende Informationen handeln, während die eigentliche Grundlage der Wertpapieranalyse aus allgemein zugänglichem Material wie Geschäftsberichten, Proxy Statements, Emissions-Ankündigungen und anderen Veröffentlichungen der Unternehmen bestehen sollte[90]. Daß es sich in der Praxis anders verhält, liegt nicht zuletzt an der Schnelligkeit, mit der jährliche und selbst vierteljährliche Geschäftsberichte veralten, in Verbindung mit dem Bedürfnis auf der Beraterseite nach möglichst aktueller Information. Die SEC befürwortet daher die — freiwillige — Herausgabe von Pressemitteilungen durch die Unternehmen, sobald wesentliche Änderungen eintreten, während die *New York Stock Exchange* bezweifelt, daß solche „interim reports" alle finanziellen und statistischen Daten enthalten können, die für die Anlageberatung benötigt werden[91].

Dementsprechend empfiehlt auch die New York Stock Exchange den bei ihr notierten Unternehmen eine *open door policy* — allerdings mit der Einschränkung, daß dabei den Wertpapierspezialisten keine anderen Informationen gegeben werden dürfen als jedem anderen Interessenten auch.

Um so bemerkenswerter ist es, wenn neuere Untersuchungen zu dem Ergebnis kommen, daß von allen Informationsquellen, die einem Wertpapierspezialisten zugänglich sind, die wichtigste sein Kontakt mit dem Management ist[92]. Sicher würden private Kontakte nicht diese Rolle spielen, wenn es sich immer nur um die Vermittlung und Erklärung allgemein bekannter oder zugänglicher Informationen handelte. Solange nicht alle Informationen allgemein zugänglich sind, führt der Konkur-

---

[89] In the Matter of Investors Management Co., Inc. (oben Fn. 75), p. 80521.

[90] Vgl. *Special Study*, pt. 1, 373.

[91] N. Y. S. E. *Company Manual*, abgedr. in CCH Fed. Sec. L. R. Bd. 2, § 23, 121, p. 17, 097 (17, 097 - 3).

[92] *Herman*, 21 U. C. L. A. L. Rev. 1, 12 (1973); *Cohen*, 46 S. Calif. L. Rev. 139, 145 (1972); vgl. auch die Rede des SEC-Vorsitzenden *Cook* vor Wertpapieranalytikern (March 27, 1973 — abgedr. CCH Fed. Sec. L. R., 1973, § 79, 301 p. 82, 913): "In recent years, we have seen a number of cases in which inside

renzdruck unter den Wertpapierspezialisten zwangsläufig zum Wettkampf um die Gunst der Unternehmensführungen, die ihrerseits durchaus ein eigenes Interesse an der Pflege guter Beziehungen zu einflußreichen Brokerhäusern haben. Es ist daher nicht erstaunlich, wenn es als offenes Geheimnis gilt, daß Spezialisten mit guten Beziehungen zum Management häufig vor allen anderen von wichtigen Entwicklungen in Kenntnis gesetzt werden[93]. Die Aufdeckung solcher Verstöße gegen Rule 10 b-5 scheitert in der Regel allerdings an Beweisschwierigkeiten, sofern der Wertpapierspezialist nicht so unklug ist, an seine Kunden — wie im Fall *Merrill Lynch*[94] — die besondere Information weiterzugeben. Wenn dem Kunden jedoch nur ein bestimmter Ratschlag erteilt wird, dürfte es normalerweise kaum möglich sein zu beweisen, daß der Ratschlag auf inside-Informationen und nicht auf rein wissenschaftlicher Analyse beruht.

b) Gewinn-Voraussagen

Durch ein im Februar 1973 veröffentlichtes *Policy Statement on Earnings Forecasts and Projections* hat nunmehr die SEC das Problem der privaten Informationsweitergabe auf einem wichtigen Gebiet in Angriff genommen[95], indem sie unter gewissen Bedingungen die Veröffentlichung von Gewinn-Vorausberechnungen der Unternehmen zuläßt und sogar empfiehlt.

Damit hat die SEC eine völlige Kehrtwendung gegenüber ihrer früheren Haltung vollzogen, wonach solche Aussagen grundsätzlich suspekt und in Emissionsprospekten oder Geschäftsberichten nicht zulässig waren. Um den privaten Anleger vor allzu vielversprechenden Spekulationen auf die Zukunft zu schützen, hatte die SEC es früher für sicherer gehalten, Voraussagen über die Unternehmensentwicklung den Anlageberatern vorzubehalten. Diese, so glaubte man, würden für den notwendigen „Filtrierprozeß" sorgen und aufgrund allgemein zugänglicher Daten und Fakten eine abgesicherte Analyse erstellen. Außerdem

---

information is routinely disseminated under the guise of research in exchange for brokerage commissions. We have seen cases where companies trip all over themselves trying to protect friendly analysts from being surprised by a bad earnings report. These companies often wind up passing along to analysts non-public bearish information, which is in turn passed along to institutions, who then go out and clobber the company's stock. We at the Commission have seen too many cases where inside information has been cynically considered by analysts, corporate officials and money managers simply as coin of the realm."

[93] *Cohen*, a.a.O., p. 145.

[94] Vgl. auch die Kommissions-Entscheidung Faberge, Inc., CCH Fed. Sec. L. R. 1973, § 79, 378 (SEC 1973).

[95] Securities Act *Release* No. 5362, Exchange Act *Release* No. 9984 (Feb. 2, 1973), CCH Fed. Sec. L. R., § 79, 211.

fehlte es nicht an Versuchen, die äußerst umfangreichen Geschäftsberichte und sonstigen den registrierten Unternehmen obliegenden Meldungen im Interesse der Allgemeinverständlichkeit mit graphischen Darstellungen, Hervorhebungen und „Einleitenden Hinweisen" auszustatten, um auch dem einfachen Anleger die Einschätzung der Unternehmenssituation zu ermöglichen[96]. Damit war der private Anleger allerdings auf die Analyse relativ alten Materials angewiesen, während die Vorzüge aktueller Zahlen und Erwartungen wenigen Beratern mit guten Kontakten und ihren besten Kunden — in der Regel Anlagegesellschaften — vorbehalten blieben[97].

Durch das „Policy Statement" der SEC wird die Bedeutung dieses Materials für den privaten Anleger anerkannt. Um aber die Gefahren der Irreführung der Öffentlichkeit und der Haftung für unrichtige Voraussagen möglichst gering zu halten, knüpft die SEC derartige Veröffentlichungen an ein Verfahren, das der SEC eine gewisse Kontrolle erlaubt. So dürfen Voraussagen in Emissionsprospekten und Geschäftsberichten nur von bestimmten, schon längere Zeit registrierten Unternehmen veröffentlicht werden, wobei die Veröffentlichung gewissen Mindestanforderungen genügen muß[98]. Andere Gesellschaften, die dieses Verfahren nicht regelmäßig jedes Jahr durchführen wollen, können ihre Voraussagen nur außerhalb der offiziellen Berichte und Prospekte — beispielsweise in Form von Pressemitteilungen — veröffentlichen. Dann müssen sie aber der SEC gegenüber die Voraussage unter Angabe derselben Daten wie im ersten Fall auf einem besonderen Formblatt melden. Diese Meldepflicht wird auch durch einfache mündliche oder schriftliche Bestätigung fremder Voraussagen ausgelöst — eine Vorschrift, die heimliche Bestätigungen gegenüber Wertpapierspezialisten ausschließen soll.

Das „Policy Statement" wird auch in Zukunft den privaten Informationsfluß vom Management zum Wertpapierspezialisten oder Fondsverwalter nicht unterbinden. Dies schon deshalb nicht, weil die sofortige Veröffentlichung wesentlicher Veränderungen gegenüber dem letzten Geschäftsbericht noch nicht zur Pflicht gemacht wurde[99]. Mit diesem — auch von der SEC so verstandenen — Versuch wurde jedoch ein erster

---

[96] Vgl. dazu *Taylor*, 21 U. C. L. A. L. Rev. 242, 245 f. (1973); kritisch bez. der Allgemeinverständlichkeit *R. Posner*, 199.

[97] Vgl. *Cook* (oben Fn. 92), p. 82, 914 f.

[98] Unter anderem muß die Schätzung in bestimmten Zahlen ausgedrückt werden unter Angabe der zugrundeliegenden Annahmen: *Cook* (oben Fn. 92), p. 82, 915; *Taylor*, p. 247 ff.

[99] Zu den Plänen der SEC in bezug auf die Ausweitung der Berichtspflichten und die Verbesserung der Qualität der Berichte: *Cook* (oben Fn. 92), p. 82, 915.

Schritt getan zur gleichmäßigen Versorgung aller Anleger mit aktueller Information bei relativer Gefahrlosigkeit für Anleger und das Unternehmen selbst.

10. Aiders, Abettors, Conspirators

Die Haftung des Tippee ist nicht von der des Insiders abhängig; beide haften originär und unabhängig voneinander. Im Gegensatz dazu steht die Haftung des Teilnehmers, auf die sich mehr und mehr Kläger berufen.

Die Common Law-Theorien der Teilnahme sind unter Rule 10 b-5 zu neuen Ehren erwacht, seitdem immer mehr Kläger, zum Teil mit Hilfe von *Class Actions,* immer höhere Klageforderungen geltend machen, für die ein Insider allein kaum aufkommen kann[100]. So wurden in einer Klage wegen Irreführung von Aktionären und Marktmanipulation neben den beiden beklagten Insidern 91 weitere Personen und Gesellschaften (u. a. einzelne Angestellte und Officers, eine Wirtschaftsprüfungsgesellschaft, Wertpapierinstitute und Banken) als Teilnehmer verklagt[101]. Wegen „aiding-and-abetting" in Verbindung mit Rule 10 b-5 wurde auch eine Wertpapierbörse verurteilt, deren Vorstand aus Fahrlässigkeit gegen unerlaubte Wertpapiergeschäfte nicht eingeschritten war[102], und eine Kapitalgesellschaft haftete für die Täuschung von Kunden durch ein Wertpapierinstitut, das mit den Aktien der betreffenden Gesellschaft handelte, weil sie nichts dagegen unternommen hatte[103].

Die Gefahr, als Teilnehmer zur Verantwortung gezogen zu werden, ist um so größer, als u. U. auch Untätigkeit genügt, wenn dem Betroffenen eine Verantwortung gegenüber dem Anlagepublikum obliegt. Auch braucht Vorsatz des Gehilfen nicht nachgewiesen zu werden: *constructive knowledge* kann ebenfalls zur Haftung führen[104]. Daraus ergibt sich insbesondere für Personen, die mit der Kontrolle und Beratung von Unternehmen befaßt sind und gleichzeitig — etwa als Wirtschaftsprüfer oder Rechtsanwälte — Verantwortung gegenüber der Öffentlichkeit tragen, ein erhebliches Risiko, bei Verstößen gegen Rule 10 b-5 durch

---

[100] Vgl. insbesondere *Ruder,* 120 U. Pa. L. Rev. 597 (1972).

[101] Carpenter v. Hall, 311 F. Supp. 1099 (S. D. Tex. 1970).

[102] Pettit v. American Stock Exchange, 217 F. Supp. 21 (S. D. N. Y. 1963).

[103] Brennan v. Midwestern United Life Insruance Co., 259 F. Supp. 673 (N. D. Ind. 1966); vgl. ferner: Fischer v. Kletz, 266 F. Supp. 180, 189 (S. D. N. Y. 1967); Anderson v. Francis I. du Pont & Co., 291 F. Supp. 705, 709 (D. Minn. 1968); Buttrey v. Merrill Lynch, Pierce, Fenner & Smith, 410 F. 2d 135, 144 (2d Cir. 1969).

[104] SEC v. National Bankers Life Insurance Co., 324 F. Supp. 189 (N. D. Tex. 1971), *aff'd:* 448 F. 2d 652 (5th Cir. 1971), 334 F. Supp. 444 (N. D. Tex. 1971), *Lowenfels,* 74 Colum. L. Rev. 412 (1974); *Note,* 50 Tex. L. Rev. 1267 f. (1972).

die Unternehmensleitung mithaftbar gemacht zu werden. Dies gilt um so mehr, als die Berufung auf Verschwiegenheitspflichten kaum noch Erfolg verspricht, wenn die Pflichten gegenüber dem Auftraggeber mit dem Schutz des Anlagepublikums kollidieren. Immer häufiger und deutlicher bringen Rechtsprechung und SEC zum Ausdruck, daß im Konfliktsfall der Aufklärung des Anlagepublikums der Vorrang gebühre[105].

Die Anwendung „so schwammiger Theorien", wie die Teilnahme-Grundsätze einmal genannt wurden[106], gewinnt eine besondere Brisanz dadurch, daß das Haupt-Delikt, das Verschweigen, die beschränkte Weitergabe oder die Täuschung über inside-Informationen kaum präziser definiert ist. Da sowohl der Kreis der Insider wie auch die Pflicht zur Aufklärung des Gegenübers bei Wertpapiergeschäften und das Verbot des Tipping vom Vorliegen von inside-Informationen abhängt, konzentrieren sich die Auslegungsschwierigkeiten gewöhnlich auf diesen, meist durch das Beiwort *material* qualifizierten Begriff.

V. „Material Information"

Da insbesondere die traditionellen Insider, also die Mitglieder der Unternehmensführungen und Großaktionäre, allein aufgrund ihrer Position in jedem Fall besser mit den Verhältnissen ihres Unternehmens vertraut sind, ihnen aber nicht die Möglichkeit, in Wertpapieren des eigenen Unternehmens zu investieren, versperrt werden soll, besteht Einigkeit darüber, daß die Schwelle der „Wesentlichkeit" der Information, von der ab Geschäfte nur nach vorheriger Aufklärung möglich sind, nicht zu niedrig angesetzt werden darf. Auch soll niemand gezwungen sein, seine auf Analyse oder Recherchen in allgemein zugängliches Material basierende Einschätzung offenzulegen.

1. Definitionsversuche

In den ersten Entscheidungen zu Rule 10 b-5 lagen die Verhältnisse jeweils so, daß der Insider schon im Zeitpunkt des Erwerbs oder der Veräußerung wußte, was die Papiere in Wirklichkeit wert waren. Keine Schwierigkeiten bereitete die Bejahung einer Aufklärungspflicht daher beispielsweise beim Bestehen von Plänen zur Liquidation und Vertei-

---

[105] "We recognize that the policy of full disclosure is a 'more fundamental one' than the policy of the attorney-client privilege; that the latter is not absolute and is to be strictly limited to the purpose for which it exists." Baird v. Koerner, 279 F. 2d 623, 629 (9th Cir. 1960); vgl. auch *Lowenfels*, a.a.O.; Gaither (oben Fn. 40); Small (oben Fn. 40).

[106] SEC v. National Bankers Life Insurance Co. (oben Fn. 104); vgl. auch *Gaither*, p. 666.

lung des den Kaufpreis weit übersteigenden Erlöses an die Aktionäre[107]. Mitteilungsbedürftig war ferner die Tatsache, daß das Unternehmen zu einem weit höheren Preis als den Betrag des Nennkapitals veräußert werden sollte[108], und auch eine bedeutende Besserung der Geschäftslage nach mehreren Verlustjahren durfte den verkaufenden Aktionären nicht verheimlicht werden[109]. Andererseits durfte ein Käufer einen bereits gefaßten Dividendenbeschluß in Höhe von 4 % verschweigen, ohne gegen seine Aufklärungspflichten zu verstoßen[110].

Schwierigkeiten bereitet die Frage der Mitteilungsbedürftigkeit jedoch dann, wenn eine Auswirkung auf den Wert der Papiere nicht sicher abzuschätzen ist. Grundsätzlich geht die Rechtsprechung davon aus, daß der private Anleger — jedenfalls wenn er sich bestens informiert — die gleichen Chancen auf dem Markt haben muß wie die Mitglieder der Unternehmensführungen. Das bedeutet, daß diese ohne vorherige Aufklärung des Publikums keine Geschäfte machen dürfen, wenn sich die Chancen für eine bestimmte Kursentwicklung verdichtet haben. Da gerade bei solchen Ereignissen, die noch einen Rest Unsicherheit in sich tragen, eine Veröffentlichung in der Regel ausscheidet, sind Insider und deren Tippees von Geschäften mit Wertpapieren praktisch ausgeschlossen, sobald ihre besonderen Informationen mit einem gewissen Grad von Wahrscheinlichkeit Einfluß auf den Kurswert haben würden.

Mit der Abgrenzung zwischen wahrscheinlicher und bloß möglicher Auswirkung hatte die Rechtsprechung sich wiederholt zu befassen. Eine griffige Formel ist allerdings weder von ihr noch von der SEC bisher entwickelt worden. Naturgemäß müssen alle Abgrenzungsversuche im Zusammenhang mit den jeweiligen Umständen des Einzelfalles gesehen werden. Mit diesen Einschränkungen lassen sich drei Kriterien unterscheiden, die zum Kern fast aller gebräuchlichen Abgrenzungsformeln gehören. Danach liegt „material inside information" regelmäßig dann vor, wenn

(1) es sich um Tatsachen handelt,

(2) die ihrer Natur nach außergewöhnlich sind und

(3) die nach dem objektiven Urteil eines vernünftigen („reasonable") Anlegers den Marktpreis der Wertpapiere desselben Unternehmens beeinflussen könnten.

---

[107] Speed v. Transamerica Corp., 99 F. Supp. 808 (D. Del. 1951), 135 F. Supp. 176 (D. Del. 1955).

[108] Kardon v. National Gypsum Co., 69 F. Supp. 512 (E. D. Pa. 1946), 73 F. Supp. 798 (E. D. Pa. 1947), 83 F. Supp. 613 (E. D. Pa. 1947).

[109] Janigan v. Taylor, 344 F. 2d 781 (1st Cir. 1965); in the Matter of Ward la France Truck Corp., 13 S. E. C. 373 (1943).

[110] Hafner v. Forest Laboratories, Inc., 345 F. 2d 167 (2d Cir. 1965).

Dabei ist zu berücksichtigen, daß nicht jede mögliche Beeinflussung zählt, sondern die Bewertung der Information von der Wahrscheinlichkeit des Eintritts des Ereignisses und seiner Größenordnung abhängt, die wiederum mit dem Geschäftsumfang des Unternehmens in Beziehung zu setzen ist. So können Ölfunde gleicher Größenordnung für ein kleineres Unternehmen „wesentlich" sein, während sie bei einem Großunternehmen kaum ins Gewicht zu fallen brauchen.

Die Interpretation der oben genannten Kriterien mag durch verschiedene Gerichte verschieden ausfallen. Seit der grundlegenden Entscheidung des Zweiten Circuit im *Texas Gulf Sulphur*-Fall[111] steht jedoch fest, daß eine allzu vorsichtige, Insider-freundliche Auslegung nicht anerkannt wird. Der Fall beruht auf einer Klage der SEC gegen *Texas Gulf Sulphur Company („TGS")* und einige ihrer Verwaltungsratsmitglieder und Angestellten auf Unterlassung weiterer Verstöße gegen Sec. 10 (b) in Verbindung mit Rule b-5 und auf Rückabwicklung ihrer Wertpapiergeschäfte. Die Geschäfte hatten allesamt während eines längerfristigen Prozesses von Bodenuntersuchungen und chemischen Analysen stattgefunden, der schließlich zur Entdeckung eines der größten Vorkommen der Welt an Kupfer, Zink und Silber führte.

Aufgrund von Luftaufnahmen waren Mitarbeiter von *TGS* auf verschiedene Bodenanomalien in Ontario aufmerksam geworden. An einer dieser Stellen wurde im November 1963 eine Probebohrung niedergebracht, bei der der Augenschein ergab, daß der Kupfer- und Zinkgehalt außergewöhnlich hoch lag. Um jedoch den Landerwerb nicht zu erschweren, fanden bis zum 27. März 1964 keine weiteren Probebohrungen statt. Inzwischen hatte eine chemische Analyse der ersten Bohrung die Schätzungen der Geologen, die nie zuvor von derartig reichen Erzvorkommen gehört hatten, bestätigt. Zur Absicherung der Ergebnisse der ersten Probebohrung waren aber noch weitere Bohrungen nötig, die von Ende März bis Mitte April 1964 stattfanden und den Schluß auf das Vorhandensein eines außergewöhnlich großen Erzvorkommens zuließen.

Zwischen dem 12. November 1963 und dem 16. April 1964 hatten die beklagten Manager und Angestellten sowie deren Tippees in ungewöhnlich großem Umfang *TGS*-Aktien und -Optionen gekauft. Während ihnen vor Beginn der Bohrungen insgesamt nur 1 135 *TGS*-Aktien gehörten, verfügten sie am 31. März 1964 bereits über mehr als 20 000 *TGS*-Aktien und -Optionen. Eines der schwierigsten Probleme des Falles lag nur in der Bestimmung des Zeitpunktes, von dem ab Insiderkäufe unzulässig waren.

---

[111] Securities and Exchange Commission v. Texas Gulf Sulphur Co., 401 F. 2d 833 (2d Cir. 1968), 312 F. Supp. 77 (S. D. N. Y. 1970).

Das Gericht erster Instanz[112] meinte die Frage der „Wesentlichkeit" parallel zur wissenschaftlichen Absicherung der Information sehen zu müssen und hielt die Nachricht von der Entdeckung erst dann für wesentlich, als mit Abschluß der dritten Bohrung (am 9. April 1964) das Vorhandensein und Ausmaß einer Erzmine mit großer Wahrscheinlichkeit feststand[113]. Die beiden ersten Probebohrungen gaben nach Ansicht des Gerichts allenfalls zu Hoffnungen und Spekulationen Anlaß, denen ein „vernünftiger" Anleger zum damaligen Zeitpunkt keine wesentliche Bedeutung beigemessen hätte. Die Auswirkung dieser Information — wäre sie bekanntgegeben worden — schätzte das Gericht daher nicht sonderlich hoch ein, zumal ein ausgedehnter Markt für *TGS*-Aktien bestand. Das Ergebnis war, daß der größte Teil der Beklagten, von denen die meisten sich schon nach dem Ergebnis der ersten Probebohrung mit *TGS*-Aktien und -Optionen eingedeckt hatten, frei ausging.

Diese Entscheidung hielt der zweitinstanzlichen Nachprüfung nicht stand[114]. Obgleich auch dieses Gericht den Insidern die Möglichkeit der Beteiligung am eigenen Betrieb und der Zuhilfenahme ihres besseren Überblicks (*educated guesses*) bei Anlageentscheidungen nicht streitig machen wollte, verneinte es doch die Notwendigkeit eines konservativen Maßstabs bei der Beurteilung der „Wesentlichkeit" einer Information. Denn nicht auf den vorsichtigen und konservativen Anleger komme es an, sondern darauf, ob ein „vernünftiger" Anleger dem Ereignis Bedeutung in bezug auf seine Anlageentscheidung zumessen würde. Dabei ist es bemerkenswert, daß der *Zweite Circuit* den Schutz der *anti-fraud-Rule* nicht nur dem „kleinen Mann" angedeihen lassen will, sondern auch den berufsmäßigen Börsenspekulanten, die ebenfalls zu den „vernünftigen" Anlegern zu zählen seien. Entsprechend höher schätzte das Gericht auch die Bedeutung der ersten Bohrprobe am 12. November 1963 ein. Das außerordentlich günstige Ergebnis der Probe hielt das Gericht für wichtig genug, die Anlageentscheidung eines vernünftigen, wenngleich spekulativen Anlegers zu beeinflussen, für den es nicht auf eine langfristige Besserung der Ertragslage des Unternehmens, sondern auf die Marktwirkung der Information ankomme[115]. Falls es zu dieser Einschätzung der ersten Bohrinformationen aber doch eines Beweises für die Richtigkeit bedurfte, so fand das Gericht ihn in dem Verhalten der beklagten Insider selbst. Durch ihre massiven Aktienkäufe in Verbindung mit dem Erwerb stark spekulativer kurzfristiger

[112] 258 F. Supp. 262 (S. D. N. Y. 1966).

[113] Noch weitergehend vertritt die SEC bei Angaben in Wertpapierprospekten den Standpunkt, daß drei Probebohrungen nicht ausreichen, um von einer Mine zu sprechen: Pan-American Gold Ltd., 31 S. E. C. 141, 147 f. (1950).

[114] Vgl. oben Fn. 111.

[115] 401 F. 2d 833, 849.

Ankaufsoptionen hätten die beklagten Insider selbst Zeugnis für die Bedeutung der ersten Bohrergebnisse abgelegt. Das Gericht ging sogar so weit, angesichts der Schwierigkeit, die hypothetische Wirkung der Bekanntgabe der ersten Bohrergebnisse auf dem Markt abzuschätzen, den einzig objektiven Beweis für die Bedeutung der Information im Verhalten der Insider selbst zu sehen[116]. Wenn auch noch keine Gewißheit hinsichtlich des Erzfundes herrschte, hätten die beklagten Insider den übrigen Anlegern die gleichen Chancen wie sich selbst einräumen und es ihrem informierten Urteil überlassen müssen, ob sie ebenfalls auf das Vorhandensein einer Mine spekulieren wollten[117].

Durch die Einbeziehung des spekulativen Anlegers in den Schutz des Exchange Act hat der *Zweite Circuit* die Schwelle für die Auflösung von Informationspflichten relativ niedrig gelegt[118]. Andererseits führt das Abstellen auf die hypothetische Wirkung der Veröffentlichung der Information zu einer gewissen Objektivierung des Maßstabs, da es auf eine kollektive statt individuelle Reaktion abstellt. Dabei kommt den eigenen Marktgeschäften des Insiders praktisch die Bedeutung einer Vermutung für die Wichtigkeit seiner Information zu, die er allerdings durch den Nachweis anderer Gründe für sein Marktverhalten entkräften kann[119].

Verschiedentlich ist versucht worden, die Grenze zwischen unwesentlicher und wesentlicher Information anhand der Marktwirkung im Falle der Veröffentlichung zu quantifizieren[120]. Die dabei genannten Zahlenwerte sind jedoch stark davon abhängig, in welchem Maße die betreffenden Papiere gewöhnlich schwanken. Mehr als auf absolute Zahlen wird heute darauf abgestellt, ob die fragliche Information im Fall ihrer Veröffentlichung eine sofortige und erhebliche Wirkung auf den Kurswert haben würde[121].

---

[116] 401 F. 2d 833, 851.

[117] "The insiders here were not trading on an equal footing with the outside investors ... Such inequities based upon unequal access to knowledge should not be shrugged off as inevitable in our way of life, or, in view of the congressional concern in this area, remain uncorrected." 401 F. 2d 833, 852.

[118] Bedenken dagegen bei *Bromberg*, 168.4, 168.5.

[119] Vgl. *Bromberg*, 169.

[120] *Bromberg*, 168.6, gibt als Anhaltswert etwa 20 % Abweichung vom normalen Kurswert an. Abstellung auf die Marktwirkung auch in Matter of Merrill Lynch, Pierce, Fenner & Smith. Inc. (oben bei Fn. 52).

[121] *Loomis* (zitiert von *Bromberg*, 168.6 Fn. 116): „‚Wesentliche' Information sollte eine Marktwirkung haben, die gewöhnliche Schwankungen von Tag zu Tag oder selbst von einer Woche zur anderen übersteigt." Zwar bereitet die SEC z. Z. Richtlinien hinsichtlich der Auslegung von „Materiality" vor, doch warnt ihr Vorsitzender davor, mathematische Präzision zu erwarten, da eine solche Regel nur Schaden anrichten würde: *Garrett*, Address before the Securities Regulation Institute, University of California, January 16, 1974 (*Summary* abgedr. bei CCH Fed. Sec. L. R., Current, § 79, 623).

2. *Einzelfälle*

Von den zahlreichen Insider Geschäften, die schon die Rechtsprechung oder die SEC beschäftigt haben, sind diejenigen am interessantesten, die geeignet sind, die Grenze zwischen wesentlicher und unwesentlicher Information zu demonstrieren.

a) Unvollständige Aufklärung

Am einfachsten scheint sich die Frage nach etwaigen Aufklärungspflichten dann zu beantworten, wenn bereits durch den Insider Informationen in bezug auf sein Unternehmen verbreitet wurden, die unvollständig sind oder zusätzlicher Erklärung bedürfen. Wenn die Information wegen der Unvollständigkeit von Außenstehenden nicht richtig interpretiert werden kann oder gar irreführend ist, wird stets eine Verletzung der Aufklärungspflicht vorliegen[122]. Dies wird sogar dann angenommen, wenn die außenstehenden Anleger die Möglichkeit hatten, sich die fehlende Information selbst durch Einsichtnahme in die Bücher der Gesellschaft oder andere Nachforschungen zu verschaffen[123]. Allerdings spielt auch die finanzielle Erfahrung des Außenstehenden — jedenfalls im Rahmen direkter Geschäfte zwischen In- und Outsidern — eine gewisse Rolle. Bei Geschäften an der Börse oder im Freiverkehr kommt es dagegen weder auf die besonderen Kenntnisse einiger Außenstehender noch darauf an, daß nicht-geschulte Anleger sich von einem Broker Rat holen können.

b) Geschäftsentwicklungen

Änderungen der Dividendenausschüttungen können je nach der zu erwartenden Marktwirkung als wesentliche Informationen gelten. Obgleich der Dividendenbeschluß durch den Verwaltungsrat gefaßt wird, kann das Stadium der „Materiality" schon früher erreicht sein, wenn bereits aufgrund der vorliegenden Geschäftsergebnisse oder von Emp-

---

[122] SEC v. Management Dynamics, Inc., CCH Fed. Sec. L. R. (Current), § 94, 468 (S. D. N. Y. 1974).

[123] "We should always be wary of holding that a purchaser of securities, who deals with the corporate insider, could have found out omitted material facts by examining the corporate books or undertaking other extensive investigations. To do so is to allow the insider to present prospective purchasers with a mountain of information which they cannot possibly digest and excuse themselves from liability on the basis that they did not provide the right answers because they were not asked the right questions." Stier v. Smith, 41 U. S. L. W. 2478 (1973) (5th Cir. 1973). Obgleich die Entscheidung kein Börsengeschäft betrifft, stellt sich die Frage, ob nicht das gleiche auch bei anonymen Börsentransaktionen gelten muß, wenn außergewöhnlich wichtige Informationen nur in schwer verständlicher Form im Börsenprospekt, Jahresbericht oder Proxy Statement auftauchen.

fehlungen der Unternehmensleitung ein bestimmtes Ergebnis der Beratungen des Verwaltungsrats wahrscheinlich ist. Hier wie bei allen anderen Informationen, deren „Materiality" nicht eindeutig im voraus feststellbar ist, empfiehlt es sich, wenn kauf- oder verkaufswillige Insider sich die Testfrage[124] stellen, ob sie außer der fraglichen Information noch andere Gründe für das betreffende Geschäft nennen können. Wenn die Antwort negativ oder nicht überzeugend ausfällt, besteht seit der *TGS*-Entscheidung[125] eine große Wahrscheinlichkeit dafür, daß ein Gericht die fragliche Information als „wesentlich" qualifizieren würde. Allgemein läßt sich sagen, daß die Bedeutung von Informationen zunimmt, je weiter sie außerhalb des Normalen liegen. Da es auf die voraussichtliche Marktwirkung der Information ankommt, interessieren Veränderungen des Unternehmenswertes oder der Ertragskraft nur insofern, als sie Auswirkungen auf den Marktwert der Kapitalanteile des Unternehmens haben. Solche Auswirkungen liegen andererseits bei gewissen Vorgängen, wie Aktien-Splits, Ausgabe von Gratis-Aktien oder Bezugsrechten, die den Wert des Unternehmens nicht berühren, durchaus nahe, so daß Informationen darüber zu den wesentlichen Nachrichten gerechnet werden[126].

Ungelöst ist immer noch die Frage der Bedeutung von Auskünften über die neueste und künftige Geschäftsentwicklung durch die Unternehmensleitung. Sofern es sich dabei um Schätzungen handelte, wurden solche Auskünfte bislang nicht als wesentliche Informationen über „Tatsachen" angesehen[127]. Seitdem jedoch die SEC in Anerkennung der Bedeutung, die solchen Schätzungen in den Augen des Anlegerpublikums zukommt, die Unternehmen zur Veröffentlichung derartiger Auskünfte ausdrücklich ermutigt hat, ist die bisherige Beurteilung in Frage gestellt. Die Änderung der bisherigen Einstellung der SEC spricht dafür, daß es in Zukunft auf die Abwägung zweier Faktoren ankommen wird:

Einerseits ist völlig unbestritten, daß Verwaltungsratsmitglieder und andere leitende Unternehmensangehörige auch weiterhin das Recht haben sollen, ihr Geld in Wertpapieren des Unternehmens anzulegen und bei der Vornahme von Wertpapiergeschäften von ihrem „educated guess" Gebrauch zu machen. Andererseits ist seit dem „Policy State-

---

[124] Nach *Wander*, I. C. L. E. 53, 59 (1969).

[125] 401 F. 2d 833, 851 (2d Cir. 1968).

[126] Weitzen v. Kearns, 271 F. Supp. 616, 618 (S. D. N. Y. 1967); vgl. ferner: *Bromberg*, 170.1 f. und NYSE *Company Manual*, CCH Fed. Sec. L. R., Bd. 2, § 23, 121, p. 17, 097 - 2; letzteres zählt zu den wichtigen Nachrichten auch die Entwicklung neuer Produkte, den Abschluß von Verträgen und die Entdeckung von Bodenschätzen. Zur Wirkung von Aktien-Splits vgl. *Fleischer / Mundheim / Murphy*, 121 U. Pa. L. Rev. 798, 799 Fn. 5.

[127] *Bromberg*, 168.2.

ment" der SEC anerkannt, daß es sich bei Ertragsschätzungen der Unternehmen um „material events" handelt, die — gerade weil sie aus authentischer Quelle stammen — geeignet sind, das Anlegerverhalten weitgehend zu beeinflussen. Wenn daher ein Insider Kenntnis davon hat, daß die Unternehmensleitung beabsichtigt, in Kürze eine Gewinnprojektion zu veröffentlichen, könnte das allein ausreichen, ihn bis zur Veröffentlichung von weiteren Geschäften zu disqualifizieren.

c) Unternehmensverschmelzungen

Zu den außerordentlichen Ereignissen, die dem Insider Zurückhaltungs- bzw. Aufklärungspflichten auferlegen, gehören vor allem Unternehmenszusammenschlüsse durch Fusion, zumal wenn es sich um eine Fusion durch Aufnahme („statutory merger") handelt und den Aktionären der untergehenden Gesellschaft ein attraktives Umtauschangebot gemacht werden soll. Aber auch Verschmelzungen durch Neubildung („consolidation") und andere Formen der Fusion wie die Fusion durch Übertragung des Gesellschaftsvermögens („transfer of assets") und Fusion durch unmittelbares Umtauschangebot an die Aktionäre („fusion by exchange of shares")[128] sind hier zu nennen[129], da sie ebenfalls geeignet sind, erhebliche Marktwirkungen auszulösen.

Sofern zur Durchführung der Fusion ein Aktionärsbeschluß erforderlich ist (so bei *statutory merger, consolidation* und *transfer of assets)* sorgt Sec. 14 (a) SEA[130] in Verbindung mit Rule 14 a-3 und Schedule 14A[131] für die Aufklärung der Aktionäre. In dem Abstimmungsvorschlag, den die Gesellschaft ihren Kapitaleignern macht, sind u. a. anzugeben:

(a) Die wesentlichen Züge des Fusionsplans sowie die Gründe für den Vorschlag und die Auswirkungen auf die Anteilsrechte.

(b) Ferner muß das Unternehmen des Fusionspartners beschrieben werden, und über beide Partner ist darzulegen, ob Dividenden- oder Zinsrückstände bestehen, wie hoch die tatsächliche und die formelle Kapitalisierung ist, welche Gewinne während der letzten fünf Jahre erzielt und welche Dividenden erklärt wurden sowie die Höhe des Buchwerts pro Kapitalanteil am Ende des letzten Geschäftsjahrs und nach Möglichkeit auch für das laufende Geschäftsjahr.

(c) Schließlich sind noch die Kurswerte der betroffenen Wertpapiere beider Fusionspartner (Börsen- und Freiverkehrswerte) während der

---

[128] Zum letzteren vgl. den Abschnitt über Tender Offers, B V. 2 d.

[129] Zu den Verschmelzungsformen im einzelnen: *Conad,* I. E. C. L., Bd. 13, Ch. 6, 77 ff.

[130] 15 U. S. C. § 78 n.

[131] 17 C. F. R. § 240. 14 a - 3 u. 14 a - 101, Item 14.

letzten zwei Jahre anzugeben. Diese Angaben können allerdings unterbleiben, wenn der Plan die Liquidation der Gesellschaft, die den Abstimmungsvorschlag macht, vorsieht.

Wenn der Vorschlag auf den Kauf oder Verkauf von Gesellschaftsvermögen oder Teilen davon gerichtet ist, sind außerdem vorzulegen[132]:

(a) Eine Beschreibung der Art und des Lageortes;

(b) Angaben über die Art und Höhe der Bezahlung sowie hinsichtlich ihrer Angemessenheit des Angebots („fairness");

(c) Name und Adresse des Verkäufers bzw. Käufers sowie eine Beschreibung der Beziehungen zwischen Käufer und Verkäufer, und schließlich

(d) eine kurze Darstellung der wesentlichen Züge des Vertrages.

Hinzu kommen allgemeine Angaben, die zu jedem Abstimmungsvorschlag gemacht werden müssen[133]. Allerdings finden die *Proxy*-Regeln nur auf solche Gesellschaften Anwendung, deren Wertpapiere an einer nationalen Börse notiert oder bei der SEC gem. Sec. 12 (g) SEA registriert sind, da für die übrigen, kleineren Unternehmen die Einhaltung der Proxy-Regeln für zu kostspielig gehalten wird.

Wichtiger als dieser Schönheitsfehler ist wahrscheinlich die Tatsache, daß diese Informationen in erster Linie nicht für den Markt, sondern für den abstimmungsbereiten Aktionär gedacht sind. Sie werden also erst vor der Abstimmung verbreitet. Dagegen liegen keine Gesetzes- oder Verwaltungsbestimmungen darüber vor, ob und welche Informationen vor dem Erreichen des Endstadiums des Fusionsprozesses zu veröffentlichen sind.

Gewöhnlich lassen sich mindestens vier Schritte unterscheiden, die den Ablauf einer Fusion kennzeichnen[134]: (1) Entwurf eines Plans und seine Authorisierung durch die entsprechenden Stellen innerhalb eines Unternehmens; (2) Aufnahme von Verhandlungen mit dem anderen Unternehmen; (3) Festlegung der Bedingungen durch die vertretungsberechtigten Organe und (4) Billigung durch die Aktionäre. Solange das Verfahren sich noch im ersten Stadium befindet, kann von „wesentlicher" Information grundsätzlich nicht gesprochen werden, selbst wenn bereits ein Verwaltungsratsbeschluß vorliegt[135]. Eine Ausnahme gilt allerdings, wenn wegen bereits bestehender Beherrschungsmöglichkeiten

[132] Schedule 14 A, Item 16, 17 C. F. R. § 240. 14 a - 101.

[133] Vgl. Schedule 14 A, Item 5.

[134] Vgl. *Bromberg*, 173.

[135] List v. Fashion Park, Inc., 340 F. 2d 457 (2d Cir. 1965), cert. denied, 382 U.S. 811 (1965); Cohen v. Colvin, 266 F. Supp. 677, 682 (S. D. N. Y. 1967).

der Ausgang der Fusionsverhandlungen nicht fraglich sein kann[136]. Wenn dagegen der Erfolg der Verhandlungen noch keineswegs feststeht, brauchen auch nach ihrer Aufnahme Insider nicht generell von Wertpapiergeschäften Abstand zu nehmen[137]. Im Zweifelsfall setzen sie sich jedoch der Gefahr aus, wegen Mißbrauchs wesentlicher Informationen verklagt zu werden[138]. Die Grenze zwischen wesentlicher und unwesentlicher Information verläuft hier entsprechend dem Verhandlungsfortschritt[139].

Ist erst einmal das Stadium der „materiality" erreicht, so kann der Insider Rule 10 b-5 nicht dadurch umgehen, daß er Aktien des anderen Fusionspartners kauft. Aufgrund der Verhandlungen wäre nämlich eine Beziehung zum anderen Fusionspartner hergestellt, die es rechtfertigen würde, ihn als „Insider" beider Gesellschaften anzusehen[140]. Dabei sind allerdings die Größenverhältnisse der an einer Fusion beteiligten Gesellschaften zu berücksichtigen. Während die Verschmelzung für die untergehende Gesellschaft in der Regel ein außerordentliches Ereignis darstellt, kann dasselbe Ereignis für die Aktionäre der überlebenden Gesellschaft relativ unbedeutend sein. Die von der SEC im Hinblick auf Sec. 16 (b) niedergelegte Regel in Rule 16 b-7[141] (Unbeachtlichkeit der Fusion zugunsten der Insider der größeren Gesellschaft, wenn das Verhältnis der Fusionspartner zueinander 85 : 15 beträgt oder übersteigt), könnte hier als Richtlinie gelten, wobei es allerdings auf den jeweiligen Einzelfall ankommt[142].

d) Öffentliche Übernahmeangebote

Wenn der Erwerb oder die Verschmelzung nicht im Verhandlungswege, sondern durch öffentliches Übernahmeangebot (*Tender Offer*) an die Aktionäre der anderen Gesellschaft (Zielgesellschaft) erfolgen soll, ist — seit Inkrafttreten der Novelle von 1968[143] — die umfassende Infor-

---

[136] Speed v. Transamerica Corp., 99 F. Supp. 808 (D. Del. 1951).

[137] James Blackstone Memorial Library Assoc. v. Gulf, Mobile & Ohio R. R. Co., 264 F. 2d 445 (7th Cir. 1959), *cert. denied* 361 U.S. 815 (1959); "hopes, perhaps with some reason" nicht mitteilungsbedürftig.

[138] In the Matter of Ward la France Truck Corp., 13 S. E. C. 373 (1943).

[139] Vgl. *Bromberg*, 174.

[140] Vgl. In the Matter of Ward la France Corp. (oben Fn. 138).

[141] Vgl. oben Kap. 2 E V. 4.

[142] Beispielsweise könnten wichtige Patente, die sich im Besitz der kleineren Gesellschaft befinden, auch für wesentlich größere Gesellschaften von so erheblicher Bedeutung sein, daß die Bekanntgabe des Fusionsvertrags Auswirkungen auf die Marktwerte der Wertpapiere beider Gesellschaften hat.

[143] Zur „Williams Act" vgl. oben Kap. 2 D III und E V. 5.

mation der so angesprochenen Aktionäre gesichert[144]. Da bei derartigen Akquisitionen im Vorbereitungsstadium strikte Geheimhaltung herrschen muß, um nicht den Marktpreis für Aktien der Zielgesellschaft vorzeitig hochzutreiben, sind vor Veröffentlichung des Übernahmeangebots die in den Plan eingeweihten Führungskräfte, Großaktionäre und Banken des Anbieters der Versuchung ausgesetzt, ihr besonderes Wissen durch Marktspekulation zu verwerten. Daneben stellt sich auch für das angreifende Unternehmen selbst die Frage, wieviele Kapitalanteile der Zielgesellschaft es unauffällig noch vor Bekanntgabe des Übernahmeangebots erwerben darf.

Spätestens mit Erreichen der 5-Prozent-Grenze unterliegt das heimlich kaufende Unternehmen auch ohne öffentliches Übernahmeangebot den Publizitätsvorschriften des *Williams Act*[145]. Problematisch und bisher nicht eindeutig gelöst ist aber die Frage, ob die unterhalb dieser Grenze liegenden Erwerbungen mangels Aufklärung über die Absicht, durch Übernahmeangebot die Kapitalmehrheit zu erwerben, gegen Rule 10 b-5 oder die entsprechende anti-fraud-Regel in Sec. 14 (e) SEA verstoßen. Eine auf die Gleichbehandlung aller betroffenen Aktionäre abzielende SEC-Rule untersagt lediglich solche Käufe, die vom Zeitpunkt des Übernahmeangebots an gemacht werden[146]. Im Anschluß an eine Entscheidung aus dem Jahre 1955[147] haben die Gerichte verschiedentlich sowohl die „Insider"-Stellung des Anbieters verneint als auch die Qualifizierung seiner Pläne als „inside"-Information[148]. Von den Vertretern dieser Ansicht wird hervorgehoben, daß es in der Tender Offer-Situation an einer *fiduciary position* gegenüber den Aktionären der Zielgesellschaft fehle und Geheimhaltung des Angriffs geradezu Wesenselement des Programms sei[149]. Außerdem wird aus der Tatsache des Erlasses gesetzlicher Informationspflichten nach dem *Williams Act* gefolgert, daß vorher — also unter Rule 10 b-5 allein — keine entsprechenden Pflichten bestanden hätten[150]. Eine Ausnahme soll nach dieser Ansicht nur gelten, wenn der Anbieter bereits Zugang zu nicht-öffentlichen Infor-

---

[144] Vgl. oben Kap. 2 D III.

[145] Vgl oben Kap. 2 E V. 5

[146] Rule 10 b - 13, 17 C. F. R. § 240. 10 b - 13; vgl. auch § 240. 10 b - 6.

[147] Mills v. Sarjem Corporation, 133 F. Supp. 753 (D. N. J. 1955) (betr. Plan von Außenseitern, die Kapitalanteile einer Brücken-Betriebsgesellschaft zusammen mit denen einer weiteren Gesellschaft mit gutem Gewinn in eine dritte Gesellschaft einzubringen).

[148] Vgl. Jacobsen Manufacturing Company v. Sterling Precision Corporation, 282 F. Supp. 598 (E. D. Wis. 1968); General Time Corporation v. Talley Industries, Inc., 403 F. 2d 159, 164 (2d Cir. 1968), *cert. denied* 89 S. Ct. 631 (1969).

[149] Vgl. *Jennings*, 62 Nw. U. L. Rev. 809, 815 (1968); *Bromberg*, 122 ff.; *Fleischer / Mundheim / Murphy*, 121 U. Pa. L. Rev. 798; *Fleischer*, p. 811 (1973).

[150] General Time Corp. v. Talley Ind., Inc. (oben Fn. 148).

mationen über die Zielgesellschaft selbst hat[151] oder er hinsichtlich seiner Gründe für den Erwerb falsche oder irreführende Angaben macht[152].

Demgegenüber ist neuerdings in der Rechtsprechung die Auffassung im Vordringen, daß auch das bloße Verschweigen einseitiger Pläne des Aktienerwerbers eine Verletzung von Sec. 14 (e) und Rule 10 b-5 darstellt, wenn die Information so wesentlich ist, daß sie voraussichtlich die Entscheidung des verkaufenden Aktionärs beeinflußt hätte[153]. Ein weiterer Lösungsweg, der den Vorteil bieten würde, daß das Aufklärungsinteresse des Einzelnen und die im Rahmen von Übernahmevorbereitungen liegenden besonderen Geheimhaltungsbedürfnisse gegeneinander abgewogen werden können, würde in der Vorverlegung der spezifischen Informationspflichten der *Williams Act* in das Vorbereitungsstadium liegen, wenn zur Vorbereitung des Übernahmeangebots Aktien erworben werden. Die Auslegung der gesetzlichen Aufklärungsvorschriften — soweit sie an das Vorliegen eines Übernahmeangebots anknüpfen — steht dem nicht unbedingt entgegen, zumal das Gesetz den Begriff „Tender Offer" nicht definiert. In dieselbe Richtung geht eine offizielle Stellungnahme der SEC, wonach eine „Tender Offer" keinesfalls stets ein öffentliches Angebot an die Aktionäre voraussetzt, sondern auch im systematischen Erwerb von Aktien über den Markt liegen kann, wenn damit die Absicht verbunden ist, die Kontrolle über eine andere Gesellschaft zu erlangen[154].

Auch hinsichtlich der Mitglieder der Unternehmensführung der angreifenden Gesellschaft und anderer Insider ist die Rechtslage keineswegs klar. Fest steht nur, daß unternehmensangehörige Insider nach dem Recht des Staates New York und auch dem Common Law anderer Staaten ihrer eigenen Gesellschaft gegenüber verantwortlich sind, wenn sie ohne deren Wissen ihre Kenntnis des bevorstehenden Übernahmeangebots zu Spekulationen mit Papieren der Zielgesellschaft ausnut-

---

[151] Vgl. Speed v. Transamerica Corporation, 99 F. Supp. 808 (D. Del. 1951) (betr. Transamericas Kenntnis vom wahren Wert des Tabaklagers der Gesellschaft, deren Aktien sie zum Marktpreis erwarb, in der Absicht, durch Liquidation sich den Wert des Tabaklagers zuzueignen).

[152] Jacobsen Mfg. Comp. v. Sterling Precision Corp. (oben Fn. 148).

[153] Gulf & Western Industries, Inc. v.Great Atlantic & Pacific Tea Company, Ind., 476 F. 2d 687 (2d Cir. 1973); Corenco Corporation v. Schiavone & Sons, Inc., 362 F. Supp. 939 (S. D. N. Y. 1973) (Verletzung von Sec. 14 (e) SEA durch Verschweigen finanzieller Daten der Anbieterin über sich selbst); Neumann v. Electronic Specialty Co., CCH Fed. Sec. L. R. 1970/71, § 92, 955 (N. D. Ill. 1970); Washburn v. Madison Square Garden Corp., 340 F. Supp. 504 (S. D. N. Y. 1972).

[154] Cattlemen's Investment Company, CCH Fed Sec. L. R., 1971/72, § 78, 775 (SEC, Div. of Corp. Fin., January 4, 1972); a. M. aber *Fleischer / Mundheim / Murphy*, 121 U. Pa. L. Rev. 798, 812 (1973); a. M. auch *Aranow / Einhorn*, 74 ff.; krit. dazu *Bialkin*, 48 N. Y. U. L. Rev. 1227 ff. (1973).

zen[155]. Andererseits ist es durchaus umstritten, ob auch die Aktionäre der Zielgesellschaft, die an ihn verkauft haben, den Käufer wegen Verletzung von Rule 10 b-5 belangen können. Wie schon im Fall der heimlich kaufenden Gesellschaft selbst wird hier teilweise argumentiert, daß gegenüber Aktionären der Zielgesellschaft Offenbarungspflichten nicht bestünden, weil die Information nicht aus dem Bereich jener Gesellschaft stamme, also in bezug auf jene Gesellschaft keine inside-Information und der Käufer nicht Insider sei[156]. Selbst die unter den angreifenden Gesellschaften verbreitete Praxis der Vorweginformation spezieller Geschäftspartner und Investmentgesellschaften, deren Wohlwollen und Unterstützung die angreifende Gesellschaft sich dadurch erhalten will, daß sie ihnen die Chance zum sicheren Marktgewinn gibt („warehousing"), wird in dieser Weise gerechtfertigt[157]. Allerdings sind gegenüber der Gültigkeit dieser Auffassung Zweifel spätestens angebracht, seitdem die Rechtsprechung unter immer deutlicherer Abkehr von den verhältnismäßig engen Voraussetzungen der „Special Facts"-Theorie des Common Law mehr auf die Verletzung der „Fairness" abstellt als auf das Vorhandensein einer Treuebeziehung im gesellschaftsrechtlichen Sinne. Neuere Entscheidungen weisen jedenfalls in Richtung auf das Ziel gleichen Zugangs zu allen wesentlichen Informationen, auch wenn sie nicht unmittelbar aus dem Unternehmen stammen, sondern von außen kommend den Wert seiner Kapitalanteile beeinflussen.

Obgleich schon durch die Entscheidungen in *Cady Roberts*[158] und in *Texas Gulf Sulphur*[159] der Kreis der Informationen und der Aufklärungsverpflichteten wesentlich erweitert worden war, wird erstmalig in der Entscheidung *SEC v. Great American Industries, Inc.*[160] die Notwendigkeit der Herkunft der Information und der Aufklärungspflichtigen aus dem Bereich des Unternehmens ausdrücklich in Frage gestellt. Allerdings bestand in jenem Fall keine Veranlassung zum Betreten von juristischem Neuland, da auch aktive Täuschungshandlungen vorlagen, so daß das Gericht es bei dieser Andeutung beließ. Wenig später wies

---

[155] Vgl. Brophy v. Cities Service Co., 70 A. 2d 5 (Del. Ch. 1949); Diamond v. Oreamuno, 248 N. E. 2d 910 (N. Y. 1969) — Der Anspruch richtet sich auf den erzielten Gewinn und steht der Gesellschaft zu. Dahinter steht der Gedanke, daß der Informationswert ein Unternehmensgut sei. Vgl. auch Penn Mart Realty Company v. Becker, 300 F. Supp. 731 (S. D. N. Y. 1969).

[156] So z. B. *Fleischer / Mundheim / Murphy*, 121 U. Pa. L. Rev. 798, 813 ff. (1973).

[157] Vgl. *Fleischer / Mundheim / Murphy*, p. 811 ff.

[158] Vgl. oben Fn. 27.

[159] Vgl. oben Fn. 111.

[160] 407 F. 2d 453 (2d Cir. 1968), cert. denied 395 U.S. 920 (1969).

der *Supreme Court* in einem anderen Fall eine zu engherzige Interpretation der Rule durch den *Second Circuit* zurück und betonte:

"Section 10 (b) must be read flexibly, not technically and restrictively."[161]

Diese Einstellung liegt auch der Entscheidung des Supreme Court in *Affiliated Ute Citizens of Utah v. United States*[162] zugrunde, in der es u. a. um die Frage ging, ob zwei Bankangestellte in Kenntnis des allgemeinen Marktpreises für bestimmte Kapitalanteile die geschäftlich unerfahrenen Inhaber der Anteile zum Verkauf bewegen durften, ohne sie über den Marktpreis aufzuklären. Obgleich diese Information nicht allein aus dem Bereich der Kapitalgesellschaft stammte[163], sondern eine grundsätzlich jedermann zugängliche Marktinformation war, entschied das höchste Bundesgericht für die Kläger, weil sie — auch soweit ihnen entsprechende Erklärungen nicht gemacht worden seien, darauf vertraut hätten, daß die gezahlten Preise Marktpreise darstellten[164].

Sicher bedeuten diese Entscheidungen nicht den Abschied von einer der Grundlagen des geltenden Systems freien Wettbewerbs, das den Tüchtigen dadurch belohnt, daß es ihm die Ausnutzung seiner besseren Marktkenntnisse gestattet[165]. Andererseits kann kein Zweifel daran bestehen, daß Auswüchse, die von der Rechtsprechung an dem schwer abgrenzbaren Begriff „Fairness" gemessen werden, nicht geduldet werden, auch wenn sie von dem traditionellen Bild des Mißbrauchs von *inside*-Informationen abweichen[166].

---

[161] Superintendent of Insurance of the State of New York v. Bankers Life and Casualty Company, CCH Fed. Sec. L. R., 1971/72, § 93, 262, p. 91, 564 (U.S. Supr. Ct. 1971).

[162] CCH Fed. Sec. L. R., 1971/72, § 93, 443 (U.S. Supr. Ct. 1971) = 406 U.S. 128.

[163] Insoweit als der Marktpreis dem anteilsmäßigen Unternehmenswert entsprach, konnte die Information darüber natürlich auch dem Unternehmensbereich zugeordnet werden.

[164] Es kam hinzu, daß die Bank, die sich zur ordnungsgemäßen Abwicklung aller Verkäufe bereiterklärt hatte, vom Gericht als „Market Maker" angesehen wurde (a.a.O., p. 92, 188).

[165] *Fleischer / Mundheim / Murphy*, 121 U. Pa. L. Rev. 798, 816 (1973).

[166] Aufschlußreich ist das wiederholte Bekenntnis zur Anhebung der Geschäftsmoral im Wertpapierverkehr durch den Supreme Court in *Affiliated Ute Citizens* (oben Fn. 162) at p. 92, 188: "These proscriptions (in Sec. 10 und Rule 10 b - 5) ... are broad and, by repeated use of the word 'any', are obviously meant to be inclusive. The Court has said, that the 1934 Act ... embrace(s) a 'fundamental purpose ... to substitute a philosophy of *caveat emptor* and thus to achieve a high standard of business ethics in the securities industry' (SEC v. Capital Gains Research Bureau, 375 U.S. 180, 186 [1963])." Vgl. auch Birdman v. Electro Catheter Corp., CCH Fed. Sec. L. R., 1973, § 93, 934 (E. D. Pa. 1973), wo das Gericht es als Policy von Rule 10 b - 5 bezeichnet, daß alle Anleger „relatively equal access" zu wesentlichen Informationen haben. Ferner: Mitchell v. Texas Gulf Sulphur Company, 446 F. 2d 90, 101 (10th Cir. 1971).

e) Marktinformationen

Spätestens seit der Entscheidung des Supreme Court in *Affiliated Ute Citizens*[167] kann es keinesfalls mehr als gesichert gelten, daß selbst reine Marktinformationen, wie beispielsweise die Kenntnis vom Bevorstehen des Verkaufs eines größeren Pakets bestimmter Aktien oder von einer in Kürze zu erwartenden Veröffentlichung über ein Unternehmen, nicht wie echte inside-Informationen Offenbarungs- oder Zurückhaltungspflichten auslösen. Besonders wenn der Markt für die Kapitalanteile eines Unternehmens nicht sehr groß ist, können die genannten Vorgänge Kursrückgänge bzw. — je nach der Tendenz des Berichts und einer eventuellen Empfehlung — Kurssteigerungen auslösen.

So kann es nicht überraschen, daß in einem Schadensersatzprozeß ein Antrag auf Klageabweisung (durch *Summary Judgment*) zurückgewiesen wurde, nur weil das beklagte Unternehmen bei der Herausgabe eines Prospekts zur Vorbereitung einer Emission es unterlassen hatte, darin die ihm bekannte Verkaufsabsicht zweier Großaktionäre zu erwähnen[168]. Lediglich das Ausmaß des nach damaliger Schätzung zu erwartenden Kursrückgangs infolge des Verkaufs und damit die „Wesentlichkeit“ der Information schienen noch fraglich. Falls die Entscheidung durch die Rechtsprechung der übrigen Bundesgerichte bestätigt wird — und daran besteht angesichts der *Affiliated Ute Citizens*-Entscheidung kaum Grund zu Zweifeln —, wird dies zu erhöhten Abgrenzungsschwierigkeiten führen und die Freiheit des Insiders, mit Aktien der eigenen Gesellschaft zu spekulieren, weiter beschneiden. Andererseits rechtfertigen die bisherigen Entscheidungen nicht die Befürchtung, daß mit Hilfe von Rule 10 b-5 ein noch nicht dagewesener Informations-Egalitarismus eingeführt werde, der jeden besser-Informierten zur Preisgabe seiner Informationen zwinge[169]. Abgesehen davon, daß dieser Zustand unmöglich zu erreichen und in einer Leistungsgesellschaft nicht wünschenswert wäre, stellt die Rechtsprechung — jedenfalls bei Verheimlichungen von Marktinformationen — ausdrücklich auf das Vorliegen eines Vertrauensverhältnisses ab[170].

---

[167] Vgl. Fn. 162.

[168] Birdman v. Electro-Catheter Corporation, CCH Fed. Sec. L. R., 1973, § 93, 934 (E. D. Pa. 1973).

[169] So aber *Fleischer / Mundheim / Murphy,* 121 U. Pa. L. Rev. 798, 824 ff. (1973).

[170] Vgl. auch die Rechtsprechung zur sog. „shingle“-Theorie, nach der Broker / Dealers besonderen Fairness-Standards in ihren Kunden-Geschäften unterliegen: *Jacobs,* 57 Cornell L. Rev. 869, 877 (1972); generell: *Loss,* Bd. 3, 1482 ff.; SEC v. Charles A. Morris & Associates, Inc., CCH Fed. Sec. L. R., 1973, § 93, 756 (W. D. Tenn. 1973): Verheimlichung des Marktpreises gegenüber Kunden als Verletzung von Rule 10 b - 5 und Sec. 17 (a) SA angesehen.

Dies kommt auch deutlich in der Rechtsprechung zur Ausnutzung von Anlageempfehlungen durch den Anlageberater selbst (*Scalping*) zum Ausdruck[171]. Anlaß waren die Praktiken einiger Beratungsdienste, die kurz vor Mitteilung ihrer Kauf-Empfehlung an ihren Abonnentenkreis in Erwartung eines durch vermehrte Kauforders steigenden Kurses selbst Aktien kauften, um sie danach zum höheren Kurs wieder zu verkaufen. Der Supreme Court urteilte, daß die Abonnenten zu Recht darauf vertrauen durften, Empfehlungen zu erhalten, die vom persönlichen Gewinnstreben des Beraters unbeeinflußt waren[172]. Das Verhalten des Anlageberaters verstieß daher gegen die, Rule 10 b-5 entsprechende, anti-fraud-Vorschrift des *Investment Advisers Act* von 1940[173].

Davon zu trennen ist die Frage, ob auch dem übrigen Publikum gegenüber — insbesondere in bezug auf die Aktionäre, die an den Berater verkauft haben — eine Täuschung durch Verheimlichung der bevorstehenden Anlageempfehlung vorliegt. Da es insoweit an einer Vertrauensbeziehung fehlt, erscheinen Ersatzansprüche von ehemaligen Aktionären zweifelhaft, solange nicht feststeht, daß der Berater ohne sachlichen Grund und nur in der Absicht, den Marktpreis zu manipulieren, die Empfehlung ausgesprochen hat. Angesichts der Schwierigkeit dieser Feststellung sowie des Schadensnachweises ist es leicht erklärlich, wenn private Schadensersatzklagen auf diesem Gebiet selten sind und die Durchsetzung von Geboten der Fairness der SEC obliegt[174].

Eine weitere Möglichkeit, der Ausnutzung solcher Informationen, die gewöhnlich in Verfolgung beruflicher Funktionen anfallen, zu begegnen, hat der Gesetzgeber durch die Novelle von 1970 zum *Investment Company Act* für den Bereich der Kapitalanlagegesellschaften geschaffen[175]. Danach ist die SEC ermächtigt, Investmentgesellschaften, ihren Beratern und Emissionsinstituten die Annahme eines Ehrenkodex aufzuerlegen, durch den u. a. gerade auch die Ausnutzung von Vorweg-Informationen über Kauf- oder Verkaufsabsichten der Fonds verboten werden soll[176]. Ähnliche Richtlinien liegen bereits seit längerem für Mit-

---

171 Vgl. *Fleischer / Mundheim / Murphy*, 121 U. Pa. L. Rev. 798, 818 (1973).

172 SEC v. Capital Gains Research Bureau, Inc., 375 U.S. 180 (1963); vgl. auch Kidder, Peabody & Co., Inc., SEC Exchange Act Release No. 8426 (Oct. 16, 1968), CCH Fed. Sec. L. R., 1967/69, § 77, 618.

173 15 U. S. C. § 80 b - 6.

174 Vgl. in diesem Zusammenhang das Verbot des „Touting“ in Sec. 17 (b) SA (scheinbar neutrale Veröffentlichungen, die aber in Wahrheit gegen Bezahlung erfolgen und irreführend sind, über Wertpapiere: *Loss*, Bd. 3, 1517; In the Matter of Professional Investors, Inc., 37 S. E. C. 173 (1956). SEC v. Campbell, CCH Fed. Sec. L. R., 1972, § 93, 580 (C. D. Cal. 1972) (betr. „Scalping“ durch Börsenjournalisten); kritisch zur Anwendbarkeit von Rule 10 b - 5 in diesem Zusammenhang: *Fleischer / Mundheim / Murphy*, p. 829 ff.

175 15 U. S. C. § 80 a - 17 (j) (1971).

176 Der SEC-Entwurf einer Rule zu Sec. 17 (j) sieht sogar ein absolutes Verbot von Geschäften vor, durch die sog. „acccess persons“ Informationen

glieder der New York Stock Exchange und der American Stock Exchange vor[177].

C. Ergebnis

Zusammenfassend ist festzuhalten, daß — ausgehend von den drei zu Anfang[178] genannten Kriterien — „wesentliche" Informationen jedenfalls dann vorliegen, wenn ihr Inhaber deutlich bessere Gewinnchancen — und seien sie auch spekulativer Art — als der übrige Markt hat. Wichtiger, wenn nicht der wichtigste, Anhaltspunkt für die Würdigung der Information ist die Zunahme von Wertpapiergeschäften durch Informationsinhaber, wobei in sich spekulative Geschäfte wie Termingeschäfte von besonderer Bedeutung sind. Entscheidend ist aber letztlich die für jeden Einzelfall getrennt zu beantwortende Frage nach der „Fairness" der fraglichen Geschäfte.

Demgegenüber tritt — gerade in der neueren Rechtsprechung — die Frage nach der Herkunft der Information aus dem Unternehmensbereich oder von außen immer weiter in den Hintergrund. Aber obgleich diese Unterscheidung nicht immer einfach zu treffen ist, ist sie noch keineswegs gegenstandslos. Während Informationen aus dem Unternehmensbereich (ihre „Wesentlichkeit" vorausgesetzt) von niemandem, der ihre Herkunft kennt oder kennen müßte, in Geschäften mit Papieren des betreffenden Unternehmens ausgenutzt werden dürfen, rechtfertigt die Entwicklung der Rechtsprechung bislang noch nicht den gleichen Schluß in bezug auf Marktinformationen. Die Ausnutzung solcher von außen kommender Informationen ist aber jedenfalls solchen „Markt-Insidern", die zu anderen Anlegern in einem beruflichen, durch Auftrag oder Gesellschaftsverhältnis begründeten Vertrauensverhältnis stehen, im Verhältnis zu diesem Personenkreis verboten. Für „Insider im traditionellen Sinne", die ihren Aktionären gegenüber die Stellung von „fiduciaries" einnehmen, ergibt sich daraus das Verbot der Ausnutzung jeglicher Informationen, die nicht-öffentlich sind und Auswirkungen auf den Kurswert der Wertpapiere des eigenen Unternehmens haben könnten.

D. Auswege

I. Unternehmenspublizität

Selbst wenn wesentliche Informationen vorliegen, begründet die Rule eine Pflicht zur Offenlegung grundsätzlich nur, wenn die Inhaber der

über das künftige Marktverhalten von Investmentfonds ausnutzen: SEC Investment Company Act *Release* No. 7581 (Dec. 26, 1972), CCH Fed. Sec. L. R., 1972/73, § 79, 157.

177 NYSE, *Member Firm Circular* No. 170 (Nov. 16, 1962); American Stock Exchange, *Information Circular* No 51 - 71 (Apr. 30, 1971).

178 Vgl. oben bei Fn. 110/111.

Informationen Papiere der Gesellschaft, auf die sich die Informationen beziehen, kaufen oder verkaufen wollen. Dann allerdings ergibt sich für sie die Alternative, entweder auf ihren Informationsvorsprung oder auf das geplante Geschäft zu verzichten. Da der Einzelne häufig — jedenfalls bei den hier besonders interessierenden Marktgeschäften — gar nicht die Möglichkeit hat, das übrige Anlagepublikum entsprechend zu unterrichten, muß die Transaktion unterbleiben, bis die Geschäftsführung des Unternehmens, die für die Veröffentlichung wichtiger, das Unternehmen betreffender Nachrichten zuständig ist, die Nachricht freigibt.

Dabei ist die Geschäftsführung grundsätzlich frei in der Wahl des Zeitpunktes. Noch immer gilt, was der *Zweite Circuit* in der *Texas Gulf Sulphur*-Entscheidung feststellte[179]:

"We do not suggest that material facts must be disclosed immediately; the timing of disclosure is a matter for the business judgment of the corporate officers entrusted with the management of the corporation, within the affirmative requirements promulgated by the exchanges and by the SEC."

Dennoch wirken verschiedene Umstände auf die Entscheidungsfreiheit der Unternehmen ein.

An erster Stelle sind hier die Richtlinien der *New York Stock Exchange* und die anderer Börsen zu nennen[180], die von den bei den betreffenden Börsen notierten Unternehmen frühzeitige Veröffentlichung aller wesentlichen Nachrichten verlangen. Danach sind Informationen zu veröffentlichen, wenn sie sich nicht mehr auf den Kreis der Geschäftsführung beschränken lassen, insbesondere wenn die Einschaltung von Outsidern (Großaktionären, Experten, Banken) notwendig wird. Spätestens aber wenn bereits Gerüchte und vermehrte Geschäftstätigkeit in bezug auf die Wertpapiere eines Unternehmens festgestellt werden, muß nach den N. Y. S. E.-Richtlinien das Unternehmen zur Veröffentlichung schreiten. Zu diesem Zweck schreiben die Richtlinien ein Verfahren vor, bei dem durch Benutzung der allgemeinen, überregionalen Pressedienste und durch entsprechende Kenntlichmachung der Mitteilung („For Immediate Release") prompte Veröffentlichung und ausreichende Verbreitung gesichert sind[181].

Daneben könnten die Beschränkungen, denen die Insider während der Geheimhaltung der Information unterliegen, die Geschäftsführung veranlassen, wichtige Nachrichten nicht länger als unbedingt notwendig geheimzuhalten. Allerdings gibt es keine judizielle Bestätigung für die

---

[179] 401 F. 2d 850 n. 12.

[180] N. Y. S. E., *Company Manual*, A - 19.

[181] Vgl. i. e. *Company Manual*, A - 23 und A - 6, wo u. a. auch die telefonische Benachrichtigung der Börse vorgesehen ist.

These, daß die Gesellschaft selbst sich der Verletzung von Rule 10 b-5 schuldig machen könne, wenn Mitglieder der Geschäftsführung auf eine bestimmte Information hin spekulieren, für deren Nichtveröffentlichung sie verantwortlich sind[182]. Die Gefahr einer Verantwortlichkeit der Gesellschaft besteht aber dann, wenn sie selbst als Käuferin oder Emittentin auftritt.

Außerdem setzt die Gesellschaft sich der Gefahr von Schadensersatzansprüchen aus, wenn sie früher bereits Veröffentlichungen veranlaßt hat, die im Licht der neueren Entwicklung falsch oder irreführend sind. Diese Konsequenz ergibt sich aus der *Texas Gulf Sulphur*-Entscheidung[183], deren zweiter Teil sich mit der Irreführung des Anlagepublikums durch eine zu vorsichtig formulierte Presseveröffentlichung des Unternehmens befaßt. Nachdem bereits allgemein Gerüchte über den Erzfund umliefen, hatte die *TGS-Company* am 12. April 1964 eine Mitteilung veröffentlicht, wonach die Gerüchte einer tatsächlichen Grundlage entbehrten und Voraussagen jedenfalls verfrüht seien. Nach Ansicht des Gerichts entsprach diese Stellungnahme nur dem Wissensstand vom 10. April, während am 12. April der *TGS* bereits neue Nachrichten vorgelegen hätten, die eine wesentlich günstigere Stellungnahme gerechtfertigt hätten. Ferner betont das Gericht die Verantwortlichkeit für irreführende Veröffentlichungen, die unabhängig davon bestehe, ob die Gesellschaft selbst Wertpapiergeschäfte tätige[184].

So große Bedeutung mißt die Rechtsprechung dem Schutz des Anlegerpublikums zu, daß sie sogar die Herausgabe fahrlässig falscher Informationen als Verletzung von Rule 10 b-5 ansieht[185]. Erforderlich ist lediglich, daß die Veröffentlichung den Zweck hat, den Marktpreis und das Marktverhalten zu beeinflussen („issued in a manner reasonably calculated to affect the market price ... and to influence the investing public") — ein Erfordernis, das praktisch bei jeder Mitteilung an die Aktionäre vorliegt.

Auch nach korrekter Benachrichtigung der Aktionäre oder der Öffentlichkeit sind Insider noch Beschränkungen unterworfen. Aus dem Verbot der Vorteilsausnutzung ergibt sich u. U. eine Pflicht zum Abwarten, bis die Öffentlichkeit Gelegenheit hat, von der Neuigkeit Kenntnis zu nehmen und darauf zu reagieren.

---

[182] *Bromberg*, 182 f.; kritisch dazu: *Halleran*, 21 Bus. Law. 1009, 1021, 1025 (1966).

[183] 401 F. 2d 833, 857 ff. (2d Cir. 1968).

[184] P. 860 - 861; ebenso: Financial Industrial Fund v. McDonnell Douglas Corporation, 315 F. Supp. 42 (D. C. Colo. 1970).

[185] SEC v. Texas Gulf Sulphur Company, 401 F. 2d 833, 860, 861 (2d Cir. 1968); Mitchell v. Texas Gulf Sulphur Company, 446 F. 2d 90, 102 (10th Cir. 1971).

II. Wahl des Zeitpunktes

Es versteht sich fast von selbst, daß Insider nach Freigabe einer Nachricht durch das Unternehmen der Veröffentlichung nicht durch eilige Spekulationsgeschäfte zuvorkommen dürfen[186]. Solange die Nachricht noch nicht allgemein zugänglich ist, behält sie ihren Charakter als inside-Information — mit allen damit verbundenen Restriktionen. Die Journalisten, die eine solche Nachricht entgegennehmen, sind daher von ihrer sofortigen Ausnutzung ebenfalls ausgeschlossen. Die Dauer der Sperre hängt davon ab, mit welcher Geschwindigkeit die Nachricht durch die Medien verbreitet wird. Entscheidend ist dabei nach Auffassung der Rechtsprechung, daß die Nachricht einen möglichst großen Kreis von Investoren erreicht und ihnen Zeit gelassen wird, die Nachricht zu verstehen. Je weniger offensichtlich der Anlage-Bezug einer Nachricht ist, desto mehr Zeit muß anscheinend verstreichen[187].

Dies kann zwar im Ergebnis in eine Benachteiligung der Insider gegenüber Teilen des Anlagepublikums umschlagen — vor allem ist hier an institutionelle Anleger zu denken, die regelmäßig die Ticker-Dienste der Börsen verfolgen —, immerhin aber hat sich die Rechtsprechung bisher nicht kleinlich gezeigt und es beispielsweise genügen lassen, wenn die Nachricht in dem Börsennachtrichtendienst mit der weitesten Verbreitung (*Dow Jones broad tape*) erschienen war. Andererseits wurde die Veröffentlichung vom Erzfund der *TGS-Company* in einem kanadischen Fachblatt nicht als ausreichende Information des amerikanischen Anlagepublikums angesehen[188].

Mit der Zunahme der Unternehmensinformationen verringert sich allerdings auch die Chance der Veröffentlichung durch die Medien. Gleichzeitig besteht die Möglichkeit, daß von der Presse Kürzungen oder andere Änderungen vorgenommen werden, die den Informationsgehalt beeinflussen. Ob in solchen Fällen Insider aus Zumutbarkeitserwägungen trotzdem zur Vornahme von Wertpapiergeschäften befugt sein sollen[189], muß angesichts der von der Rechtsprechung hervorgehobenen Absolutheit des Anlegerschutzes bezweifelt werden. Die Nichtveröffentli-

---

[186] Vgl. In the Matter of Cady, Roberts & Co., 40 S. E. C. 907, 909 (1961).

[187] *Bromberg*, 190.1; vgl. SEC v. Texas Gulf Sulphur Company, 401 F. 2d 833, 854 n. 18, wo wegen der zu erwartenden Zweifel hinsichtlich der Bemessung einer „reasonable waiting period" der Erlaß einer entsprechenden SEC-Rule befürwortet wird.

[188] SEC v. Texas Gulf Sulphur Company, 401 F. 2d 833, 853 (2d Cir. 1968); ähnl.: Mitchell v. Texas Gulf Sulphur Co., 446 F. 2d 90, 103 (10th Cir.), *cert. denied*, 404 U.S. 1004, 404 U.S. 1064 (1971): vier Tage ab Veröffentlichung; gleichf.: Shapiro v. Merrill Lynch, Pierce, Fenner & Smith, CCH Fed. Sec. L. Rep. § 95, 377 p. 98, 880 (S. D. N. Y. 1975).

chung einer Nachricht durch die Presse könnte lediglich als Indiz für ihre geringe Bedeutung angesehen werden, also das Fehlen des „Materiality"-Merkmals anzeigen.

Soweit Insider durch ihre Wartepflicht unvermeidliche Nachteile bei der Ausnutzung von Marktchancen erleiden, mag dieses Ergebnis immer noch eher akzeptabel sein als umgekehrt die Zubilligung von Marktvorteilen gegenüber dem größten Teil der Anleger. Auch wenn dadurch kurzfristige, spekulative Geschäfte von Insidern erschwert werden, bleibt die Möglichkeit zum — eigentlich erwünschten — langfristigen Engagement unangetastet erhalten.

III. Geschäfte nach Plan

Ohne auf eine Vermögensanlage in Papieren der eigenen Gesellschaft verzichten zu müssen, können Insider sich durch Anlagepläne, die den periodischen Erwerb solcher Papiere vorsehen, vor Ersatzansprüchen Dritter schützen. Wenn derartige Anlagepläne über längere Zeit hinweg genau eingehalten werden, kann unmöglich der Verdacht der Informationsausnutzung aufkommen, selbst wenn zu irgendeinem Zeitpunkt dem Insider wichtige unveröffentlichte Informationen vorliegen.

Von der New York Stock Exchange wird daher die Einhaltung solcher Anlagepläne durch die besonders gefährdeten Mitglieder der Geschäftsführung empfohlen[190]. Im übrigen sollten nach diesen Empfehlungen Geschäfte nicht vor Ablauf einer Woche nach Herausgabe des ausführlichen jährlichen oder vierteljährlichen Geschäftsberichts, des Abstimmungsvorschlags („Proxy Statement") oder Börsenprospektes und in Perioden relativ stabiler Wertpapierkurse ausgeführt werden[191]. Das setzt natürlich voraus, daß in diesen Veröffentlichungen alle aktuellen, wichtigen Fakten und Entwicklungen festgehalten sind[192].

In Anbetracht der erheblichen finanziellen Nachteile, die dem Insider durch einen Prozeß auf Gewinnherausgabe oder Schadensersatz drohen — und zwar auch dann, wenn der Insider letztlich erfolgreich ist —[193], erscheint es ratsam, wenn für Anlagegeschäfte ein Weg gewählt wird, der selbst den Verdacht unlauterer Informationsausnutzung nicht aufkommen läßt.

---

[189] So anscheinend *Bromberg*, 190.4. Vgl. dagegen N. Y. S. E., *Company Manual*, A - 26, wo auf die tatsächliche Veröffentlichung in der Presse abgestellt wird.

[190] *Company Manual*, part III.

[191] *Company Manual*, part III.

[192] *Bromberg*, 190.3.

[193] Eine Erstattung der Anwaltskosten der siegreichen Partei ist im amerikanischen Recht grundsätzlich nicht vorgesehen: *Farnsworth*, 106.

E. Durchsetzung des Mißbrauchsverbots

Das Vorhandensein zweier Durchsetzungswege, eines verwaltungs- und eines privatrechtlichen, garantiert die praktische Wirksamkeit der Rule. Insbesondere sind sowohl die prozessualen als auch die materiellrechtlichen Voraussetzungen für die Geltendmachung privater Ansprüche in letzter Zeit immer mehr zugunsten der Kläger vereinfacht worden. Dennoch bleibt die Bedeutung der Rolle der SEC ungeschmälert, die entweder durch Verwaltungsverfahren oder Klageerhebung vor den Zivilgerichten für die Einhaltung des fraud-Verbots sorgt.

I. Möglichkeiten der SEC

1. *Verwaltungsverfahren*

Ein *quasi-judizielles* Verfahren, in dem die SEC nach Verhandlung selbst rechtskräftig entscheidet, findet im Rahmen von Verstößen gegen Rule 10 b-5 nur in den gesetzlich vorgesehenen Fällen statt. Der häufigste Fall ist hier das Verfahren zum Entzug der Broker-Dealer Lizenz nach Sec. 15 (b) SEA[194].

Von größerer Bedeutung sind im Rahmen von Rule 10 b-5 die Möglichkeiten der SEC zur Einleitung von Untersuchungsverfahren[195]. Diese dienen nicht nur der Tatsachenermittlung, sondern können u. U. die Einleitung gerichtlicher Verfahren ersetzen, wenn der Betroffene sich für die Zukunft mit der Einhaltung bestimmter Verhaltensnormen einverstanden erklärt. Darüber hinaus kann eine Veröffentlichung des Ermittlungsergebnisses u. U. auch als Sanktion gegen den Betroffenen wirken oder — in wichtigen Grundsatzfragen — von der SEC zur Darstellung ihrer Rechtsposition veranlaßt werden[196].

2. *Unterlassungsklage*

Wenn ein „quasi-judizielles" Verfahren nicht möglich ist und die SEC ein förmliches Untersuchungsverfahren nicht einleiten will oder nach Abschluß der Ermittlungen weitere Maßnahmen für notwendig hält, ist sie auf die Hilfe der Gerichte angewiesen, indem sie vor dem zuständi-

---

[194] Vgl. *Loss*, Bd. 2, 1301, 1333. Zu den Einzelheiten des Verfahrens und den Anfechtungsmöglichkeiten: *Loss*, Bd. 3, 1900 sowie *Tew / Freedman*, 27 U. Miami L. Rev. 1 (1972).

[195] Sec. 21 (a) SEA; *Tew / Freedman*, p. 5.

[196] Zur Ausübung des Ermessensspielraums der SEC vgl. In the Matter of Ward la France Truck Corporation, 13 S. E. C. 373 (1943) (Stellungnahme der SEC zu Rule 10 b - 5) und In the Matter of Cady, Roberts & Co., 40 S. E. C. 907, a. E., (1961); vgl. *Loss*, Bd. 3, 1947 u. Bd. 6, 4079.

gen Bundesgericht auf Unterlassung klagt (Sec. 21 [e])[197]. Die Möglichkeit, bei der Staatsanwaltschaft die Einleitung eines Strafverfahrens anzuregen oder — wenn bereits Privatklage erhoben wurde — als *amicus curiae* ihre Rechtsansicht darzulegen, bleibt der SEC unbenommen. Allerdings hat die SEC von den beiden zuletzt genannten Möglichkeiten im Zusammenhang mit Insider Trading und Rule 10 b-5 nur sehr selten Gebrauch gemacht[198].

Von wesentlich größerer Bedeutung ist daher die Unterlassungsklage, zumal für sie erleichterte Voraussetzungen gelten. So kann die Gefahr künftiger Verletzungen gewöhnlich aufgrund einer bereits geschehenen Verletzung angenommen werden, solange nicht der Insider die Rechtswidrigkeit seines Handelns eingesteht oder er aus dem Unternehmen ausscheidet[199]. Außerdem braucht im Rahmen einer Unterlassungsklage eine rechtswidrige Absicht („intent") nicht nachgewiesen zu werden[200]. Trotzdem ist eine Unterlassungsklage nur ein Instrument von begrenzter Wirksamkeit, insbesondere, wenn weitere Verstöße kaum zu besorgen sind und dem Insider der erzielte Gewinn wichtiger ist als sein guter Ruf in der Geschäftswelt.

Die Rechtsprechung läßt es daher zu, wenn mit der Unterlassungsklage der SEC weitere Anträge gestellt werden, die auf die Rückführung der erlangten Vorteile abzielen. So hatte die SEC im *TGS*-Fall beantragt, die beklagten Insider zur Auszahlung der Gewinne an die Gesellschaft zu verurteilen, um so jeden Anreiz für ähnliche Geschäfte zu beseitigen[201]. Hiergegen wurde von seiten der Beklagten zwar einge-

---

[197] 15 U. S. C. § 78 u (e)

[198] Dies mag nicht zuletzt an der Schwierigkeit liegen, Vorsatz im strafrechtlichen Sinne nachzuweisen — dies gilt insbesondere im Hinblick auf die nur unscharf abzugrenzende „materiality"; vgl. *Frost*, 65 Mich. L. Rev. 944, 961 (1967); ferner: *Loss*, Bd. 3, 1993 und Bd. 6, 4135, wonach die weitaus größte Zahl der strafrechtlichen Verfolgungen Verletzungen der Registrierungsvorschriften unter dem Securities Act von 1933 betrifft.

[199] *Frost*, p. 963; SEC v. Texas Gulf Sulphur Company, 312 F. Supp. 77, 90 (S. D. N. Y. 1970); SEC v. Capital Gains Research Bureau, Inc., 375 U.S. 180, 193 (1963); SEC v. Great American Industries, Inc., 407 F. 2d 453, 458 (2d Cir. 1968), *cert. denied*, 395 U.S. 920 (1969); SEC v. Texas Gulf Sulphur Co., 401 F. 2d 833, 869 (2d Cir. 1968).

[200] Die Zuständigkeitsregelung in Sec. 27 SEA (15 U. S. C. § 78 aa) ("jurisdiction ... to enforce any liability or duty created by this chapter") wird als Rechtsgrundlage für zweckdienliche Anordnungen der Gerichte angesehen; vgl. *Loss*, Bd. 3, 1806; *Frost*, a.a.O.; SEC v. Texas Gulf Sulphur Company, 312 F. Supp. 77, 91 (S. D. N. Y. 1970).

[201] SEC v. Texas Gulf Sulphur Company, 312 F. Supp. 77, 90 (S. D. N. Y. 1970). Damit wurde der ursprüngliche Antrag, der auf Rückabwicklung aller Geschäfte abzielte, zurückgenommen, a.a.O., p. 93. Abgesehen von den Schwierigkeiten, die mit der Feststellung der Rückabwicklungsberechtigten verbunden wären, hätte diese Lösung zu dem Ergebnis geführt, daß die ehemaligen

wandt, daß die Gewinnabführung an Dritte einer Bestrafung gleichkomme, doch hatten schon andere Entscheidungen die Befugnis der Gerichte bekräftigt, im Falle der Verletzung von Rule 10 b-5 geeignete Verfügungen zu treffen[202]. Dieser Rechtsprechung schloß sich das mit der Bestimmung der geeigneten Maßnahmen im *TGS*-Fall befaßte Gericht an mit der Bemerkung[203]:

"Therefore, the court may, on the basis of Section 27, fashion an appropriate remedy to effectuate the purpose of the 1934 Act, and to deter future violations of Section 10 (b) and Rule 10 b-5."

Dementsprechend stand der Abschreckungsgedanke im Vordergrund bei der Verurteilung der beklagten Insider zur Zahlung ihres Gewinns an die Gesellschaft. Diese soll das Geld einschließlich der darauf entfallenden Zinsen in einem separaten Fonds verwalten, aus dem eventuelle Ansprüche Dritter gegen die Beklagten befriedigt werden sollen. Nach Ablauf von fünf Jahren steht der Rest *Texas Gulf Sulphur Company* zur freien Verfügung[204].

Die Berechnung des herausgabepflichtigen Gewinns erfolgte entsprechend dem Vorschlag der SEC auf der Basis des mittleren Durchschnittspreises für *TGS*-Aktien am Tage nach der vollständigen Presseveröffentlichung durch *TGS* vom 16. April 1964. Zu diesem Zeitpunkt waren aufgrund der Publikumsreaktion die Preise für *TGS*-Aktien in die Höhe geschnellt, so daß zum Teil erhebliche Summen an die *TGS* abzuführen waren[205]. Allerdings waren nach dem 17. April die Preise für *TGS*-Aktien weiter gestiegen, so daß den Insidern immerhin die Gewinne aus der Zeit nach diesem Stichtag verblieben. Daß diese Berechnungsweise auch zu erheblichen Nachteilen für Insider führen kann, zeigt der Fall *SEC v. Shapiro*[206]. Dort war nämlich der Preis, der zur Zeit der Veröffentlichung der inside-Information noch recht attraktiv war, in den darauffolgenden Tagen gefallen, so daß der tatsächliche Gewinn des Insiders weit unter dem lag, was er erzielt hätte, wenn er die Aktien noch am Tage der Veröffentlichung verkauft hätte. Die Entscheidung, durch

---

Aktionäre, die an die Insider verkauft hatten, ohne eigenes Risiko in den Genuß aller späteren Wertsteigerungen gekommen wären, auch soweit sie nicht mehr auf die inzwischen erfolgte Veröffentlichung der Bohrergebnisse zurückgingen.

[202] Astor v. Texas Gulf Sulphur Company, 306 F. Supp. 1333 (S. D. N. Y. 1969); vgl. auch die Entscheidungen des Supreme Court in J. I. Case Co. v. Borak, 377 U.S. 426 (1964) und Mills v. Electric Auto-Lite Co., 396 U.S. 375 (1970).

[203] 312 F. Supp. 77, 92.

[204] 312 F. Supp. 77, 93 f.

[205] Die höchste Summe belief sich auf über 90 000 $ (Bekl. Darke, der allerdings auch für die Geschäfte seiner Tippees einzustehen hatte).

[206] 494 F. 2d 1301 (2d Cir. 1974), CCH Fed. Sec. L. Rep. § 94, 494, p. 95, 726.

die der Beklagte zur Herausgabe des theoretisch erzielbaren Gewinns verurteilt wurde, stellt in der Begründung — ähnlich wie die Rechtsprechung zu Sec. 16 (b) — darauf ab, daß nach der Veröffentlichung dem Insider das Verlustrisiko nicht durch Verrechnung mit dem Gewinn abgenommen werden könne. Die Entscheidung steht im Einklang mit der *TGS*-Entscheidung desselben Gerichts, obgleich ungeklärt bleibt, warum im *Shapiro*-Fall als Stichtag der Tag der Veröffentlichung und nicht der darauffolgende Tag gewählt wurde.

II. Ansprüche Privater

Hier ist zu unterscheiden zwischen Ansprüchen, die aufgrund persönlicher Geschäfte mit dem Insider selbst geltend gemacht werden (*face-to-face transactions*), und solchen Ansprüchen, die aus unpersönlichen Börsen- oder Freiverkehrsgeschäften herrühren (*open market transactions*). Während die Rechtsprechung zur ersten Fallgruppe heute als weitgehend gefestigt angesehen werden kann, bestehen hinsichtlich der letzteren besondere Schwierigkeiten, die noch nicht endgültig gelöst sind.

1. Face-To-Face Transactions

Seit der Entscheidung in *Kardon v. National Gypsum Co.*[207] hat eine Vielzahl privater Anleger von der Möglichkeit, Schadensersatz wegen Irreführung oder unterlassener Aufklärung zu verlangen, Gebrauch gemacht. In der Mehrzahl der zugunsten der Kläger entschiedenen Fälle handelt es sich um Geschäfte mit Kapitalanteilen kleinerer Kapitalgesellschaften („close corporations"), bei denen Käufer und Verkäufer direkt miteinander verhandelten. Unabhängig von der Unternehmensgröße besteht ein direkter Kontakt zwischen Käufer und Verkäufer auch im Falle eines öffentlichen Übernahmeangebots, wenn die angesprochenen Aktionäre an den Anbieter verkaufen[208].

a) Vorsatz

Für Schadensersatzansprüche aus persönlichen Geschäften gelten ähnliche Voraussetzungen wie für Common Law Ansprüche wegen Betruges[209]. Dies gilt vor allem für die Frage des Vorsatzes. Dieser braucht zwar nicht darauf gerichtet zu sein, die andere Partei zu schädigen, erforderlich ist jedoch in der Regel, daß der Beklagte die Unwahrheit oder

---

[207] Vgl. oben Fn. 8.

[208] Speed v. Transamerica Corporation, 99 F. Supp. 808 (D. Del. 1951).

[209] *Jennings*, ZHR (1969), 1, 14.

Unvollständigkeit seiner Erklärungen kannte[210]. Allerdings hat die herrschende Ansicht, wonach Rule 10 b-5 nicht auf den Rahmen von Common Law Fraud beschränkt ist, einige Gerichte dazu veranlaßt, das Vorsatz-Erfordernis („scienter") ausdrücklich in Frage zu stellen, während andere wenig präzise meinen, daß jedenfalls mehr als Fahrlässigkeit vorliegen müsse[211]. Führend ist hier das Appellationsgericht im *Neunten Circuit*, das im bewußten Gegensatz zur Rechtsprechung des *Zweiten Circuit* ein generelles Vorsatz-Erfordernis ablehnt und statt dessen von Fall zu Fall entscheiden will.

Angefangen hatte dies mit der Entscheidung *Ellis v. Carter*[212], die eine Schadensersatzhaftung für fahrlässige oder sogar nichtschuldhafte Verletzungen der Aufklärungspflicht zu begründen schien. Die Zurückweisung der traditionellen Fraud-Elemente, ohne sie durch neue, dem Bundesrecht entlehnte Anspruchsvoraussetzungen zu ersetzen, stieß jedoch auf Kritik. Um so mehr ist eine neuere Entscheidung desselben Gerichts zu begrüßen, in der die Anwendung eines „flexiblen Standards" vertreten wird[213]. In dem Fall, in dem es um die Vermittlung von Schuldverschreibungen und Kapitalanteilen einer Firmengruppe ging, die schließlich in Konkurs fiel, wurde der Firmeninhaber von den geschädigten Anlegern u. a. wegen Verschweigens der wirtschaftlichen Schwierigkeiten seiner Gruppe verklagt. Anders als die erste Instanz lehnte das Berufungsgericht die Anwendung eines einzigen Verschuldensmaßstabs für alle Insiderfälle ab[214]:

"We believe that the cases and commentators demonstrate that any attempt to limit the scope of duty in all 10 b-5 cases by the use of one standard for state of mind or scienter is confusing and unworkable. Consequently, we reject scienter or any other discussion of state of mind as a necessary and separate element of a 10 b-5 action. The proper standard to be applied is the extent of the duty that Rule 10 b-5 imposes on this particular defendant. In making this determination the court should focus on the goals of the securities fraud legislation by considering a number of factors that have been found to be significant in securities transactions."

---

[210] "Proof of willful or reckless disregard for the truth is necessary to establish liability under Rule 10 b - 5." Lanza v. Drexel & Co., 479 F. 2d 1277, 1305 (2d Cir. 1973). Kritisch dazu: *Grauer*, 59 Cornell L. Rev. 728, 739 (1974); *McGuirk / Moll*, 15 Boston Coll. Ind. & Comm. L. Rev. 526, 551 (1974).

[211] Eine eingehende Studie zum Vorsatzproblem kommt zu dem Ergebnis, daß trotz häufiger Unterschiede im Wortgebrauch der Sachverhalt in fast allen Fällen die Feststellung von Vorsatz rechtfertigte: *Bucklo*, 67 Nw. L. Rev. 562 (m. Appendix p. 598 - 600) (1972).

[212] 291 F. 2d 270 (9th Cir. 1961); ähnlich: Royal Air Properties, Inc. v. Smith, 312 F. 2d 210 (9th Cir. 1962); zur Rechtsprechung des Vierten, Siebten und Achten Circuit, die wenigstens in „dicta" in die gleiche Richtung weist: *Comment*, 122 U. Pa. L. Rev. 162, 165 (1973).

[213] White v. Abrams, 459 F. 2d 724 (9th Cir. 1974).

[214] White v. Abrams, 459 F. 2d 725 f.

Solche Faktoren sind u. a. die Art der Beziehungen zwischen den Parteien; der Zugang zur Information; der Nutzen, den der Beklagte aus dem Geschäft mit den Klägern gezogen hat; die Kenntnis des Beklagten von dem Vertrauen, das die Kläger ihm entgegenbrachten, und seine Rolle als Initiator der Transaktionen. Je nach der Lage des Einzelfalls kann daher beim Zusammentreffen mehrerer Faktoren schon leichte Fahrlässigkeit zur Haftung führen, während nur Vorsatz schadet, wenn der Anleger keinen Anlaß hatte, den Angaben des Beklagten besonderes Vertrauen zu schenken. Leider läßt die Entscheidung offen, ob auch die einfache Aktionärs-Management-Beziehung ein solches Vertrauensverhältnis schafft, doch scheint es so, als tendiere der *Neunte Circuit* im Regelfall nunmehr zum Vorsatz-Erfordernis. Angesichts des weiten Anwendungsbereichs von Rule 10 b-5, der irreführende Anlagetips eines Brokers ebenso einschließt wie fehlerhafte Geschäftsberichte oder stillschweigende Insidergeschäfte, hat die differenzierende Betrachtungsweise des *Neunten Circuit* den Vorzug größerer Anpassungsfähigkeit[215].

b) Schadensverursachung

Dem *Common Law of Torts* entlehnt sich auch die weiteren, das Vorliegen eines Schadens und die Verursachung betreffenden Anspruchsvoraussetzungen[216]. Dabei wird Verursachung (*causation*) häufig mit Vertrauen (*reliance*) gleichgestellt, indem gefragt wird, ob der Kläger berechtigterweise auf die Erklärungen des Beklagten vertraut und dadurch einen Schaden erlitten hat[217]. In der Regel beantwortet sich die Frage positiv, wenn der „materiality"-Test positiv ausfällt, denn dieser stellt ja darauf ab, ob die in Frage stehenden Tatsachen geeignet sind, einen vernünftigen Anleger in seiner Entscheidung zu beeinflussen. Dennoch können „causation", „reliance" und „materiality" in Einzelfällen auseinanderfallen, etwa wenn der Kläger aufgrund früherer Tätigkeit mit den Verhältnissen des Unternehmens bestens vertraut und in der Lage ist, die Papiere selbst zu bewerten[218] oder wenn es ihm auf bestimmte Tatsachen, die für andere erheblich sein mögen, nicht ankommt[219].

---

[215] Für einen differenzierenden Verschuldensmaßstab haben sich in der Literatur insbesondere *Jennings*, ZHR (1969) 1, 14, und *Mann*, 45 N. Y. U. L. Rev. 1206 (1970) ausgesprochen; für eine Haftungsbegrenzung und -verteilung entsprechend den Grundsätzen zum Mitverschulden bei fahrlässig falschen Unternehmensveröffentlichungen: *Comment*, 122 U. Pa. L. Rev. 162, 178 (1973); a. M.: *Bucklo*, 67 Nw. U. L. Rev. 562, 596 (1976).

[216] So ausdrücklich List v. Fashion Park, Inc., 340 F. 2d 457, 462 (2d Cir. 1965).

[217] *Loss*, Bd. 3, 1766; *Cobine* (1972) U. Ill. L. Forum, 651, 656.

[218] Kohler v. Kohler, 208 F. Supp. 808 (E. D. Wis. 1962), *aff'd*, 319 F. 2d 634 (7th Cir. 1963).

[219] List v. Fashion Park, Inc. (oben Fn. 216).

Andererseits ist in Fällen von Manipulation oder Mismanagement fehlgeleitetes Vertrauen nicht unbedingt Voraussetzung für Schadensersatzansprüche, solange die Ursächlichkeit des Verhaltens der Beklagten in anderer Weise festgestellt werden kann. So konnte der Aktionär einer durch Fusion untergehenden Gesellschaft das Übernahmeangebot, das in Kollusion mit der Mehrheit der Stimmen der untergehenden Gesellschaft extrem niedrig gefaßt worden war, als „fraud" i. S. von Rule 10 b-5 anfechten[220]. Auch wenn alle Board-Mitglieder einverständlich ihr Unternehmen schädigen und außer den (nicht zur Mitwirkung an der Entscheidung befugten) Aktionären niemand getäuscht wird, greift nach ständiger Rechtsprechung Rule 10 b-5 ein[221].

Spielt das „reliance"-Element noch eine gewisse Rolle bei Täuschungen durch unzutreffende oder unvollständige Erklärungen, so wird es vollends zur Fiktion, wenn der Beklagte überhaupt keine Erklärung abgegeben hat. In solchen Fällen genügt es, die „Wesentlichkeit" der verschwiegenen Tatsachen darzutun[222]. Da dieser Test auf das Urteil eines „verständigen" Anlegers abstellt, was auch die Beurteilung durch Wertpapierexperten einschließt, kommt es nicht darauf an, ob der Kläger bei Kenntnis der verschwiegenen Tatsachen diese richtig interpretiert und von der Transaktion Abstand genommen hätte[223]. Es hat daher den Anschein, als wolle die Rechtsprechung eher die Möglichkeit ungerechtfertigter Vorteile für den Kläger in Kauf nehmen, als eine „material omission" ungeahndet lassen. Ob die Rechtsprechung allerdings gewillt wäre, diesen Abschreckungseffekt auch auf Fälle (positiver) irreführender Erklärungen anzuwenden und auf das einschränkende „reliance"-Erfordernis ganz zu verzichten[224], muß bezweifelt werden.

---

[220] Vine v. Beneficial Finance Co., 374 F. 2d 627 (2d Cir. 1967).

[221] Swanson v. American Consumer Industries, Inc., 415 F. 2d 1326 (7th Cir. 1969); Schoenbaum v. Firstbrook, 405 F. 2d 215 (2d Cir. 1968), *cert. denied,* 395 U. S. 906 (1969); Superintendent of Insurance v. Bankers Life & Casualty Co., 300 F. Supp. 1083, 1101 (S. D. N. Y. 1969), *aff'd,* 430 F. 2d 355 (2d Cir. 1970), *rev'd on other grounds,* 404 U.S. 6 (1971); eingehend zur „new fraud"-Theorie, bei der es auf die Irreführung des Geschädigten nicht mehr ankommt: *Jacobs,* 59 Cornell L. Rev. 27 (1973).

[222] Mills v. Electric Auto-Lite Co., 396 U.S. 375, 384 (1970); Affiliated Ute Citizens of Utah v. United States, 406 U.S. 128, 153 (1972): "Under the circumstances of this case, involving primarily a failure to disclose, positive proof of reliance is not a pre-requisite to recovery. All that is necessary is that the facts withheld be material in the sense that a reasonable investor might have considered them important in the making of his decision."

[223] Vgl. *Note,* 86 Harv. L. Rev. 1, 270 (1972). — Allerdings läßt die Affiliated Ute-Entscheidung die Möglichkeit eines Gegenbeweises durch den Beklagten offen; weitgehend: *Ruder / Cross* (1972), Duke L. J. 1125, 1151: "Factual inquiry regarding cause in fact should center upon the question whether defendant's conduct was a substantial factor in plaintiff's loss."

[224] So aber *Note,* 86 Harv. L. Rev. 1, 271 (1972); ähnlich auch Dorfman v. First Boston Corporation, 42 U. S. L. W. 2109 (E. D. Pa. 1973): Beweis für „actual

c) Beweislast

Grundsätzlich muß der Kläger alle Elemente von „fraud" i. S. von Rule 10 b-5 darlegen und beweisen[225]. Dieser Grundsatz hat allerdings durch die zuletzt erwähnte[226] Entscheidung des Supreme Court eine wichtige Einschränkung erfahren, da bei unterlassener Aufklärung nur noch die „Wesentlichkeit" der verschwiegenen Tatsachen dargetan zu werden braucht. Die Entscheidung hat bereits ein anderes Gericht veranlaßt, auch in anderen Fällen — etwa bei (positiven) Täuschungen über wesentliche Tatsachen — von einer (widerleglichen) Vermutung hinsichtlich des Vertrauens des Klägers und der Ursächlichkeit für den Schaden auszugehen[227].

2. *Open Market Transactions*

Die uneingeschränkte Anwendung dieser Grundsätze auf anonyme Marktgeschäfte mußte auf Bedenken stoßen, ist doch der Börsenhandel und — zu einem geringeren Grad — auch der Freiverkehr dadurch gekennzeichnet, daß an jedem Tag unzählige Transaktionen stattfinden, deren Parteien von Wertpapierhändlern zufällig aus der Schar gleichartiger Anbieter zusammengestellt werden. Beschränkt man den Ersatzanspruch auf solche Teilnehmer, deren Wertpapiere in dieser Weise an einen Insider verkauft wurden oder aus dem Vermögen eines Insiders stammen, so ist das Ergebnis ungerecht gegenüber allen anderen Teilnehmern, die zur selben Zeit und zum selben Preis ge- oder verkauft haben. Andererseits besteht bei Einräumung von Ersatzansprüchen an alle Teilnehmer derselben „Klasse" die Gefahr, daß der Insider mit so hohen Klagforderungen überzogen wird, daß seine wirtschaftliche Existenz in Frage gestellt ist.

a) Privity

Die Gefahr des Ausuferns der Klagen und Verbindlichkeiten nach Rule 10 b-5 hatte die Rechtsprechung schon von Anfang an dazu veranlaßt, die frisch geschaffene Anspruchsgrundlage mit Voraussetzungen auszustatten, die den Kreis der Berechtigten auf solche Personen ein-

reliance" unnötig, wenn es um die prozessuale Frage der Zugehörigkeit zur Klasse der Geschädigten geht. In der Entscheidung über den Anspruch selbst wird allerdings klargestellt, daß „reliance" Anspruchsvoraussetzung bleibt, wenngleich das Gericht die Möglichkeit andeutet, „reliance" auch dann anzunehmen, wenn zwar nicht der Geschädigte, wohl aber sein Broker den irreführenden Prospekt gelesen und darauf vertraut hat: Dorfman v. First Boston Corporation, 42 U. S. L. W. 2552 (E. D. Pa. 1974), CCH Fed. Sec. L. Rep., § 94, 531.

[225] *Loss*, Bd. 3, 1764, 1765.

[226] Oben Fn. 222.

[227] Dorfman v. First Boston Corporation (oben Fn. 224).

engen sollten, die mit dem Schädiger in direkter Vertragsbeziehung (*privity of contract*) stehen. Allerdings ist diese Rechtsprechung nie unumstritten gewesen[228] und zum großen Teil nur in stark abgeschwächter Form (*semblance of privity*) angewandt worden[229]. Auch das abgeschwächte „privity"-Erfordernis fand keine Anwendung, als der *Zweite Circuit* dem Grunde nach für die Kläger entschied, die auf dem offenen Markt Aktien gekauft hatten und geltend machten, durch einen unzutreffenden Prospekt der Gesellschaft getäuscht worden zu sein[230]. Dennoch behielt die einschränkende Auslegung lange Zeit ihre Bedeutung in der Form eines „Käufer- oder Verkäufer"-Erfordernisses, d. h. wenigstens sollte der Kläger Teilnehmer an einem Wertpapiergeschäft sein[231]. Auch dieses Erfordernis gilt inzwischen nur noch mit gewissen Einschränkungen, insbesondere da die Rechtsprechung ähnlich wie im Rahmen von Sec. 16 — Kauf bzw. Verkauf recht großzügig auslegt[232]. Wird statt auf Schadensersatz nur auf Unterlassung geklagt, so entfällt der Nachweis vollständig[233].

Obgleich mit dem Fortfall des „privity"-Erfordernisses das größte Hindernis für die Schadensersatzklage des über den freien Markt handelnden Anlegers entfallen ist, sind solche Klagen noch recht selten. Dies mag zum Teil daran liegen, daß der Schaden, den der Einzelne erleidet, gewöhnlich relativ niedrig ist sowie daran, daß die Zulässigkeit von *Class Actions* wegen Schwierigkeiten bei der Feststellung der Mitglieder der „Class" problematisch ist[234]. Außerdem sprechen die Gerichte — anders als bei Klagen nach Sec. 16 (b) — auch bei erfolgreicher Klage keine Anwaltsgebühren zu[235].

---

[228] Zum Meinungsstreit: *Loss*, Bd. 3, 1767 ff.

[229] Joseph v. Farnsworth Radio & Television Corporation, 99 F. Supp. 701, 706 (S. D. N. Y. 1951), aff'd, 198 F. 2d 883 (2d Cir. 1952).

[230] Fischman v. Raytheon Manufacturing Company, 188 F. 2d 783 (2d Cir. 1951); Cochran v. Channing Corporation, 211 F. Supp. 239 (S. D. N. Y. 1962); Crane Co. v. Westinghouse Air Brake Co., 419 F. 2d 787 (2d Cir. 1969).

[231] Nach der Entscheidung Birnbaum v. Newport Steel Corp., 193 F. 2d 461 (2d Cir. 1952), als „Birnbaum Doctrine" bekannt; abl. dazu z. B.: Eason v. Gen. Motors Accept. Corp., 490 F. 2d 654 (7th Cir. 1973).

[232] Vgl. zum Zwangsumtausch nach Fusion: Vine v. Beneficial Finance Co., 374 F. 2d 627 (2d Cir. 1967); Dasho v. Susquehanna Corporation, 380 F. 2d 262 (7th Cir. 1967), cert. denied, 289 U.S. 977 (1967); Erstreckung auf Kläger, die gekauft hätten, wenn sie nicht durch irreführende Erklärungen davon abgehalten worden wären: Manor Drug Stores v. Blue Chip Stamps, 492 F. 2d 136, 141 (9th Cir. 1973); vgl. dagegen aber: In re Penn Central Security Ligitation, 494 F. 2d 528, 533 (3rd Cir. 1974).

[233] *Fuller*, 25 U. Miami L. Rev. 131, 143 (1970).

[234] s. u. 2 c).

[235] Mitchell v. Texas Gulf Sulphur Company, 446 F. 2d 90, 106 (10th Cir. 1971), *cert. denied*, 405 U.S. 918 (1972).

Immerhin löste aber die *Texas Gulf Sulphur*-Affäre zahlreiche Schadensersatzklagen aus, die sich jedoch soweit ersichtlich alle auf die irreführende Presseveröffentlichung vom 12. April 1964 stützten. Die Geltendmachung von Insider Trading als haftungsauslösendem Moment findet sich erst in einer späteren Entscheidung, die auf den *Merrill Lynch*-Fall[236] zurückgeht.

b) Shapiro v. Merrill Lynch, Pierce, Fenner & Smith, Inc.[237]

Nachdem die SEC die Rechtswidrigkeit der Weitergabe der Informationen über die schlechten Gewinnaussichten bei Douglas Aircraft an bestimmte Institutionelle Anleger festgestellt hatte, verklagten verschiedene Käufer von Douglas-Aktien *Merrill Lynch*, ihre Angestellten und deren „Tippees" auf Schadensersatz. Während die beklagten „Tippees" einen großen Teil ihrer Douglas-Aktien zwischen dem 20. und 23. Juni 1966 verkauft hatten, kauften die Kläger am 23. und 24. Juni Douglas-Aktien über die New York Stock Exchange. Am 24. Juni gab Douglas Aircraft die berichtigte Gewinn- und Verlustrechnung bekannt. Das Gericht wies den Antrag der Beklagten auf Klagabweisung[238] zurück und bestätigte somit wenigstens hinsichtlich der vor dem 24. Juni getätigten Geschäfte die Ansprüche dem Grunde nach, während die Aufrechterhaltung der Ansprüche für die späteren Geschäfte von der tatsächlichen Verbreitung der Presseveröffentlichung vom 24. Juni abhängen soll.

Im Lichte der Entwicklung der Anspruchsvoraussetzungen, insbesondere der weitgehenden Auflösung der Vertrauens- und „privity"-Elemente, erscheint die Entscheidung konsequent. Wenn sie dennoch ein gewisses Unbehagen auslöst, so deshalb, weil sie das Tor für eine Flut von Klagen zu öffnen scheint, wenn nur ein einziges unerlaubtes Insider-Geschäft vorliegt.

Dies geschieht durch eine Lockerung des Ursächlichkeits-Erfordernisses, die in dieser Form bisher noch nicht zu verzeichnen war. Auch die Entscheidung des Supreme Court in *Affiliated Ute Citizens* hatte auf die Ursächlichkeit des Verhaltens der Beklagten für den Schaden der Kläger nicht verzichtet, wenngleich das Gericht einen vereinfachenden Test anwandte[239]:

---

[236] Vgl. zum Sachverhalt oben Fn. 52.

[237] 353 F. Supp. 264 (S. D. N. Y. 1972) *aff'd*, 42 U. S. L. W. 2544 (2d Cir. 1974), CCH Fed. Sec. L. Rep. § 94, 473, p. 95, 655.

[238] Motion for a judgment on the pleadings on the grounds that plaintiffs have failed to state a claim upon which relief can be granted (entspr. einem Antrag auf Abweisung wegen Unschlüssigkeit).

[239] 406 U.S. 128, 154 (1972).

"This obligation to disclose and this withholding of a material fact establish the requisite element of causation in fact."

Allerdings betrifft die Formulierung des Supreme Court einen Fall, in dem Kläger und Beklagte direkt miteinander verhandelten und in dem die Beklagten sogar die primäre Pflicht hatten, die Kläger vom Verkauf ihrer Anteile abzubringen oder mindestens sie vollständig über den Wert zu informieren. Dennoch meinte das Gericht im *Shapiro*-Fall, nicht nach privaten und Börsentransaktionen unterscheiden zu dürfen, da sonst der an der Börse handelnde Insider vor Ansprüchen Dritter geschützt sei. Der Argumentation der Beklagten, die Kläger hätten denselben Verlust auch erlitten, wenn die Beklagten nichts getan hätten, hielt das Gericht daher entgegen[240].

"... it is not the act of trading which causes plaintiffs' injury, it is the act of trading without disclosing material inside information which causes plaintiffs' injury."

Bei dieser Begründung wird allerdings stillschweigend vorausgesetzt, daß die Beklagten überhaupt in der Lage waren, für die Bekanntgabe ihrer Informationen zu sorgen. Hierzu war nach den Umständen sowie unter Berücksichtigung der den Bekanntgeber treffenden Sorgfaltspflichten nur das Unternehmen selbst (Douglas Aircraft) imstande, so daß die eigentliche Pflichtverletzung der beklagten Insider doch im Verkauf ihrer Aktien oder — bei *Merrill Lynch* — in der Informationsweitergabe lag. Die Alternative „disclose or abstain", die vom Gericht stillschweigend vorausgesetzt wurde, bestand also gar nicht.

Unabhängig von der dogmatischen Konstruktion der Begründung erscheint die Anerkennung der Privatklage gegen Insider, „Tippors" und „Tippees" auch bei Offenmarktgeschäften im Ergebnis richtig, da die SEC überfordert wäre, wenn die Durchsetzung der Fraud-Regelung ihr allein überlassen bliebe. Dies wird von der Rechtsprechung in zunehmendem Maße erkannt[241].

Eine weitere Dimension wird dem Rechtsschutz des Einzelnen und dem Schutz des Publikums vor unlauteren Machenschaften durch das Instrument der Class Action erschlossen.

c) Class Actions

Zur kollektiven Durchsetzung privater Ersatzansprüche bietet sich gerade bei „open market"-Geschäften die *Class Action*[242] an als „Mittel

[240] 353 F. Supp. 264, 278 (S. D. N. Y. 1972).

[241] Vgl. Affiliated Ute Citizens, oben Fn. 222; Dolgow v. Anderson, 43 F. R. D. 472 (E. D. N. Y. 1968); Mitchell v. Texas Gulf Sulphur Co., oben Fn. 235.

[242] Rules of Civil Procedure, Rule 23, U.S.C. Title 28. Zu den Zulässigkeitsvoraussetzungen vgl. dort.

zur Durchsetzung von Ansprüchen, die — für sich genommen — zu unbedeutend sind, um eine Klage zu rechtfertigen, die aber in ihrer Gesamtheit durchaus ins Gewicht fallen"[243].

Nachdem den durch Verstöße gegen Sec. 10 (b)/Rule 10 b-5 Geschädigten von der Rechtsprechung die Möglichkeit zur Geltendmachung von Ansprüchen eingeräumt war[244], hätte man deswegen eigentlich eine Flut von Class Actions erwarten sollen. Daß dies nicht so gekommen ist, erklärt sich wahrscheinlich dadurch, daß die Anspruchsvoraussetzungen „privity", „reliance" und „causation", welche die Geltendmachung von Ansprüchen aus Offenmarktgeschäften bis vor kurzem stark erschwert haben, auch der Durchsetzung im Wege der Class Action entgegenstanden[245].

Mit dem Wegfall des Erfordernisses einer vertraglichen oder vertragsähnlichen Beziehung (privity) zwischen nicht-informierten Anlegern und Insidern[246] und der Lockerung der übrigen Anspruchsvoraussetzungen im Rahmen von Sec. 10 (b)/Rule 10 b-5 sind allerdings die Möglichkeiten, größere Gruppen von potentiellen Anspruchstellern auszumachen, gestiegen, so daß die seit wenigen Jahren zunehmende Zahl von Class Actions auf diesem Gebiet nicht überrascht.

Von größtem Einfluß auf diese Entwicklung war auch hier die bereits erwähnte Entscheidung des U. S. Supreme Court in *Affiliated Ute Citizens v. United States*[247], die zwar nicht auf eine Class Action zurückgeht, die jedoch durch den erleichterten Nachweis des Verursachungszusammenhangs bei Täuschungen durch Unterlassen den Boden für Class Actions vorbereitet hat. Nachfolgende Entscheidungen anderer Gerichte, in denen diese Grundsätze auch auf Offenmarkt-Geschäfte und auf Täuschungen durch aktive Irreführung übertragen wurden, haben letzte Zweifel beseitigt[248].

---

[243] Eisen v. Carlisle & Jacquelin, 391 F. 2d 555, 566 (2d Cir. 1968). — Zu den weiteren Entscheidungen in dieser Sache s. u. Fn. 253; *Homburger*, 23 Buff. L. Rev. 343 (1974).

[244] s. o. 3. Kap. A.

[245] Vgl. *Labowitz*, 23 Buff. L. Rev. 601, 619 (1973/74); *Note*, 72 Mich. L. Rev. 1398 ff. (1973); abgewiesen als Class Actions: Eisen v. Carlisle & Jacquelin, 370 F. 2d 119 (2d Cir. 1966) — hierzu noch im folg.; Pearson v. Ecological Science Corp., CCH Fed. Sec. L. Rep. § 94, 030, p. 94, 144 (S. D. Fla. 1973); Siebert v. Great Northern Development Comp., CCH Fed. Sec. L. Rep. § 94, 571, p. 95989 (5th Cir 1974); Cannon v. Texas Gulf Sulphur Co., 53 F. R. D. 216 (S. D. N. Y. 1971); Leonard v. Merrill Lynch, Pierce, Fenner & Smith Inc., 64 F. R. D. 432 (S. D. N. Y. 1974).

[246] s. o. E II. 2. a.

[247] 406 U.S. 128 (1972); s. dazu oben Fn. 222.

[248] Chris-Craft Industries Inc. v. Piper Aircraft Corp., 480 F. 2d 341 (2d Cir.), *cert. denied*, 414 U.S. 910 (1973); Rochez Bros., Inc. v. Rhoades, 491 F. 2d 402, 410 (2d Cir. 1974); Simon v. Merrill Lynch Pierce, Fenner & Smith Inc., 482 F. 2d 880, 884 (2d Cir. 1973).

So ist bei neueren Entscheidungen die Tendenz unverkennbar, durch Erleichterungen beim Nachweis des Verursachungszusammenhangs die Rechtsverfolgung im Wege der *Class Action* zu ermöglichen[249]. Dabei genügt es praktisch, daß die Wesentlichkeit (materiality) der Irreführung bzw. der verschwiegenen Tatsachen dargetan wird, um alle Anleger, die während derselben Zeit, in der die Insider-Verstöße vorgekommen sind, Wertpapiere ge- oder verkauft haben, in die Gruppe der potentiell Anspruchsberechtigten einzubeziehen[250]. Dagegen schrickt die Rechtsprechung anscheinend noch vor der weitergehenden Konsequenz zurück, entsprechend der Lockerung des *purchaser/seller*-Erfordernisses[251] auch solche Aktionäre in die „Class" einzubeziehen, die überhaupt keine Marktgeschäfte vorgenommen haben — etwa weil sie durch eine irreführende Information davon abgehalten wurden[252].

Als Konsequenz dieser Rechtsprechung ist zunehmend mit Problemen bei der Begrenzung der „Class" zu rechnen. „Classes" von 60 000 Mitgliedern und mehr (*In re Memorex*) sind keine Seltenheit mehr, wenn man davon ausgeht, daß alle Anleger, die gleichzeitig mit dem Insider als Käufer bzw. Verkäufer eines lebhaft gehandelten Papiers auftreten, als Anspruchsteller in Frage kommen. Hierbei kann leicht die Millionengrenze überschritten werden, selbst wenn die stillhaltenden Aktionäre (noch) nicht mitgezählt werden.

Der vielzitierte Fall *Eisen v. Carlisle & Jacquelin*[253] beweist, daß allein durch die Zahl der bei Offenmarktgeschäften in Frage kommenden Anspruchsteller die Class Action undurchführbar („unmanageable") werden kann: Die Kosten der für notwendig erachteten individuellen Benachrichtigung der zweieinviertel Millionen Mitglieder hätten sich auf 225 000 $ belaufen! Ob bei Offenmarktgeschäften die Eingrenzung klei-

---

249 Vgl. z. B.: In re Memorex Security Cases, 61 F. R. D. 88, 98 (N. D. Cal. 1973) — wo das Gericht die Beantwortung der Verursachungsfrage gleichzeitig zur Entscheidung über die Zulässigkeit von Class Actions bei Offenmarktgeschäften macht. Dolgow v. Anderson, 43 F. R. D. 472, 488 (E. D. N. Y. 1968): "Availability of the class action procedure will profoundly affect the maintenance and prosecution of antifraud actions." Vgl. ferner: Siegel v. Realty Equities Corp., 54 F. R. D. 420 (S. D. N. Y. 1972); Brandt v. Owens-Illinois Inc., CCH Fed. Sec. L. Rep. § 94, 138 p. 94, 585 (S. D. N. Y. 1973); Elkind v. Ligget & Myers, Inc., 66 F. R. D. 36 (S. D. N. Y. 1975); Seiffer v. Topsy's International, Inc., 64 F. R. D. 714 (D. Kan. 1974); ebenso, aber später aus anderen Gründen aufgehoben: Eisen v. Carlisle & Jacquelin, 391 F. 2d 555 (2d Cir. 1968); Dorfman v. First Boston Corp., oben Fn. 224.

250 Shapiro v. Merrill Lynch, Pierce, Fenner & Smith, Inc., 495 F. 2d 228, 241 (2d Cir. 1974); s. a. In re Memorex, oben Fn. 249.

251 s. o. E II. 2. a.

252 In re Penn Central Security Litigation, 494 F. 2d 528, 533 (3rd Cir. 1974).

253 (Betr. Klage von Odd-Lot Dealern wegen überhöhter Kommissionsgebühren der Wertpapierfirmen) 479 F. 2d 1005 (2d Cir. 1973), zurückverwiesen: 417 U.S. 156 (1974).

nerer Klassen möglich ist, ohne zu willkürlichen Unterteilungen zu gelangen, wird erst die Zukunft zeigen. Ungelöst ist auch die weitere Frage nach der Höhe und dem Verteilungsmaßstab des Schadensersatzes, die sich bei derartig umfangreichen „Classes" besonders dringlich stellt[254]. Gerade zu diesem Punkt hatte die Rechtsprechung bisher kaum Gelegenheit zur Stellungnahme.

3. *Rückabwicklung, Schadensersatz, Gewinnherausgabe*

Schon in den ersten Entscheidungen zu Rule 10 b-5 wurde klargestellt, daß sich die Privatklage — ähnlich wie bei Common Law „fraud" — auf Rückabwicklung oder Schadensersatz richten kann. Die Höhe des Schadensersatzes entspricht dann der Differenz zwischen dem tatsächlichen Verkaufserlös des Klägers und dem wahrscheinlichen Erlös ohne die Täuschungshandlung — oder dem Insidergewinn, wenn dieser höher ist[255]. Allerdings bestanden in fast allen diesen Fällen direkte Geschäftsbeziehungen zwischen den Parteien. So gesehen stellt der Fall *Mitchell v. Texas Gulf Sulphur Co.*[256] eine Ausnahme dar. Hier fehlte es an einer solchen „privity"-Beziehung. Mit ihrer Klage auf Schadensersatz wandten sich die Kläger gegen die Gesellschaft, in deren Namen die erste, irreführende Pressemitteilung vom 12. April 1964 erschienen war, die dazu geführt hatte, daß die Kläger — alle schon seit mehreren Jahren *TGS*-Aktionäre — ihre Aktien verkauften. Die erstinstanzliche Entscheidung über die Höhe des Schadensersatzes wurde von beiden Seiten angegriffen: Die Beklagten hielten die Festsetzung entsprechend der Differenz zwischen dem Verkaufspreis am 12. April und dem Durchschnittswert der 20 Tage nach Veröffentlichung der korrigierten Unternehmensmitteilung vom 16. April für zu hoch und forderten den Nachweis eines tatsächlichen Vermögensschadens. Die Kläger hingegen meinten, daß ihnen Naturalrestitution, nämlich *TGS*-Aktien, oder entsprechender Ausgleich zustünde.

Im Ergebnis folgte das Gericht weder der einen noch der anderen Auffassung, sondern setzte den Schadensersatz auf der Grundlage der Wertsteigerung nach dem 12. April 1964 fest, wobei es den Klägern zumutete,

---

[254] Vgl. die Überlegungen hierzu in Shapiro v. Merrill Lynch, Pierce, Fenner & Smith, CCH Fed. Sec. L. Rep. § 95, 377, p. 98, 874 auf p. 98, 885; vgl. ferner: *Report* of District Judges' Conference 1973, 63 F. R. D. 259 - 270.

[255] Die Formel des Supreme Court in *Ute* (oben Fn. 239) entstammt der Entscheidung Janigan v. Taylor, 344 F. 2d 781 (1st Cir. 1965); ähnl. und auch auf „privity" basierend: Speed v. Transamerica Corp., 135 F. Supp. 176 (D. Del. 1955); Rochez Bros., Inc. v. Rhoades, 491 F. 2d 402 (3d Cir. 1974); ausführlich zur Schadensersatzproblematik: *Roth,* RabelsZ 38, 720 ff. (1974); *Note,* 74 Colum. L. Rev. 299 (1974); *Leas,* 26 Stanf. L. Rev. 371 (1974).

[256] s. o. Fn. 235.

sich innerhalb einer „vernünftigen“ Frist nach Veröffentlichung der berichtigenden Presseverlautbarung vom 16. April neu einzudecken. Das Verlangen nach Naturalrestitution wurde zurückgewiesen:

> "Restitution and damages equivalent to restitution are inappropriate remedies in this action. Traditionally these theories have been concerned with direct-personal dealings in which there is privity and/or unjust enrichment upon which to justify the remedy ... Here neither element is present inasmuch as neither TGS nor Fogarty purchased appellees' shares of stock. The absence of those fundamental facts, plus the hardship it would visit upon TGS as a corporation, (Anm.: der Wert der Aktien hatte sich inzwischen vervielfacht) makes this case inappropriate for any form of restitution, and the trial court properly rejected it."[257]

Dieselben Gründe, die in *Mitchell* zur niedrigeren Schadensersatzbemessung unter Ausschluß des Restitutionsanspruchs führten, sprechen auch gegen die Rückabwicklung anonymer, über die Börse oder den Freiverkehr abgewickelte Insider-Geschäfte. Denn weil in solchen Fällen grundsätzlich jeder, der im fraglichen Zeitraum eine dem Insider-Geschäft entgegengesetzte Transaktion vornimmt, als Kläger in Betracht kommt, fehlt es auch hier an der direkten Beziehung zwischen den Parteien und einer nachweisbaren Vermögensverschiebung. Es bleibt allerdings abzuwarten, wieviel Gewicht die Rechtsprechung in Zukunft dem Argument von der übermäßigen Belastung des Beklagten durch eine Vielzahl von geltend gemachten Ansprüchen beimißt und ob diese letztlich dazu führen wird, daß lediglich der vom Insider gezogene Gewinn in der einen oder anderen Weise (z. B. durch Aufteilung oder durch Rückzahlung an die Gesellschaft) herausgegeben werden muß[258]. In diesem Sinne kann die Entscheidung über die Rechtsfolgen der Insidertransaktionen im Fall *SEC v. Texas Gulf Sulphur* durchaus als wegweisend bezeichnet werden, obgleich es sicher hierbei nicht um eine private Schadensersatzklage handelte[259].

Die dort angeordnete Auszahlung illegaler Insider-Gewinne an einen Treuhänder zugunsten der anspruchsberechtigten Personen wird immer dann in Betracht kommen, wenn der Kreis der Anspruchsberechtigten zu groß ist, als daß ein Gericht die Aufteilung vornehmen könnte, oder wenn Ansprüche bei mehr als einem Gericht anhängig gemacht werden. In bestimmten Fällen, etwa wenn nicht alle Anspruchsberechtigten auffindbar sind, kommt dagegen die Gewinnabführung an die Gesellschaft

---

[257] 446 F. 2d 90 (105) (10th Cir. 1971).

[258] Vgl. zu den in Frage kommenden Möglichkeiten: Shapiro v. Merrill Lynch, Pierce, Fenner & Smith, oben Fn. 254.

[259] Vgl. oben E I. 2. Ähnlich auch Securities and Exchange Commission v. Shapiro, 494 F. 2d 1301 (2d Cir. 1974): Entzug des Papier-Gewinns (der den tatsächlichen Gewinn überstieg) und Herausgabe an einen Treuhänder zugunsten evtl. geschädigter Anleger.

in Betracht — eine Lösung, die Vorbilder in der Common Law-Rechtsprechung hat[260] und die von dem Gericht des *Zweiten Circuit* im *TGS*-Fall hinsichtlich des eventuell verbleibenden Restes getroffen wurde. Diese Möglichkeit scheidet allerdings aus, wenn der Kapitalanteil der Insider an der Gesellschaft so hoch ist, daß indirekt ihnen der Gewinn doch wieder zufließen würde. Dies kann insbesondere bei kleineren Gesellschaften der Fall sein. Letztlich werden die Gerichte ihre Entscheidung über die Rechtsfolgen auch hier von der Situation des Einzelfalles abhängig machen, wobei stets der Gesichtspunkt des Vorteilsentzugs im Vordergrund steht[261]. Eine wichtige Entscheidungshilfe und eine Erweiterung des Kreises der in Frage kommenden Möglichkeiten könnte ihr allerdings in Zukunft der Entwurf eines *Federal Securities Code* des *American Law Institute* bieten.

F. Der A. L. I.-Entwurf einer anti-fraud Regelung

I. Die Generalklausel

Den Problemen der Täuschung und des „fair dealing" ist der größte Teil des *Tentative Draft No. 2* des American Law Institute gewidmet. Section 1301 des Entwurfs enthält eine Generalklausel, die an die Stelle der bisherigen anti-fraud Klauseln[262] treten soll und mindestens ebenso umfassend ist wie Sec. 10 b in Verbindung mit Rule 10 b-5. Die Vorschrift des Entwurfs verbietet *deceptive acts* und *misrepresentations*, wobei beide Begriffe in einer Weise definiert sind, die die Ergebnisse der neueren Rechtsprechung zu Rule 10 b-5 berücksichtigt[263]. Auf dieser Grundlage ist die eigentliche Insider-Bestimmung des Entwurfs (Sec. 1303) zu sehen.

II. Die Insider-Bestimmung

Die beim Verschweigen wichtiger Informationen auftretenden Besonderheiten veranlaßten die Verfasser des Entwurfs, diesen Problemkreis durch eine separate Regelung zu erfassen[264]:

---

[260] Vgl. Brophy v. Cities Service Co., 70 A. 2d 5 (1949); Diamond v. Oreamuno, 248 N. E. 2d 910 (1969) *aff'g* 287 N. Y. S. 2d 300 (1968).

[261] Vgl. *Frost*, 65 Mich. L. Rev. 944, 963 ff. (1967); *Cobine* 1972 U. I. L. F. 651, 667 ff., 690; demgegenüber bereitet der Vorschlag einer individuellen Schadensermittlung aufgrund mathematisch festgestellter Marktbeeinflussung durch Insider Trading auch erhebliche praktische Schwierigkeiten; vgl. das Berechnungsmodell bei *Leas*, 26 Stanf. L. Rev. 371, 385 ff.

[262] Sec. 17 (a) SA; Secs. 10 (b), 13 (e), 14 (e), 15 (c) (2) SEA; Sec. 17 (j) Investment Company Act.

[263] Vgl. Secs. 225 und 259 des Entwurfs (p. 8, 17).

[264] Tent. Draft No. 2, p. 38; vgl. hierzu insbes.: *Note*, 72 Mich. L. Rev. 1398 (1973).

"Sec. 1303. (Insiders' duty to disclose when trading.) (a) (General) It is unlawful for an insider to sell, buy, or induce the holding of a security of the issuer, if he knows a fact of special significance with respect to the issuer or the security that is not generally available, unless (1) the insider believes, and has reasonable ground to believe, that the fact is generally available or (2), if the buyer, seller, or holder (or his agent in the transaction) is identified, (A) the insider believes, and has reasonable ground to believe, that that person knows it, or (B) that person in fact knows it from the insider or otherwise."

Die Rechtsfolgen bei Überschreitung des Verbots sollen nach den Vorstellungen der Verfasser des Entwurfs wie bisher sowohl öffentlicher wie zivilrechtlicher Art sein, wobei insbesondere die durch Rechtsfortbildung geschaffenen Ansprüche im 14. Abschnitt des Entwurfs im einzelnen niedergelegt sind.

Wie zu erwarten war, enthält die Entwurfs-Regelung keine entscheidenden Änderungen gegenüber der bestehenden Rechtslage. Insoweit spiegelt der Entwurf nur die weitverbreitete Zustimmung zur Rechtsprechung zu Rule 10 b-5 wider. Aufmerksamkeit verdient jedoch die Regelung der Details, die im Entwurf an unauffälliger Stelle, nämlich unter den Begriffs-Definitionen, untergebracht ist.

So stellt die Insider-Definition in Sec. 1303 (b) entsprechend der *Cady, Roberts*-Entscheidung auf den Zugang zu Informationen über eine bestimmte Kapitalgesellschaft ab. Sie folgt also nicht der Anregung von *Judge Waterman*, der in der *TGS*-Entscheidung schon den Besitz solcher Informationen für ausreichend hielt, die besonderen Insider-Pflichten auszulösen[265].

Allerdings wird in der Begründung zum Entwurf darauf hingewiesen, daß für Fälle, die nicht von der speziellen Insider-Klausel erfaßt werden, jedenfalls noch die Generalklausel Sec. 1301 in Frage komme[266].

Daneben zählt der Entwurf sog. „per-se Insider" auf, zu denen nicht nur die Gruppen der *directors* und *officers* gehören, sondern auch das Unternehmen selbst sowie — bei Konzerngesellschaften — das beherrschende Unternehmen, Tochter- und Schwesterunternehmen. Großaktionäre zählen nicht zu den „per-se Insidern", so daß insoweit auf das Zugangserfordernis abzustellen wäre. Hierin liegt ein gewisser Widerspruch zu der Regelung in Sec. 16 SEA, die ja vom Entwurf im wesentlichen übernommen wurde.

Anders als der California Corporation Act, dessen Sec. 25402 die Insider-Bestimmung des Entwurfs weitgehend entlehnt ist, werden in Sec. 1303 (b) des Entwurfs Tippees zu den Insidern gerechnet. Der Entwurf unterscheidet dabei nicht zwischen direkten und indirekten oder un-

---

[265] s. o. B IV. 2.

[266] Tent. Draft No. 2, p. 41 Comment 3.

mittelbaren und entfernten Tippees, sondern unterstellt alle gleichmäßig dem Insider-Trading Verbot — vorausgesetzt der Tippee hat seine Information von einer Person, die selbst oder durch Dritte Zugang zu unternehmensinternen Informationen hat. Erforderlich ist ferner, daß der Tippee die Herkunft der Information kennt — durch Reagieren auf bloße Gerüchte wird also keine Haftung ausgelöst. Dem häufig zitierten Fall des Chauffeurs, der zufällig ein Gespräch zweier Insider mitanhört, wird durch eine Billigkeitsklausel Rechnung getragen, wonach unter Umständen die Kommission oder das Gericht von der Haftbarmachung des Tippee absehen können.

Das „tipping" selbst wird nicht ausdrücklich erwähnt. Nach Ansicht seiner Verfasser sollten insoweit die allgemeinen Grundsätze über die Haftung von Teilnehmern eingreifen[267], d. h. die Haftung des Tippers würde erst eingreifen, wenn die Tippee die Information ausnutzt[268].

Da Sec. 1303 des Entwurfs sich lediglich mit dem Fall des Verschweigens von Informationen befaßt, konnten die Anforderungen an den Gehalt der Informationen höher geschraubt werden, als das bei einer allgemeinen anti-fraud Klausel, die auch aktive Täuschungen umfaßt, möglich gewesen wäre. In Absatz (c) von Sec. 1303 werden daher Tatsachen von besonderer Bedeutung („facts of special significance") definiert als solche, die nicht nur wesentlich („material") sind, sondern außerdem noch den Marktpreis des Wertpapiers wahrscheinlich in erheblichem Umfang beeinffussen würden, wenn sie allgemein bekannt wären. Es ist allerdings fraglich, inwieweit diese Formel, die statt nur auf einen („material") auf mehrere unbestimmte Begriffe („wahrscheinlich", „in erheblichem Umfang") abstellt, die Vorhersehbarkeit und Entscheidungsfindung erleichtert. Letztlich — und das heben auch die Verfasser des Entwurfs hervor — wird es immer auf die von der Rechtsprechung seit längerem entwickelten Fallgruppen und Maßstäbe ankommen.

Für solche Fälle, in denen sich ein Marktpreis nicht feststellen läßt, gibt es eine Alternativ-Definition, die darauf abstellt, ob man vernünftigerweise der fraglichen Tatsache *entscheidende* Bedeutung für seine Handlungsweise beimessen würde. Dabei stellt der *reasonable person*-Test — entsprechend den von der Rechtsprechung in der *Investors Management Co.*-Entscheidung entwickelten Standards ab auf den Grad der Differenzierung der Information, die Unterschiedlichkeit zu den allgemein zugänglichen Informationen sowie ihre Natur und Zuverlässigkeit[269]. Hervorzuheben bleibt, daß der Entwurf nur auf „facts" abstellt,

---

[267] Tent. Draft No. 2, p. 43, Comment 7 zu Sec. 1303.

[268] Vgl. Sec. 1418 (c), Tent. Draft No. 2, p. 165.

[269] Vgl. zum „standard of reasonableness" Sec. 1403 (f), Tent. Draft No. 2, p. 96.

ohne auf die Relevanz neuerer Entwicklungen innerhalb der SEC, die auf die Berücksichtigung von Gewinnprognosen hinzielen, einzugehen[270].

Schließlich widmet sich der Entwurf in Sec. 1303 (d) dem Spezialproblem der Allgemein-Zugänglichkeit einer Nachricht. Danach kann von allgemeiner Kenntnis immer dann ausgegangen werden, wenn die Information in einem amtlichen Antrag, einer Presse- oder sonstigen Mitteilung an die Öffentlichkeit enthalten ist und mindestens eine Woche seit der solcherart geschehenen Bekanntgabe vergangen ist. Wenn diese Voraussetzungen nicht vorliegen, trägt derjenige, der sich auf die Allgemein-Zugänglichkeit beruft, die Beweislast für seine Behauptung. Damit ist gleichzeitig der Fall geregelt, daß eine Information zwar zur Publikation freigegeben ist, infolge der Selektion durch die Medien jedoch nicht erscheint. Der Insider muß dann von dem beabsichtigten Geschäft Abstand nehmen, es sei denn — und dafür könnte die Tatsache der Nichtveröffentlichung sprechen — die Information wäre nicht wesentlich im Sinne der Bestimmung.

Das Problem der unrichtigen Presseveröffentlichung behandelt Sec. 1304 (d) des Entwurfs. Verboten ist danach die Herausgabe irreführender Mitteilungen an die Presse oder andere Publizitätsorgane, wenn vorhersehbar ist, daß dadurch andere Personen in ihrer Anlage-Entscheidung beeinflußt werden. Nicht dagegen ergibt sich aus dieser Bestimmung eine Verpflichtung, bestimmte Informationen zu veröffentlichen[271]. Wohl aber ist in der darauffolgenden Vorschrift Sec. 1304 (d) eine Verpflichtung zur Korrektur unrichtiger oder unrichtig gewordener Veröffentlichungen enthalten. Im Falle einer späteren Änderung der Verhältnisse soll diese Verpflichtung allerdings nur gelten, wenn die geänderten Verhältnisse als wesentliche Tatsachen i. S. von Sec. 1303 des Entwurfs anzusehen sind. Änderungen in der Gewinnprognose sollen von der Mitteilungspflicht ausgeschlossen sein[272].

Die Insider-Regelung des Entwurfs wird vervollständigt durch eine Reihe von Sonderbestimmungen (Secs. 1306 - 1309), die eine ganze Palette von Manipulationspraktiken abdecken, ohne speziell auf den Personenkreis der Insider abzustellen[273].

III. Zivilrechtliche Haftung

Unter der Überschrift „Civil Liability" enthält der Entwurf eine sorgfältig ausgearbeitete Lösung des Haftungsproblems. Dabei wird zwi-

[270] Vgl. oben B V. 2. b.

[271] Vgl. Sec. 1304 (c), Comment 3), p. 48.

[272] Vgl. Sec. 1304 (d), Comment 2), p. 50.

[273] Sec. 1306: Exzessive Spekulation mit Kundengeldern (churning); Sec. 1307: Anlageempfehlungen durch interessierte Personen (touting); Sec. 1308

schen Direktgeschäften und Markttransaktionen unterschieden. Während bei den ersteren Ansprüche auf Rückabwicklung oder Schadensersatz bestehen sollen, beschränkt sich bei Markttransaktionen die Rechtsfolge auf Schadensersatz:

Sec. 1402 (b): "If the transaction is effected in a manner that would make the matching of buyers and sellers substantially fortuitous, a seller or buyer who violates section 1301 (a) (1) or 1303 (a) is liable for damages to a person who buys or sells between (1) the day when the defendant first unlawfully sells or buys and (2) the day when all material facts (or facts of special significance in the case of section 1303 (a) become generally available within the meaning of section 1303 (d)".[274]

Die Höhe des Schadensersatzes bemißt sich grundsätzlich nach der Differenz zwischen Kaufpreis und Wert der Papiere nach Bekanntwerden der kritischen Informationen (falls der Kläger Käufer war), beziehungsweise nach der Differenz zwischen Verkaufspreis und späterem Marktwert (falls der Kläger Verkäufer war). Das Problem der übermäßigen Haftung bei öffentlich gehandelten Papieren versucht der Entwurf durch die Einführung einer Haftungs-Obergrenze zu lösen. Nach Sec. 1403 (2) (B) wird die Haftung des Insiders durch die Zahl der von ihm in der fraglichen Periode gehandelten Papiere begrenzt. Gleichzeitig sieht der Entwurf für den Fall, daß zwei oder mehr Klagen gegen denselben Insider anhängig gemacht werden, die Aufteilung des Schadensersatzes durch ein Gericht vor, bei dem alle Klagen zusammenzulegen sind[275].

Statt den Schadensersatz auf eine Vielzahl von Klägern aufzuteilen, könnte das Gericht den Betrag auch der Gesellschaft selbst zuwenden, vorausgesetzt die Kapitalbeteiligung der Insider ist nicht so hoch, daß eine Ausschüttung an die Gesellschaft ungerecht wäre. In dem Falle käme eine Auszahlung an die noch zu gründende „Securities Investor Protection Corporation" in Betracht. Dahinter steht der Gedanke, daß Kompensation erfolgen soll, soweit es praktikabel ist, daß aber in den anderen Fällen auf die abschreckende Wirkung und Entreicherung nicht verzichtet werden soll[276]. Ein Anspruch auf „punitive damages" soll damit allerdings nicht verbunden sein[277]. Gegebenenfalls soll zur Abwicklung der Verteilung ein Vermögensverwalter vom Gericht bestellt werden[278].

---

a - e: Manipulationen durch falsche Empfehlungen, Scheingeschäfte oder Marktpreisbeeinflussung, durch Rückkäufe während einer Emission und durch Berufung auf den Marktpreis, wenn der Markt einseitig beherrscht wird; Sec. 1309: Preisstabilisierende Maßnahmen (stabilization).

[274] Tentative Draft No. 2, p. 77.

[275] Sec. 1409 (j), Tent. Draft No. 2, p. 122.

[276] Tent. Draft No. 2, p. 125.

[277] Sec. 1417 (b), Tent. Draft No. 2, p. 156.

[278] Sec. 1409 (k), Tent. Draft No. 2, p. 122.

Dritter Teil

Erwägungen zur Übertragbarkeit

Der Blick auf das amerikanische Regelungsgefüge hat gezeigt, daß die relativ einfache Grundkonzeption allein den komplizierten Sachverhalten, die zum Informationsmißbrauch Anlaß geben, nicht gerecht werden kann, sondern durch umfangreiche Kasuistik sowie durch die Verordnungen der SEC und ihre Kontrollgewalt wirksam ergänzt wird. Eine nicht zu unterschätzende Rolle für den Erfolg der amerikanischen Regelung spielt daneben ihre Einbettung in ein System von Anlegerschutzbestimmungen, die in ihrer Gesamtheit die Rechtsstellung des Anlegers stärken.

Im Hinblick auf die deutsche Diskussion zum Insider-Recht interessiert zunächst die Frage, inwieweit sich eine Übertragung der amerikanischen Lösung empfiehlt und ferner, unter welchen Voraussetzungen die Übertragung Erfolg verspricht.

Zur Beantwortung der ersten Frage genügt es nicht, darauf zu verweisen, daß die amerikanische Regelung — also die Kombinationslösung bestehend aus Registrierpflicht (Sec. 16 [a]), Gewinnabschöpfung (Sec. 16 [b]) und Täuschungsverbot (Sec. 10 [b], Rule 10 b-5) — sich im großen und ganzen bewährt hat. Wie nämlich die Darstellung der amerikanischen Lösung gezeigt hat, besteht das amerikanische Insider-Recht aus wesentlich mehr als nur der gesetzlichen Regelung.

Die Praxis der SEC, die von ihr erlassenen Verordnungen und — in immer größerem Maße — die Rechtsprechung haben das Insider-Recht entscheidend beeinflußt, so daß von dem vom Gesetzgeber bewußt einfach gestalteten Modell wenig übriggeblieben ist. Daher wäre es sicher wenig sinnvoll, einfach die gesetzlichen Bestimmungen zu übernehmen, wie dies in einigen Ländern geschehen ist[1]. Statt dessen ist danach zu fragen, welche Prinzipien und Problemlösungen aus dem amerikanischen Recht mit Erfolg übernommen werden können und wo sich eine Übernahme verbietet.

---

[1] Vgl. dazu oben 1. Teil, 1. Kap.

A. Meldepflichten

Diese Frage stellt sich schon bei der in den Vereinigten Staaten im Prinzip unproblematischen Meldepflicht für Insidergeschäfte[2]. Sicher kann auf solche Meldungen in einem System, das vorwiegend die Inhaber-Aktie kennt, noch weniger verzichtet werden als in den Vereinigten Staaten, wo die Namensaktie vorherrscht. Allerdings hängt die Meldepflicht eng mit der Frage ihrer Kontrolle zusammen, die in den USA durch das Bestehen der Wertpapierbehörde (SEC) gewährleistet wird.

Das Fehlen einer solchen Behörde in der Bundesrepublik dürfte aber gerade aus den vorgenannten Gründen kein Anlaß sein, auf eine Registrierung völlig zu verzichten. Da die Mitwirkung der Wirtschaft an dem Erlaß der Insider-Regeln gezeigt hat, daß durchaus ein Interesse der Unternehmen selbst an der Verhinderung von Informationsmißbräuchen besteht, liegt es nahe, die Verantwortung für die Abgabe vollständiger Meldungen über Insidergeschäfte den Unternehmen aufzugeben. Diese könnten verpflichtet werden, entsprechende Sammelmeldungen alljährlich zum Handelsregister abzugeben, wo sie von jedermann eingesehen werden könnten.

Der Gedanke der Unternehmensverantwortung für Insidermißbräuche ist auch dem amerikanischen Recht nicht fremd, wie sich aus der gesetzlichen Regelung der Gewinnabschöpfung ergibt: Die primäre Verantwortung für die Geltendmachung von Abschöpfungsansprüchen liegt bei dem Unternehmen. Ferner ist in Geschäftsberichten der Umfang des Anteilbesitzes bestimmter Insider anzugeben[3].

B. Beschränkungen

Unabhängig von der Frage der Insider-Meldungen ist der Möglichkeit eines Verbots, seiner Rechtsfolgen und der Durchsetzung nachzugehen. Die Entwicklung der Rechtsprechung und die Praxis der SEC zu dem allgemeinen Täuschungsverbot Rule 10 b-5 machen deutlich, daß heute alle Insidermißbräuche durch ein allgemein formuliertes Täuschungsverbot erfaßt werden können — vorausgesetzt, es werden in der Praxis genügend Kriterien gebildet, die ein gewisses Maß an Voraussehbarkeit und Gleichmäßigkeit der Anwendung sicherstellen. Dennoch hat die moderne Auslegung dieser Zentralnorm des amerikanischen Wertpapierrechts die

---

[2] Interessant ist in diesem Zusammenhang die französische Reform des Insiderrechts durch Gesetz vom 23. 12. 1970, durch das die 1967 eingeführte Meldepflicht wieder abgeschafft wurde. Gleichzeitig wurden die Untersuchungsbefugnisse der Börsenkommission (COB) erweitert. Vgl. dazu: *Leistner*, AG 1971, 363.

[3] Vgl. oben 2. Teil, 2. Kap. A.

durch wesentlich engere gesetzliche Beschränkungen gekennzeichnete Norm Sec. 16 (b) nicht überflüssig gemacht. Das wird schon daraus deutlich, daß auch die amerikanischen Reformbestrebungen an dem Prinzip bestimmter Insiderbeschränkungen bei gleichzeitigem allgemeinen Täuschungsverbot festhalten wollen. Die Auferlegung von Beschränkungen für einen engeren Kreis von Insidern hat den Vorteil, daß solche Geschäfte, die sich am ehesten zum Mißbrauch nicht-öffentlicher Informationen eignen, ohne Rücksicht auf Schadenseintritt und Beweisschwierigkeiten unterbleiben, wobei die Kontrolle durch die Meldepflicht erleichtert wird.

Andererseits wird durch die Entwicklung in den USA eindringlich demonstriert, daß mit einer auf bestimmte Personen und Geschäfte beschränkten Lösung nicht auszukommen ist. Soweit in den deutschen Insiderhandels-Richtlinien[4] und in Gesetzesvorschlägen[5] entweder nur das beschränkte Regelungsmodell oder nur ein flexibles Täuschungsverbot aufgestellt werden soll, wird die gegenseitige Ergänzung zwischen der Gewinnabschöpfung und dem umfassenden Täuschungsverbot unterschätzt. Denn ebenso wie durch die bloße Existenz gesetzlicher Beschränkungen in bezug auf bestimmte Insidergeschäfte viele Geschäfte unterbleiben, wirkt das parallel dazu bestehende Täuschungsverbot präventiv in bezug auf Umgehungsgeschäfte. Eine Regelung, die sich nur mit bestimmten Beschränkungen für bestimmte Personenkreise begnügen will, läuft Gefahr, durch Umgehungen, wie z. B. durch die Einschaltung von Tipempfängern, wirkungslos zu werden.

Die Wirksamkeit der Insiderhandels-Richtlinien von 1976 müßte daher selbst dann bezweifelt werden, wenn ihr Inhalt gesetzlich festgeschrieben werden sollte.

I. Abstrakte Gefährdung

Noch fraglicher, weil auf noch engeren Voraussetzungen beruhend, wäre der Erfolg einer Lösung, die sich auf die Übernahme einer an Sec. 16 SEA angelehnten Vorschrift beschränken würde, wie es den Befürwortern einer „kleinen Lösung" bis zur Erreichung einer „großen Lösung" vorschwebt[6]. Aufgrund der amerikanischen Erfahrung mit Sec. 16 muß sogar bezweifelt werden, daß eine solche Norm wesentlich zur Anhebung der Insider-Moral beiträgt und die Einführung einer „großen Lösung" erleichtert. Die starren Beschränkungen, wie sie in Sec. 16 vorgesehen sind, haben nicht zur Popularität des Insider-Rechts beigetragen und der Gewinnabschöpfungs-Vorschrift selbst den Titel der

---

[4] Vgl. 1. Teil, 3. Kap. B I.
[5] Vgl. 1. Teil, 3. Kap. C.
[6] Vgl. *Hopt / Will*, S. 152 ff.

„bestgehaßten“ Norm eingetragen. Da Sec. 16 keinen unmittelbaren Bezug zum Informationsmißbrauch enthält, konnte ihr jahrzehntelanges Bestehen und ihr sicherlich sehr hoher Bekanntheitsgrad unter den Mitgliedern der Unternehmensführungen das Entstehen des *Texas Gulf Sulphur-Falles* nicht verhindern.

Der Entwurf des *Arbeitskreises Gesellschaftsrecht*[7] entgeht dieser Gefahr dadurch, daß der Bezug zum Informationsmißbrauch in den Vordergrund gestellt wird und das an einen engeren Insiderkreis gerichtete Verbot bestimmter Geschäfte nur einen Teil einer Gesamtregelung darstellt.

Die Praxis zu Sec. 16 (b) SEA hat gezeigt, daß die einfache Automatik der Regelung einerseits ihre Stärke, andererseits aber auch ihre entscheidende Schwäche darstellt. Das gilt sowohl für die Abgrenzung des Personenkreises als auch der Geschäfte, die der Gewinnabschöpfung unterliegen. Die Existenz zahlreicher Durchführungsverordnungen zu Sec. 16 (b) beweist, daß diese Bestimmung sich längst von der einfachen „rule of thumb“ entfernt hat. Die umfangreiche Rechtsprechung zu Sec. 16 (b) beweist darüber hinaus, daß die im Laufe der Zeit erfolgte Ausdehnung dieser Bestimmung auch im Hinblick auf das Bestehen eines allgemeinen Täuschungsverbots in Rule 10 b-5 nicht überflüssig ist. Die einfacheren Anspruchsvoraussetzungen kommen dem Kläger stark entgegen. Allerdings ist auch nicht zu verkennen, daß die gesetzliche Regelung des Anwaltshonorars die Klage nach Sec. 16 (b) besonders attraktiv macht.

II. Konkrete Gefährdung

In Anerkennung der fortdauernden Bedeutung von Sec. 16 (b) haben die SEC und die Rechtsprechung ihre Anwendung auf „unorthodoxe“ Geschäfte, also auf solche Geschäfte, die nicht genau dem gesetzlichen Schema von Kauf und Verkauf (bzw. Verkauf und Kauf) der gleichen Wertpapiere entsprechen, gefördert. Das gilt insbesondere von Geschäften mit Wandlungs- und Bezugsrechten, mit Anteilen, die durch Reklassifizierung, Splitting oder Kapitalerhöhung erworben werden, sowie von der Wahrnehmung von Umtauschangeboten im Rahmen von Fusionen. In bezug auf solche Geschäfte hat sich die individualistische Betrachtungsweise der Gerichte bewährt, die durch Anlegen des „possibility of abuse“-Tests feststellen, ob derartige Geschäfte sich zum Mißbrauch von inside-Informationen eignen und deswegen der Gewinnabschöpfung unterliegen sollen. Eine in ähnlicher Weise auf die konkrete Gefährdung abstellende Praxis ist in bezug auf den persönlichen Geltungsbereich zu beobachten. Hierzu zählt insbesondere die Einbeziehung von Personen,

[7] Vgl. 1. Teil, 3. Kap., C.

die nur während eines Teilaktes des fraglichen Geschäftes der Unternehmensführung angehören sowie die Einbeziehung von solchen Aktionären, die erst durch das in Frage stehende Geschäft als Großaktionäre im Sinne der Vorschrift qualifizieren.

Andererseits haben sich gerade bei der Anwendung der Gewinnabschöpfung auf Großaktionäre Lücken gezeigt, wenn Erwerbs- oder Veräußerungsgeschäfte stufenweise erfolgen. Ebenfalls nicht befriedigend gelöst ist bislang die Frage der Einbeziehung von Familienmitgliedern in die Gewinnabschöpfung sowie das Problem der Aufsichtsratsverflechtungen. Allerdings haben die Untersuchungen der SEC zu dem letzteren Problem gezeigt, daß die Frage der Verflechtung, der Informationszurechnung zu Lasten des entsendenden Unternehmens und der Beschränkung in bezug auf Geschäfte mit Wertpapieren des anderen Unternehmens über den Rahmen einer Gewinnabschöpfungsregelung hinausgeht.

Die Anknüpfung der Regelung an die Börsenzulassung oder an die Registrierung bei der SEC ergibt sich aus der beschränkten Zuständigkeit des Bundesgesetzgebers und sollte nicht übernommen werden. Statt dessen kommt eine Anknüpfung an die Höhe des Gesellschaftsvermögens in Betracht. Im Hinblick auf die unterschiedlichen Voraussetzungen in der Bundesrepublik wäre es wichtig, daß eine entsprechende Regelung auch ohne zahlreiche Durchführungsverordnungen existenzfähig ist.

Im Gegensatz zu dem Reformentwurf des A. L. I. kommt es hier jedoch weniger auf vollständige Detailregelungen an als auf eine deutliche Formulierung des Auslegungsprinzips, das im amerikanischen Recht durch die Rechtsprechung zum „possibility of abuse"-Test verankert ist. Ferner wäre zu überlegen, ob man den Anwendungsbereich einer entsprechenden Regelung, die bestimmte Insider bestimmten Beschränkungen unterwirft, durch Verlängerung des Zeitraums von sechs Monaten auf ein Jahr oder mehr ausdehnt[8]. Zur Vermeidung unnötiger Härten bietet es sich an, gleichzeitig durch Einführung einer widerlegbaren Vermutung dem Insider die Möglichkeit zu geben, sich durch den Nachweis, daß die Durchführung eines bestimmungswidrigen Geschäfts im Einzelfall nicht mit mißbräuchlicher Informationsverwertung in Verbindung stehen kann, von der Haftung zu befreien. Ein solcher Nachweis könnte beispielsweise durch Vorlage eines Aktienerwerbsplans oder durch Darlegung besonderer Umstände geführt werden.

Unter dieser Voraussetzung erscheint auch eine Ausweitung des persönlichen Geltungsbereichs auf eng mit dem Insider verbundene Personen sowie Personen und Gesellschaften, die durch gemeinsame Aufsichtsrats- oder Vorstandsmitglieder in Verbindung stehen, angemessen.

---

[8] Vgl. den Reformvorschlag von *Munter*, oben 2. Teil, 2. Kap., H I.

Das grundsätzliche Problem der Vertretung von Banken in fremden Aufsichtsräten würde dadurch allerdings nicht gelöst werden. Vielmehr wird durch die vorgeschlagene Lösung die Notwendigkeit — freiwilliger oder gesetzlicher — Maßnahmen zur Verhinderung von Informationsmißbräuchen deutlich, mit deren Hilfe das entsendende Institut dann den Entlastungsbeweis antreten könnte.

C. Mißbrauchsverbot

Im Gegensatz zu Sec. 16 (b) SEA stellt die von der SEC als Durchführungsverordnung zu Sec. 10 (b) SEA erlassene Rule 10 b-5 auf die tatsächliche Kenntnis von inside-Informationen ab. Die drei Tatbestände der Rule werden als umfassendes Mißbrauchsverbot verstanden und von der Rechtsprechung und der SEC im Sinne der Präambel des Securities Exchange Act *"... to prevent inequitable and unfair practices ..."* angewandt. Dabei hat sich die Rechtsprechung im Laufe der Zeit immer weiter von dem überkommenen fraud-Konzept entfernt, um dem Geist des Gesetzes zu genügen. Gleichzeitig erlaubt der weitgefaßte Tatbestand der Rule es der Rechtsprechung, über den eigentlichen Wertpapierhandel hinaus auch Fälle von Mismanagement und Mißbrauch der Beherrschungsmacht der bundesgerichtlichen Kontrolle zu unterwerfen. Aus der Sicht eines Landes, das keine der SEC entsprechende Aufsichtsbehörde kennt, erscheint es bedeutsam, daß diese Entwicklung ihren entscheidenden Impuls durch die Zulassung der Privatklage für die Geltendmachung von Ansprüchen aus Verletzung von Rule 10 b-5 erhielt.

Seitdem hat die Interpretation von Rule 10 b-5 den engen Rahmen der unter dem Common Law entwickelten „special facts"-Theorie verlassen, indem insbesondere der in Frage kommende Personenkreis vergrößert wurde, seine Verhaltenspflichten am Offenlegungs-Grundsatz des Gesetzes gemessen werden und persönliche wie anonyme Börsengeschäfte gleichen Beurteilungsmaßstäben unterliegen.

Dogmatisch wird der Mißbrauch von inside-Informationen als unterlassene Aufklärung behandelt (soweit es sich nicht gerade um Täuschungen durch Fehlinformationen handelt), obwohl die Aufklärungsmöglichkeit gegenüber dem unbekannten Geschäftspartner in der Regel rein theoretisch bleibt. Gerade bei Offenmarkt-Geschäften wird deutlich, daß Personen, die im Besitz wesentlicher, nicht öffentlicher Informationen sind, bis zur allgemeinen Verbreitung solcher Informationen echten Beschränkungen in bezug auf Wertpapiergeschäfte unterliegen. Im Ergebnis kommt dies also einem Verbot von Geschäften gleich, die in Verbindung mit inside-Informationen stehen. Der Gesichtspunkt der unterlassenen Aufklärung spielt noch eine wichtige Rolle für die Beurteilung der Informationspolitik des Unternehmens selbst und der dafür Verantwortlichen. Hinsichtlich der Aufklärungspflichten ergeben sich aus Rule 10 b-5 strenge Anforderungen an die Vollständigkeit der Information und die Art und Weise der Verbreitung.

Der von solchen Beschränkungen betroffene Personenkreis geht über den Kreis der Insider im engeren Sinne (Sec. 16 SEA) hinaus.

Zunächst erweiterte die SEC den Anwendungsbereich, indem sie die Auffassung vertrat, daß Personen mit Zugang zu unternehmensinternen Informationen gegen die Rule verstießen, wenn sie im Besitz solcher Informationen Wertpapiergeschäfte vornähmen. Der so umrissene Personenkreis wurde später durch die Einbeziehung von außenstehenden Informationsempfängern (Tippees) erweitert. Nach dem heutigen Stand der Rechtsprechung unterliegt grundsätzlich jeder, der im Besitz wesentlicher nichtöffentlicher Informationen ist, den gleichen Beschränkungen wie ein Mitglied der Unternehmensführung.

Diese Entwicklung erscheint aus heutiger Sicht fast zwangsläufig, da die Information nicht bei bestimmten Organisationsebenen halt macht. Gefördert wurde sie noch durch die Einbeziehung von außen kommender Informationen. Auch die deutschen Reformüberlegungen können an der Problematik der Beschränkung auf Personengruppen nicht vorbeigehen, denn wenn es das Ziel einer Regelung sein soll, die allgemeine Chancengleichheit in bezug auf den Informationsstand bei Wertpapiergeschäften zu erhöhen, müssen gleiche Verbote gegen jedermann gelten.

Damit gilt der Besitz wesentlicher Informationen (material information) als entscheidendes Kriterium. In dem Bestreben nach Präzisierung sind von der amerikanischen Rechtsprechung allgemeine Maßstäbe entwickelt worden, bei deren Vorliegen eine Information als „wesentlich“ (*material*) gilt.

Danach muß es sich um Informationen handeln, die sich auf das Unternehmen beziehen, um dessen Kapitalanteile es geht; die Informationen müssen sich auf Tatsachen beziehen; diese Tatsachen müssen ihrer Natur nach außergewöhnlich sein und nach dem Urteil eines vernünftigen Investors geeignet sein, den Marktpreis der Wertpapiere zu beeinflussen.

Das letzte Element dieser Formel entspricht im wesentlichen der Definition in den Insiderhandels-Richtlinien (§ 2 Abs. 3: „Insiderinformationen sind Kenntnisse von noch nicht bekanntgegebenen oder bekanntgewordenen Umständen, die von Einfluß auf die Bewertung der Insiderpapiere sein können.“) Der sich anschließende Katalog schränkt die Reichweite dieser Formel aber wieder ein[9].

---

[9] Anders dagegen der Entwurf des *Arbeitskreises Gesellschaftsrecht*, in dessen § 4 außer bestimmten, besonders wichtigen Informationen generalklau-

Durch die Beurteilung zahlreicher Einzelfälle sind die von der amerikanischen Rechtsprechung aufgestellten Maßstäbe von ihr weiter definiert worden, doch gibt es keinen abschließenden Katalog wesentlicher Informationen. Von den in der Vergangenheit als „wesentlich" eingestuften Informationen sind insbesondere die folgenden hervorzuheben: bevorstehende Unternehmenszusammenschlüsse, öffentliche Übernahmeangebote (*tender offers*), Verkauf eines größeren „Pakets", Entdeckung von besonders großen Erzvorkommen, Entwicklung neuer Produkte, Abschluß wichtiger Verträge, Aktien-Split, Ausgabe von Gratisaktien oder Bezugsrechten, Liquidationspläne, Pläne zur Veräußerung des Gesellschaftsvermögens, bedeutende Veränderungen der Geschäftslage sowie Änderungen der Dividendenpolitik. Diese Aufzählung darf allerdings nicht verallgemeinert werden. Entscheidendes Regulativ ist jeweils die Feststellung, ob die Information in den Augen eines vernünftigen Investors geeignet ist, den Marktpreis der Papiere zu beeinflussen. Dabei wird nicht nur auf besonders vorsichtig handelnde Anleger abgestellt, sondern durchaus auch das Verhalten eines spekulativen Kapitalanlegers berücksichtigt. Die Auffassung, daß nur der langfristig planende Anleger schutzwürdig sei, wurde ausdrücklich zurückgewiesen[10].

Als einfachen Test zieht die amerikanische Rechtsprechung das eigene Verhalten des Insiders heran. Das bedeutet, daß dann, wenn ein Inhaber nicht-öffentlicher Informationen in Kenntnis solcher Informationen Geschäfte macht, damit die Vermutung begründet ist, daß es sich um „wesentliche" Informationen handelt. Diese Vermutung darf jedoch nicht als einziger Maßstab verallgemeinert werden.

Als wesentliche Informationen kommen nicht nur Kenntnisse aus dem Unternehmensbereich selbst in Betracht, sondern auch Marktinformationen. Allerdings stellt die Rechtsprechung bei den letzteren noch darauf ab, ob der Inhaber einer Marktinformation seinem Geschäftspartner gegenüber aufgrund einer besonderen Treustellung offenbarungspflichtig ist. Auch die Grenzziehung zwischen Tatsache und Meinung löst sich auf, nachdem die SEC die Bedeutung von Ertragsschätzungen des Unternehmens hervorgehoben hat.

Im Gegensatz zu einem in der deutschen Diskussion unterbreiteten Vorschlag[11] wird im amerikanischen Recht bisher von einer Vermutung, wonach bestimmte Insider-Geschäfte durch inside-Informationen veran-

---

selartig auf Kenntnisse Bezug genommen wird, die die Gesellschaft (einschl. verbundener oder einzugliedernder Unternehmen) betreffen und denen Marktteilnehmer selbständige Bedeutung beimessen würden.

[10] Vgl. oben, 2. Teil, 3. Kap. B V. 1. Anders der *Arbeitskreis Gesellschaftsrecht* (S. 79), der darauf abstellen will, wie sich die Nachricht auf die Entscheidung eines durchschnittlichen Anlegers auswirkt.

[11] Vgl. oben 1. Teil, 3. Kap. C; *Arbeitskreis Gesellschaftsrecht*, S. 113.

laßt wurden, abgesehen. Der Grund liegt zum einen darin, daß Rule 10 b-5 genau genommen auf Kenntnis, nicht auf Mißbrauch von Informationen abstellt; zum anderen steht der Rechtsverfolgung in den Vereinigten Staaten Hilfe durch eine mit umfassenden Ermittlungsbefugnissen ausgestattete Behörde zur Verfügung. Für Kläger, die sich auf die Unterstützung durch eine ähnliche Behörde nicht verlassen können, wäre die Rechtsverfolgung ohne Beweiserleichterung allerdings schwierig. Daher könnte für das deutsche Recht eine (widerlegbare) Vermutung entsprechend dem Vorschlag des Arbeitskreises Gesellschaftsrecht in Frage kommen. Um jedoch den engeren Insider-Kreis davor zu schützen, ständig mit Klagen überzogen zu werden, müßte der Kläger dartun, welche „wesentlichen" Informationen dem Beklagten vorgelegen haben können.

D. Informationsweitergabe

Das Verbot, Geschäfte in Kenntnis nicht-öffentlicher Informationen wahrzunehmen, wird durch das Verbot der Informationsweitergabe („tipping") vervollständigt.

Es haftet also nicht nur derjenige, der eine empfangene Information, deren nicht-öffentlichen Charakter er kennt, ausnutzt, sondern auch der Tipgeber. Diese zusätzliche Absicherung hat sich in der Vergangenheit als unbedingt notwendig erwiesen. Als Schaltstelle für die Informationsweitergabe sind dabei insbesondere Wertpapierinstitute aufgetreten, die durch ihre Mitglieder in fremden Aufsichtsräten vertreten sind. Das Problem besteht aber gleichermaßen bei Banken, die in ihrer Eigenschaft als Kreditgeber Empfänger vertraulicher Informationen sind. Zwar dürfen Banken nach amerikanischem Recht nicht als Wertpapierhändler auftreten, doch verwalten ihre Trust-Departments in eigener Verantwortung Wertpapierdepots für fremde Treugeber. Die Gefahr, als Insider oder Tippee haften zu müssen, hat viele Banken inzwischen dazu veranlaßt, durch entsprechende Organisationsmaßnahmen („wall") den Informationsfluß zwischen Kreditabteilung und Trust-Department zu unterbrechen. Diese Lösung ist jedoch aus verschiedenen Gründen problematisch: Ein gewisser Informationsfluß ist schon aufgrund personeller Verflechtungen in der Regel unvermeidbar.

Wenn andererseits die Informationsbarriere völlig dicht ist, kann es passieren, daß die eine Abteilung gegen ein Unternehmen Konkurs anmeldet, während die andere Abteilung noch Kapital in den Papieren desselben Unternehmens anlegt. Das kann zu Ersatzansprüchen gegen das betreffende Institut führen, da dem Anleger das Institut als eine Einheit gegenübertritt. Hinzu kommt ein psychologischer Nachteil für Mitglieder solcher Wertpapierabteilungen. Wenn sie eine Information nicht einwandfrei als allgemein bekannt voraussetzen können, laufen sie Gefahr, später haftbar gemacht zu werden, wenn sie aufgrund solcher Informationen Geschäfte tätigen oder Ratschläge erteilen. Im Zweifel werden sie daher dahin tendieren, länger abzuwarten als ein Händler oder Anleger, der keine Verbindung zu dem fremden Unternehmen hat.

Für die deutsche Universalbank hat dieses Problem eine noch größere Bedeutung, da hier Händler- und Beraterfunktion, Kreditgeschäft und Eigengeschäft in einer Hand liegen. Ein erster Schritt zur Entschärfung des Problems wäre sicherlich die Einführung eines Informations-Mißbrauchsverbotes. Daneben sind gesetzliche oder organisatorische Maßnahmen zur Lösung des Konflikts zwischen dem Zwang zur Geheimhaltung, den institutseigenen Interessen und den Interessen des Anlegerschutzes unumgänglich.

Zum Ausgleich für die durch den Schutz des Bankgeheimnisses, das Vorherrschen von Inhaberaktien sowie das Fehlen einer mit entsprechenden Vollmachten und Mitteln ausgerüsteten Behörde erschwerte Aufklärung wäre ferner an eine Beweislastverteilung zuungunsten eines Instituts zu denken, das in irgendeiner Weise mit fremden Unternehmen verbunden ist und mit Wertpapieren eines solchen Unternehmens Geschäfte macht.

E. Durchsetzungsfragen

Trotz Bestehens einer Aufsichtsbehörde in den USA, der SEC, obliegt die Durchsetzung der Insiderbestimmungen in starkem Maße privater Initiative. Die Voraussetzungen sind infolge der umfassenden Publizität der Unternehmen, der Insider-Meldungen und der ins Ermessen der SEC gestellten Veröffentlichung eigener Ermittlungen relativ günstig. Die Entwicklung des amerikanischen Insider-Rechts beweist, daß entscheidende Impulse von der Rechtsprechung ausgegangen sind und daß selbst eine so gut ausgerüstete Behörde wie die SEC der Aufgabe nicht allein gerecht werden könnte. In noch geringerem Maße sind hierzu die Strafverfolgungsbehörden geeignet. In den Vereinigten Staaten spielt daher die Durchsetzung der Insiderbeschränkungen mit Hilfe der Strafverfolgungsbehörden nur eine sehr geringe Rolle.

Dies sollte auch bei Einführung einer Insiderregelung in das deutsche Recht berücksichtigt werden. Die bisherigen Vorschläge beziehen den privaten Kläger nur in geringem Maße in das System zur Durchsetzung der Insider-Normen ein und vertrauen statt dessen mehr auf die Arbeit von Börsenprüfungskommissionen oder der Strafverfolgungsbehörden[12].

[12] Eine Ausnahme bildet der Vorschag des *Arbeitskreises Gesellschaftsrecht* (oben 1. Teil, 3. Kap. C), der u. a. die Rechtsverfolgung durch einen Verwalter vorsieht.

Ein rein strafrechtliches Mißbrauchsverbot, wie es von einigen gefordert wird, müßte um so wirkungsloser bleiben, je weniger Unterstützung den Strafverfolgungsbehörden von einer spezialisierten Wertpapieraufsicht zukäme. Eine strafrechtliche Regelung würde also keineswegs die Einrichtung oder Erweiterung eines Behördenapparates ersparen. Schon deswegen liegt es nahe, daß auf die Einschaltung der Zivilgerichte nicht verzichtet wird. Allerdings sollte auch die amerikanische Kritik am Überhandnehmen privater Klagen, deren eigentliches Ziel das Anwaltshonorar ist, ernst genommen werden. Das gilt insbesondere für Gewinnabschöpfungsklagen zugunsten der Gesellschaft wie für Schadensersatzklagen aufgrund von Offenmarkt-Geschäften. Bei einer künftigen Regelung könnte den Bedenken in der Form eines auf das berechtigte Interesse des Klägers abstellenden Zulässigkeitserfordernisses begegnet werden. Mindestens in bezug auf Offenmarkt-Geschäfte wäre an eine Erweiterung der Verbandsklage zu denken. Dadurch würde in erster Linie den Anlegerschutzverbänden selbst die Verantwortung für die Durchsetzung der Insiderregeln übertragen. Auch ein auf Antrag von Aktionären oder ehemaligen Anteilseignern zu bestellender Verwalter könnte diese Aufgabe wahrnehmen[13].

Die Frage der angemessenen Rechtsfolge stellt eines der Hauptprobleme des Insiderrechts dar. Die im amerikanischen Insiderrecht vorgesehenen Rechtsfolgen (Gewinnabschöpfung, Schadensersatz, Rückabwicklung) haben zu Schwierigkeiten geführt. Während jedoch die Berechnungsschwierigkeiten bei der Gewinnabschöpfung überwindbar erscheinen, sind die Schadensersatzprobleme bei Offenmarkt-Geschäften immer noch nicht befriedigend gelöst. Da diese Schwierigkeiten ein entscheidendes Hemmnis für die Erhebung der Privatklage sind, ist eine klare Lösung unerläßlich. Wegen der Vielzahl der in Frage kommenden Anspruchsteller hat sich die Undurchführbarkeit des Ausgleichsgedankens bereits herausgestellt, auch wenn noch von Schadensersatz gesprochen wird. Die in den USA praktizierte und auch für Deutschland vereinzelt vorgeschlagene Lösung der Gewinnverteilung durch einen Treuhänder stößt dagegen auf erhebliche Durchführungsprobleme, wobei die Kosten einer gerechten Verteilung in keinem Verhältnis mehr zu dem Betrag stehen, der an den einzelnen Anleger ausgeschüttet wird. Darüber hinaus ist auch dieses Verteilungssystem inkonsequent, da es nur diejenigen Anleger berücksichtigt, die in der fraglichen Zeit, zu der die Insiderverstöße vorgekommen sind, korrespondierende Wertpapiergeschäfte vorgenommen haben.

---

[13] Vgl. insoweit den Vorschlag des *Arbeitskreises Gesellschaftsrecht*. Allerdings geht es wohl zu weit, wenn dort die Erfolgsaussicht nicht nur für den Kostenvorschuß, sondern auch für die Zulässigkeit ausschlaggebend sein soll.

Es werden also alle diejenigen nicht berücksichtigt, die in Unkenntnis der Information oder aufgrund von Fehlinformationen es unterlassen haben, ihre Wertpapiere zu verkaufen oder neue Wertpapiere zu erwerben. Bei Offenmarkt-Geschäften empfiehlt sich daher eine konsequente pauschale Lösung, durch die dem Insider der Gewinn abgenommen und dem Unternehmen zugeführt wird. Die Tatsache, daß der Insider selbst dann wieder durch seinen Anteil am Gesellschaftsvermögen indirekt davon profitiert, kann demgegenüber vernachlässigt werden, da ein direkter und meßbarer Nutzen für ihn als Anteilseigner einer Publikumsgesellschaft kaum auftreten wird. Gleichzeitig könnten durch eine solche Lösung die Probleme des Verursachungszusammenhangs, die auch von der amerikanischen Rechtsprechung noch nicht vollständig gelöst sind, vermieden werden.

F. Anlegerschutz

Bevor man allerdings versucht, eine neue Insiderregelung zu entwerfen, sollte ihr Zusammenhang mit den übrigen Bereichen des Anlegerschutzes berücksichtigt werden. Auch die amerikanische Insiderregelung steht nicht isoliert da, sondern hat sich erst als Teil einer Gesamtkonzeption zur Verbesserung des Anlegerschutzes entwickelt. Dementsprechend beschränken sich die Aufgaben der amerikanischen Wertpapierkommission nicht auf die Überwachung von Insidermißbräuchen, sondern erstrecken sich auf den Gesamtbereich der Anlegerschutzgesetze.

Aufbauend auf dem Grundprinzip der gesteigerten Publizität und weitreichender Aufklärungspflichten zum Schutze des Anlegers konnte sich dort die Insider-Regelung entwickeln. Es ist kaum vorstellbar, daß eine isolierte Insider-Regelung auch nur annähernd gleichen Erfolg haben könnte. Die Einbettung einer Insider-Regelung in ein umfassendes *Anlegerschutzsystem* ist daher eine entscheidende Voraussetzung für ihre Wirksamkeit.

Im Rahmen eines solchen Anlegerschutzsystems wäre Mißbrauchsmöglichkeiten von vornherein durch verstärkte Publizität, die bei der Börsenzulassung zu beginnen hätte, vorzubauen. Man würde die Dinge allerdings auf den Kopf stellen, wenn der Zweck einer solchen Publizität sich auf die Verhinderung von Insidermißbräuchen beschränken sollte. Auch die Kontrolle von Prospekten und sonstiger Unternehmenspublizität einschließlich der Jahres- und Vierteljahresberichte müßte den Anlegerschutz *insgesamt* im Auge haben. Will man dem Anlegerschutz gerecht werden, so ergeben sich Konsequenzen nicht nur für das bestehende Gesellschaftsrecht, sondern ebenso auf den Gebieten des Börsen-, Prozeß- und Verwaltungsrechts.

Das System des Anlegerschutzes sollte sich nicht auf Kapitalanlagen in börsennotierten Wertpapieren beschränken, sondern müßte auch andere Kapitalbeteiligungen, insbesondere auch an den sogenannten Publikumspersonengesellschaften, erfassen[14]. Auch insoweit könnte eine Insider-Regelung, die nach den bisher gängigen Vorstellungen auf den Börsenhandel beschränkt ist, von der Einordnung in ein System des Anlegerschutzes profitieren.

Darüber hinaus ist es wichtig, daß der Rechtsprechung, die etwa im Rahmen des Verbraucherschutzes durchaus rechtsfortbildend tätig geworden ist, die Möglichkeit gegeben ist, in ähnlicher Weise den Schutz des Anlegers zu verbessern. Unter der Voraussetzung, daß dem Schutz des Anlegers gleicher Rang wie dem des Verbrauchers eingeräumt wird, erscheint es denkbar, daß mit Hilfe der Rechtsprechung den Organen der Unternehmen Organisations- und Publizitätspflichten auferlegt werden, die den sachgemäßen Umgang mit wichtigen Informationen sicherstellen.

Zur Durchführung des Anlegerschutzgedankens wäre ferner daran zu denken, die staatlichen Aufsichtsrechte über die Börsen (§§ 1, 2 BörsG) einzusetzen, um über den Weg der Börsenordnung den notierten Unternehmen und den Händlern bestimmte Pflichten aufzuerlegen.

Solange ein allgemeines System des Anlegerschutzes nicht besteht, müssen diese Maßnahmen allerdings unvollständig bleiben. Um so wichtiger ist es, dem Gedanken des Anlegerschutzes auf möglichst vielen Wegen — sei es nun über den Gesetzgeber, die Rechtsprechung, die beteiligten Verbände oder auf dem Wege der Selbstverwaltung — allgemeine Geltung zu verschaffen.

---

[14] Vgl. *Hopt*, Gutachten, S. 22/132; *Wiedemann*, BB 1975, 1591, 1595; *Peltzer*, NJW 1976, 1615.

Literaturverzeichnis

Aktiengesetz, Großkommentar, bearb. von Barz, C. H., Klug, U., Meyer-Landrut, J., Wiedemann, H., Brönner, H., Mellerowicz, K., Schilling, W., Würdinger, H., 3. Aufl., Berlin - New York 1973.

Albert, G., Stellung, Funktion und verfassungsrechtliche Problematik der Independent Regulatory Commissions in den Vereinigten Staaten von Amerika, Schriften zum öffentlichen Recht, Bd. 175, Berlin 1971.

Altmann, J. P., Note, Corporations-Securities Exchange Act of 1934 — Partial Avoidance of Section 16 (b) Liability through Use of Split-Sale Device, 47 Tulane L. Rev. 1191 (1973).

American Bar Association, Conference on Codification of the Federal Securities Laws, 22 Bus. Law. 793 (1967).

American Jurisprudence, Volume 4, Alteration of Instruments — Appeal and Error, The Lawyers Cooperative Publishing Company, Rochester - San Francisco, Second Edition 1962.

The American Law Institute, Restatement (Second), Agency, St. Paul, Minn. 1958.

— Restatement (Torts), St. Paul, Minn. 1934.

— Federal Securities Code, Tentative Draft No. 1 (1972).

— Federal Securities Code, Tentative Draft No. 2 (March 1973).

American Stock Exchange, Information Circular No. 51 - 71 (April 30, 1971).

Andrews, W. D., The Stockholder's Right to Equal Opportunity in the Sale of Shares, 78 Harv. L. Rev. 505 (1965).

Aranow, E. R. and *Einhorn,* H. A., Tender Offers for Corporate Control (New York 1973).

Arbeitskreis Gesellschaftsrecht, (G. Hueck / M. Lutter / H. J. Mertens / E. Rehbinder / P. Ulmer / H. Wiedemann / W. Zöllner), Verbot des Insiderhandelns, Heidelberg 1976.

Ashe, T. M., Insider Dealing, (1974) New Law Journal, 83.

— Some Thoughts on Insider Trading, (1973) New Law Journal 216.

Ballantine, H. W., On Corporations, Revised Edition, Chicago 1946.

Ballentine's Law Dictionary (3. ed. by William S. Anderson), New York 1969.

Baumann, H. T., Note, Corporations — Securities Exchange Act of 1934 — Measure of Shortswing Profits Under Section 16 (b), 50 Mich. L. Rev. 474 (1952).

Baumbach, A., *Hueck,* A., Aktiengesetz, 13. Aufl., München 1970.

Baumhart, R. C., How Ethical Are Business Men?, Harv. Bus. Rev., July/Aug. 1961, p. 7.

Bender, A. C., The 16 (d) Market-Making Exemption, 18 Stan. L. Rev. 1418 - 1427 (1966).

Berle, A. A. Tr., Publicity of Accounts and Directors' Purchases of Stock, 25 Mich. L. Rev. 827 - 838 (1927).

— "Control" in Corporate Law, 58 Colum. L. Rev. 1212 - 1225 (1958).

Beyer-Fehling, H., Die neuen Insider-Regeln, ZfK 1970, 1112.

Bialkin, K. J., Book Review — Aranow and Einhorn, Tender Offers for Corporate Control (New York 1973), 48 N. Y. U. L. Rev. 1227 (1973).

Bitz, M., Europäisches Insiderrecht (Buchbesprechung zu Hopt / Will, Europäisches Insiderrecht), AG 1974, 114.

Blumberg, P. J., Reflections on Proposals for Corporate Reform through Change in the Composition of the Board of Directors: "Special Interest" or "Public", 53 Boston U. L. Rev. 547 (1973).

Bondzio, W., Zum internationalen Ehegüter- und Ehegattenerbrecht der Vereinigten Staaten von Amerika, Berkeley - Kölner Rechtsstudien, Kölner Reihe, Bd. 6, Karlsruhe 1964.

Brandeis, L. D., Other People's Money — And How the Bankers Use It, New York 1913/14.

Bremer, H., Die Neufassung der Insider-Bestimmungen, AG 1976, 10.

— Die Börsensachverständigenkommission: 1968 - 1975 — Aufgaben und Ergebnisse, Berlin - New York 1976 (zit.: Börsensachverständigenkommission).

— Die Insider-Regeln, AG 1971, 55.

Bromberg, A. R., Securities Law: Fraud-SEC Rule 10 b - 5, New York - San Francisco 1969.

Bruns, G., Das Gespenst der "Insider-Information", ZfK 1969, 882.

Bruns, H., Der Wertpapierhandel von Insidern als Regelungsproblem, Diss. Frankfurt 1973.

Bucklo, E. E., Scienter and Rule 10 b - 5, 67 Nw. U. L. Rev. 562 - 600 (1972).

Carsten, G., Das schwedische Insider-Recht, AG 1973, 304 - 307.

Cary, W., Corporate Standards and Legal Rules, 50 Calif. L. Rev. 408 (1962).

Cary, W. / *Israels*, C. / *Loss*, L., Recent Developments In Securities Regulation, 63 Colum. L. Rev. 856 (1963).

Clement, R. / *Fortdran*, U. / *Müller*, U. / *Wanske*, B., Probleme der Europäischen Aktiengesellschaft — Ergebnisse eines Seminars an der Universität Hamburg, AG 1972, 343.

Cobine, C. J., Elements of Liability and Actual Damages in Rule 10 b - 5 Actions (1972) U. Ill. L. Forum 651.

Cohen, Frederic D., A Guideline for Equalizing Investment Opportunity: Avoiding the Pitfalls of Selective Disclosure, 46 S. Calif. L. Rev. 139 (1972).

Cohen, M., "Truth in Securities" Revisited, 79 Harv. L. Rev. 1340 (1966).

— Toward Coordination of the 1933 and 1934 Act Disclosure Requirements, 22 Bus. Law. 149 (1966).

Coing, H., Company Insiders and the Public. Bericht über eine internationale Tagung zum Insiderhandel mit Wertpapieren in London (3./4. April 1975), AG 1975, 120.

Comment, Securities Regulation. Exemption of Short Term Profits from Recovery Under Section 16 (b), (1962) Duke L. J. 589 - 594.

— Insider Trading: The Issuer's Disposition of an Alleged 16 (b) Violation (1968) Duke L. J. 94.

— Corporations-Directors and Officers — Corporate Officials Who Profit by Selling Stock of Corporation without Disclosing Material Inside Information Held Liable to Corporation for Breach of Common Law Fiduciary Duties, Diamond v. Oreamuno, 24 NJ. 2d 494, 248 NE 2d 910, 301 N. Y. S. 2d 78 (1969), 83 Harv. L. Rev. 1421 (1970).

— Short-Swing Profits and the Ten Percent Rule, 9 Stan. L. Rev. 582 - 588 (1956/57).

— Deterrence of Tippee Trading Under Rule 10 b - 5, 38 U. Chi. L. Rev. 372 (1971).

— Liability Under Rule 10 b - 5 for Negligently Misleading Corporate Releases: A Proposal for the Apportionment of Losses, 122 U. Pa. L. Rev. 162 (1973).

— Reliance Electric and 16 (b) Litigation: A Return to the Objective Approach?, 58 Va. L. Rev. 907 - 929 (1972).

— Put-and-Call Options Under Section 16 of the Securities Exchange Act, 69 Yale L. J. 868 (1960).

Conard, A., Fundamental Changes in Marketable Share Companies, International Encyclopedia of Comparative Law (Responsible Editor: K. Zweigert), Vol. 13, Tübingen, Den Haag, Paris, New York, 1972 (zit.: Conrad, I. E. C. L. Vol. 13, Ch. 6).

Cook, D. / *Feldman,* M., Insider Trading under the Securities Exchange Act, 66 Harv. L. Rev. 385 (1953).

Crilly, J. E., Securities Regulation: Insider Status in Legal Fiction and Financial Fact — A Proposed Revision To Section 16 (b), 50 Calif. L. Rev. 500 (1962).

Davies, B. J., An Affair of the City: A Case Study in the Regulation of Take-Overs and Mergers, 36 Modern L. Rev. 457 (1973).

Degner, H., Börsennovelle und Insiderregelung — Junktim oder nicht?, AG 1974, 365.

Dietrich, H., Die Tender Offer im Bundesrecht der USA, AWD 1973, 304.

— Die Tender Offer im Bundesrecht der Vereinigten Staaten. Arbeiten zur Rechtsvergleichung, Frankfurt am Main 1975.

Ehmke, H., Wirtschaft und Verfassung — Die Verfassungsrechtsprechung des Supreme Court zur Wirtschaftsregulierung, Karlsruhe 1961.

Eisenberg, M., The Legal Roles of Shareholders and Management in Modern Corporate Decisionmaking, 57 Calif. L. Rev. 1 (1969).

Evans, D. J., The SEC — A Close-up, Panel Discussion, 29 Bus. Law 269 - 309 (1973).

Farnsworth, E. A., An Introduction To The Legal System Of The United States, 1st corr. ed., New York 1975.

Ficker, H. C., Die Entwicklung eines „federal corporation law" durch die Rechtsprechung in den Vereinigten Staaten von Amerika, in: Festschrift für Max Rheinstein, Ius Privatum Gentium, Tübingen 1969, Bd. 2, S. 1059 ff.

Fischer, R. W., Qui-tam-Actions: The Role of the Private Citizen in Law Enforcement, 20 U. C. L. A. L. Rev. 778 (1973).

Flachmann, K., Insider Informationen und Börsenreform (I + II), ZfK 1970, 593, 650.

Fleischer, A. Jr., Controls On Insider Trading, 34 U. M. K. C. L. Rev. 210 (1966).

Fleischer, A. Jr. / *Mundheim*, R. H., Corporate Acquisition by Tender Offer, 115 U. Pa. L. Rev. 317 (1967).

Fleischer, A. Jr. / *Mundheim*, R. H. / *Murphy*, J. C., An Initial Inquiry into the Responsibility to Disclose Market Information, 121 U. Pa. L. Rev. 798 (1973).

Fletcher-Report, Stock Exchange Practices, Report submitted by Mr. Fletcher from the Committee on Banking and Currency, 73rd Cong., 2d Sess. Senate Report No. 1455.

Flynn, W., American Standard, Inc. v. Crane Co.: The Insufficiency of Section 16 (b), 22 Buff. L. Rev. 889 (1973).

Forstmoser, Effektenhandel durch Insider, SAG (45. Jahrg.) 1973, 133.

Freeman, M. V., Administrative Procedures, 22 Bus. Law. 891 (1967).

French, J. J., New Problems in Securities Regulations, 2 Probate & Property 10 (1973).

Frey, A. H., Federal Regulation of the Over-the-Counter Securities Market, 106 U. Pa. L. Rev. 1 - 51 (1957).

Frost, E. B., SEC Enforcement of the Rule 10 b - 5 Duty to Disclose Material Information — Remedies and the Texas Gulf Sulphur Case, 65 Mich. L. Rev. 944 - 967 (1967).

Fuller, A., Another Demise of the Birnbaum Doctrine: "Tolls the Knell of Parting Day?", 25 U. Miami L. Rev. 131 (1970).

Gadsby, E. N., The Federal Securities Exchange Act of 1934, Bd. 11 A (Business Organizations), New York, N. Y. 1970.

Gaither, J. F., A New Ethic of Disclosure — National Student Marketing and the Attorney-Client Privilege, 48 Notre Dame Law. 661 (1972).

George, R., The Application of Section 16 (b) to Mergers: A Hidden Hazard, 47 Tex. L. Rev. 1417 - 1436 (1969).

Gerson, P., Section 16 (b): Re-Evaluation is Needed, 25 U. Miami L. Rev. 144 (1970).

Godin, Frhr. v. / *Wilhelmi*, H., Aktiengesetz vom 6. Sept. 1965. Kommentar, 4. Aufl., Berlin 1971.

Grossfeld, B., Management and Control of Marketable Share Companies, I. E. C. L., Vol. 13, Ch. 4 (1973).

Grossmann, H. G., Jones v. Ahmanson & Co. — Die Treuepflicht des Mehrheitsgesellschafters gegenüber der Minderheit im amerkanischen Recht, AG 1975, 158.

Halleran, Th. A., Insider Trading in Stocks — A Symposium, J. Farmer, presiding — L. Cary, A. Fleischer jr., Th. A. Halleran, panelists, 21 Bus. Law. 1009 - 1027 (1966).

Hardgrove, J. A., Note, Securities Regulation — Securities Exchange Act of 1934 — A Corporation Is an Insider for the Purpose of Section 16 (b) when it Deputies Its President to Represent Its Interests on the Issuer's Board of Directors, 45 Notre Dame Law. 340 (1970).

Hearings on H. R. 14475 and S. 510 Before the House Committee on Interstate and Foreign Commerce, 90th Cong., 2d Sess. 22 (1968).

Herman, E. S., Equity Funding, Inside Information and the Regulators, 21 U.C. L. A. L. Rev. 1 (1973).

Herman, E. S. / *Safanda,* C. F., The Commercial Bank Trust Department and the "Wall", 14 Bost. Coll. Ind. & Comm. L. Rev. 21 (1972).

Herschsohn, H., Zum Handel mit Aktien seitens Mitglieder der Verwaltung, SAG 44 (1972), 173 - 186.

Hetherington, Insider Trading and the Logic of Law, 1967 Wisc. L. Rev. 720.

v. Hippel, E., Verbraucherschutz, Tübingen 1974.

Holschbach, U., Haftungsprobleme im Bereich der Insider-Wertpapiergeschäfte, NJW 1973, 2006.

Homburger, A. / *Kötz,* H., Klagen Privater im öffentlichen Interesse — Arbeiten zur Rechtsvergleichung, Bd. 68, Frankfurt 1975.

Homburger, A., Private Suits in The Public Interest in the United States of America, 23 Buff. L. Rev. 343 (1974).

Hopt, K. J. / *Will,* M. R., Europäisches Insiderrecht — Einführende Untersuchung, ausgewählte Materialien, Stuttgart 1973.

Hopt, K. J., Inwieweit empfiehlt sich eine allgemeine gesetzliche Regelung des Anlegerschutzes? Gutachten G zum 51. Deutschen Juristentag, München 1976.

— Der Kapitalanlegerschutz im Recht der Banken, München 1975.

Horn, N., Wertpapiergeschäfte von Innenseitern als Regelungsproblem, ZHR 136 (1972), 369.

Jacobs, A., Extension of Section 16 (b) Liability through the "deputization" theory, 43 Temple L. Qu. 381 (1970).

— The Impact of Securties Exchange Act Rule 10 b - 5 on Broker-Dealers, 57 Cornell L. Rev. 869 (1972).

— The Role of Securities Exchange Act Rule 10 b - 5 In the Regulation of Corporate Management, 59 Cornell L. Rev. 27 - 105 (1973).

Jennings, R. W., Insider Trading in Corporate Securities: A Survey of Hazards and Disclosure Obligations under 10 b - 5, 62 Nw. U. L. Rev. 809 - 836 (1968).

— Trading in Corporate Control, 44 Calif. L. Rev. 1 - 39 (1956).

— Insider-Geschäfte nach Rule 10 (b) - 5 der Vorschriften über die Securities Exchange Commission, ZHR (Bd. 139) 1969, 1 - 34.

Jennings, R. W. / *Marsh,* H., Securities Regulation, 2d ed. Mineola, N. Y. 1971.

Kaplan / v. Weinstein, Another Chapter on Insider Trading, (1963) Supr. Ct. Rev. 273.

Kay, M., The Justice Report on Insider Trading, 36 The Modern L. Rev. 185 (1973).

Kelly, K., Attorney's Fees in Industrial and Class Action Antitrust Litigation, 60 Calif. L. Rev. 1656 - 1682 (1972).

Klainguti, E., Die Regelung des Aktienhandels durch Insider im amerikanischen Bundesrecht, Bankwirtschaftliche Forschungen, Bd. 5 (Bonn, Stuttgart 1971).

Koch, H., Kollektiver Rechtsschutz im Zivilprozeß — Die Class-Action des amerikanischen Rechts und deutsche Reformprobleme, Arbeiten zur Rechtsvergleichung, Bd. 83, 1976.

Krislov, S., The Amicus Curiae-Brief: From Friendship to Advocacy, 72 Yale L. J. 694 (1963).

Labowitz, W. S., Class Actions In The Federal System And In California: Shattering The Impossible Dream, 23 Buff. L. Rev. 601 - 660.

Lang, R. T. / *Katz*, M., Section 16 (b) and "Extraordinary" Transactions: Corporate Reorganizations and Stock Options, 20 Sw. L. J. 472 (1966).

Lattin, N. D., The Law of Corporations, 2d ed., Mineola, N. Y. 1971.

Leas, P. J., The Measure of Damages in Rule 10 b - 5 Cases Involving Actively Traded Securities, 26 Stanf. L. Rev. 371 - 398 (1974).

Leistner, G., Das Insiderrecht in der Bundesrepublik — Ein Schlag ins Wasser!, ZRP 1973, 201.

— Rechtsprobleme des „Insider-Dealing" in Großbritannien, AG 1974, 345 u. 377, AG 1975, 11.

— Das französische Insider-Recht, AG 1971, 360.

Lobrano, S. D., Corporations-Tippee Liability — Corporate Recovery from Tippees Who Use Insider Information, 48 Tulane L. Rev. 166 (1973).

Loomis, Ph. A. / *Eisenberg*, M. A., The SEC as Amicus Curiae in Shareholder Litigation — A Reply, 52 A. B. A. J. 749 (1966).

Lorie, J. H. / *Niederhoffer*, V., Predictive and Statistical Properties of Insider Trading, 11 J. of Law and Econ. 35 (1968).

Loss, L., History of SEC Legislative Programs and Suggestions for a Code, 22 Bus. Law. 795 (1967).

— Securities Regulation, Boston, Toronto, 2d Edition, 1961 (Vol. 1 - 3), Supplement to 2d Edition (Vol. 4 - 6), 1969.

Lowenfels, L. D., Expanding Public Responsibilities of Securities Lawyers: An Analysis of the New Trend in Standard of Care and Priorities of Duties, 74 Colum. L. Rev. 412 (1974).

— SEC No-Action Letters: Conflicts with Existing Statutes, Cases and Commission Releases, 59 Va. L. Rev. 303 (1973).

Lutter, M., Zur Treuepflicht des Großaktionärs, JZ 1976, 225.

— Anmerkung zu BGH, Urt. v. 16. 2. 1976 (JZ 1976, 561 = BB 1976, 721), JZ 1976, 562.

Lybecker, M. E., Regulation of Bank Trust Department Investment Activities, 82 Yale L. J. 977 (1973).

Malley, R. J., Corporate Repurchases of Stock and the SEC Rules: An Overview, 29 Bus. Law. 117 (1973).

Mann, B., Rule 10 b - 5: Evolution of a Continuum of Conduct to Replace the Catch Phrases of Negligence and Scienter, 45 N. Y. U. L. Rev. 1206 (1970) (Repr. 3 Sec. L. Rev. 253 [1971]).

Manne, H. G., Cash Tender Offers: A Reply to Chairman Cohen, 1967 Duke L. J. 231.

— Insider Trading and the Stock Market, New York 1966.

Matkov, Th. T., Securities Regulation — A New Loophole in Section 16 (b) — An Insider's Delight, 50 N. C. L. Rev. 1180 - 1187 (1972).

McCloskly, R. G., The Supreme Court 1961 Term, 76 Harv. L. Rev. 54 (1962).

McDowell, R. A., Director's Liabilities in Securities Transactions, 22 Bus Law. 76 (1966/67).

McGuirk, J. R. / *Moll*, P. E., Lanza v. Drexel & Co. and Rule 10 b - 5 Approaching the Scienter Controversy in Private Actions, 15 Boston Coll. Ind. & Comm. L. Rev. 526 - 553 (1974).

Meeker, Th. G. / *Cooney*, J. G., The Problem of Definition in Determining Insider Liabilities Under Section 16 (b), 45 Va. L. Rev. 949 (1959).

Meilicke, W., Gesetzliche Insiderregelung im französischen Recht, DB 1973, 1737.

Mertens, H. J., Insiderproblem und Rechtspolitik (Besprechung v. Hopt / Will, Europäisches Insiderrecht), ZHR 138 (1974), 269.

Methwin, G. C., Liability of Partnership and Insider-Partner Under Section 16 (b) of Securities Exchange Act. Blau v. Lehman, 368 U. S. 403 (1962), 41 Tex. L. Rev. 448 (1963).

Morse, G. K., Insider Trading, (1973) The Journal of Business Law 118.

Munter, J. E., Section 16 (b) of the Securities Exchange Act of 1934: An Alternative to Burning Down the Barn in Order to Kill the Rats, 52 Cornell L. Qu. 69 (1966).

New York Stock Exchange, Company Manual (New York 1968), abgedruckt in: Federal Securities Law Reporter — Laws, Regulations, Forms, Rulings and Decisions Currently Supplemented and Indexed — Vol. 2, Par. 23.121, New York - Chicago - Washington 1975 (abgek.: CCH Fed. Sec. L. Rep.).

— Member Firm Circular No. 170, New York, Nov. 16, 1962.

Note, Insider's Accountability for Profits from Sales and Gifts of Securities Received as Dividends, 50 Colum. L. Rev. 379 - 382 (1950).

— Insider Trading Exempt as Arbitrage from § 16 (b) of the Securities Exchange Act, 54 Colum. L. Rev. 425 (1954).

— Corporate Stock Repurchases Under Federal Securities Law, 66 Colum. L. Rev. 1292 (1966).

— Limiting the Plaintiff Class: Rule 10 b - 5 and the Federal Securities Code, 72 Mich. L. Rev. 1398 - 1431 (1973).

— Recent Development — Exchange of Stock Pursuant to a "Defensive Merger" is not a "Sale" within the Meaning of Section 16 (b), 72 Colum. L. Rev. 1090 - 1102 (1972).

— Corporations: Securities Exchange Act Section 16 b, 35 Cornell L. Qu. 236 - 239 (1949).

Note, Insider's Securities Acts — Federal Securities Exchange Act — Arbitrage Exemption from 16 (b) Applies to Simultaneous Sale with Dividend and Purchase Ex-Dividend, 67 Harv. L. Rev. 1277 (1954).

— Securities Acts — Federal Securities Exchange Act — Market Price of Stock at Date of Option Accrual Held to be Proper Cost Figure for Computation of § 16 (b) Liability, 64 Harv. L. Rev. 1378 (1951).

— Securities Acts — Federal Securities Exchange Act — Purchase of Stock by Which Shareholder Becomes a 10 % Beneficial Owner Is Covered by Sec. 16 (b), 70 Harv. L. Rev. 1312 (1957).

— Corporations — Persons Transmitting or Trading on Inside Information Obtained From a Corporate Fiduciary Are Liable under State Law to the Corporation for the Resulting Profits, 87 Harv. L. Rev. 675 (1974).

— The Supreme Court 1971 Term, 86 Harv. L. Rev. 1 (1972).

— Securities Law — Section 16 (b) — A Merger-Exchange by an Unsuccessful Tender Offeror is not a Sale under Section 16 (b) in the Absence of a Potential for Speculative Abuse — Abrams v. Occidental Petroleum Corp. 450 F. 2d 157 (2d Cir. 1971), 47 N. Y. U. L. Rev. 373 - 389 (1972).

— Damages to Uninformed Traders For Insider Trading On Impersonal Exchanges, 74 Colum. L. Rev. 299 (1974).

— Section 16 (d) Exemption Market-Makers: The Meat Axe Applied to a Rule of thumb!, 60 Nw. L. Rev. 367 - 385 (1965).

— Insider Liability for Short-Swing Profits: The Substance and Function of the Pragmatic Approach, 72 Mich. L. Rev. 592 (1974).

— Regulation of Insider and Tippee Trading in Minnesota, 59 Minn. L. Rev. 223 - 250 (1974).

— The Burden of Control: Derivative Liability under Section 20 (a) of the Securities Exchange Act of 1934, 48 N. Y. U. L. Rev. 1019 - 1042 (1973).

— Second Circuit Limits Insider-Partner's 16 (b) Liability, 14 Stan. L. Rev. 192 (1961).

— Defensive Tactics Employed by Incumbent Managements in Contesting Tender Offers, 21 Stan. L. Rev. 1104 (1969).

— Securities Regulation — Attorney's Liability — Advising Abetting and the SEC's National Student Marketing Offensive, 50 Texas L. Rev. 1267 (1972).

Nussbaum, P., Attorney's Fees in Public Interest Litigation, 48 N. Y. U. L. Rev. 301 (1973).

Obrzut, Section 16 (b): An Alternative Approach To The Six-Month Limitation Period, 20 U. C. L. A. L. Rev. 1289 - 1326 (1973).

Olson, J. K., Note "Securities — Insider's Liability under Section 16 (b) of the Securities Exchange Act for Stock Transfer after Corporate Merger — Kern County Land Co. v. Occidental Petroleum Corp.", 15 Bost. Coll. Ind. & Comm. L. Rev. 149 (1973).

Owens, J. B, Liability for Failure to Disclose under Rule 10 b - 5, 20 Stan. L. Rev. 347 (1968).

Painter, W. H., Federal Regulation of Insider Trading, Virginia 1968.

— The Evolving Role of Section 16 (b), 62 Mich. L. Rev. 649 (1964).

— An Analysis of Recent Proposals for Reform of Federal Securities Legislation, 71 Mich. L. Rev. 1576 (1973).

Palandt, Bürgerliches Gesetzbuch, bearb. von: Bassenge, Danckelmann, Diederichsen, Heinrichs, Heldrich, Keidel, Putzo, Thomas, 36. Aufl., München 1977

Palmer, D. S., Computing Section 16 (b) Profits On Stock Bought Under Option: Applying Rule 16 (b - 6), 25 Bus. Law. 1269 (1970).

Peltzer, M., Anlegerschutz als Aufgabe für den Gesetzgeber, NJW 1976, 1615.

Pfisterer, U., Machtmißbrauch im Wertpapierhandel durch Insider, Tübingen 1976.

Philips, R. / *Shipman*, M., An Analysis of the Securities Acts Amendments of 1964, (1964) Duke L. J. 706 - 845.

Posner, D. B., Developments in Federal Securities Regulation, 22 Bus. Law. 645 (1967).

— Develompents in Federal Securities Regulation, 29 Bus. Law. 3 - 73 (1973).

Posner, R. A., Economic Analysis of Law, Boston - Toronto 1972.

Prentice, D. D., Insider Trading — Proposals for Reform, Current Legal Problems 1975, 83.

Presser, S. B., Public Interest Litigation in the United States Court of Appeals for the District of Columbia Circuit: A Current Perspective, 41 Geo. Wash. L. Rev. 260 (1972).

Ratner, L. (ed.), Protecting the Corporate Officer and Director from Liability. Practicing Law Institute, New York 1970.

Report on Investment Companies, CCH Fed. Sec. L. R. (Special Studies) § 74.

— Of Special Study of Securities Markets, Parts 1 - 5 (Chairman: M. H. Cohen), 88th Cong., 1st Sess., H. R. no. 95 Washington D. C. 1963.

Rheinstein, M., Das Kollisionsrecht im System des Verfassungsrechts der Vereinigten Staaten von Amerika, in: Festschrift Ernst Rabel, Tübingen 1954 (S. 513 ff.).

Riegert, R. A., Das amerikanische Administrative Law. Eine Darstellung für deutsche Juristen, Schriften zum öffentlichen Recht, Bd. 50, Berlin 1967.

Rittner, F., Zur Verantwortung des Vorstands nach § 76 Abs. 1 AktG 1965, AG 1973, 113.

Roth, G. H., Schadensersatzpflicht bei Börsengeschäften von Insidern im amerikanischen Recht, RabelsZ 38 (1974), 720.

— Unternehmensverfassung, Vermögensbeteiligung und Anlegerschutz, AG 1976, 176.

Rubin, R. S. / *Feldman*, M. Statutory Inhibitions Upon Unfair Use of Corporate Information by Insiders, 95 U. Pa. L. Rev. 468 - 504 (1947).

Ruder, D. S., Multiple Defendants in Securities Law Fraud Cases: Aiding and Abetting, Conspiracy, *in Pari Delicto*, Indemnification and Contribution, 120 U. Pa. L. Rev. 597 - 665 (1972).

— Civil Liability Under Rule 10 b - 5: Judicial Revision of Legislative Intent?, 57 Nw. U. L. Rev. 627 (1963).

Ruder, D. S. / *Cross*, N. S., Limitations On Civil Liability Under Rule 10 b - 5 (1972), Duke L. J. 1125 - 1152.

Rümker, D., Zur Auslegung der Insiderhandels-Richtlinien, BB 1972, 1208.

Schmid, S. H., Commerce Clause Limitation upon State Regulation of Tender Offers, 47 So. Calif. L. Rev. 1133 - 1173 (1974).

Schönle, H., Bank- und Börsenrecht, München 1971.

Schotland, R. A., Unsafe at any Price: A Reply to Manne, Insider Trading and the Stock Market, 53 Va. L. Rev. 1425 (1957).

Schumpeter, J. A., Theorie der wirtschaftlichen Entwicklung, 5. Auflage, Berlin 1952.

Schwark, E., Börsengesetz — Kommentar zum Börsengesetz, zu den börsenrechtlichen Nebenbestimmungen und zu den Insider-Richtlinien, München 1976.

— Lücken im Anlegerschutz, ZRP 1973, 7.

— Kapitalanlegerschutz im deutschen Gesellschaftsrecht, ZGR 1976 (5. Jahrg.), 271.

Securities and Exchange Commission, Institutional Investors Study, Report H. R. Doc. no. 64, 92nd Cong., 1st Sess. (Washington 1971).

Seligman, E., Problems Under the Securities Exchange Act, 21 Va. L. Rev. 1 - 34 (1934).

Senate Committee on Banking and Currency, 73rd Congress, 1st Session, pt. 15 (1934): Hearings on Stock Exchange Practices, Doc. no. 1455.

Shipley, C. L., The SEC's Amicus Curiae Aid to Plaintiffs in Mutual Fund Litigation, 52 A. B. A. J. 337 (1966).

Shreve, Ch. E., Beneficial Ownership of Securities Held by Family Members, 22 Bus. Law. 431 (1967).

Small, M. L., An Attorney's Responsibilities Under Federal and State Securities Laws: Private Counsel or Public Servant?, 61 Calif. L. Rev. 1189 (1973).

Smith, R. M., Consumer Protection in Credit Sales — The 1971 North Carolina Act, 50 N. C. L. Rev. 767 - 808 (1972).

Smith, H. R., Purchase of Shares of a Corporation by a Director from a Shareholder, 19 Mich. L. Rev. 698 - 717 (1921).

Soergel-Siebert, Bürgerliches Gesetzbuch mit Einführungsgesetz und Nebengesetzen, 10. Aufl., Stuttgart, Berlin, Köln, Mainz 1967 - 1975.

Special Study, Report of Special Study of Securities Markets of the Securities and Exchange Commission, Parts 1 - 5, 1963, 88th Cong., 1st Sess., House Doc. No. 95.

Staff Report, for the House Subcommittee on Domestic Finance, Committee on Banking and Currency, 90th Cong., 2d Sess.: "Commercial Banks and Their Trust Activities: Emerging Influence on the American Economy" (Committee Print 1968), (zit.: Report on Commercial Banks).

Stebut, D. v., Gesetzliche Vorschriften gegen den Mißbrauch von Insiderinformationen, DB 1974, 613.

Stock Exchange Practices, Report of Committee on Banking and Currency. Senate Report No. 1455, 73d Cong. 2d Sess. 1934.

Strombeck, J. v., Ein Votum zur Reform der Deutschen Actiengesetzgebung, Berlin 1874.

Taylor, M. M., The SEC Policy for Projections: New Problems in Disclosure, 21 U. C. L. A. L. Rev. 242 (1973).

Tew, J. A. / *Freedman*, D., Practice in Securities and Exchange Commission Investigatory and Quasi-Judicial Proceedings, 27 U. Miami L. Rev. 1 (1972).

Thannhäuser, K., Die „Erie-Doctrine" im Spannungsfeld zwischen den Bundes- und Staatengerichten der Vereinigten Staaten, Neue Kölner Rechtswissenschaftliche Abhandlungen, Heft 60, Berlin 1969.

Ulmer, P., Rechtspolitische Probleme des Insiderhandels, JZ 1975, 625.

Vagts, D. F., Reforming the "Modern" Corporation: Perspectives from the German, 80 Harv. L. Rev. 23 - 89 (1966).

Wagner, C., Deputization Under Section 16 (b): The Implications of Feder v. Martin Marietta Corporation, 78 Yale L. J. 1151 (1969).

Wander, H. S., Insider Trading in Corporate Securities, in: V. D. Nordin (ed.), Emerging Federal Securities Law: Potential Liability. The Institute of Continuing Legal Education Vol. 53, Ann Arbor 1969 (zit.: Wander, I. C. L. E. 53, 1969).

Wander, H. S. / *Grienenberger*, W. F. (eds.), Selected Articles on Federal Securities Law, Chicago 1968.

Weigel, A. E., Securities Law — Insider Liability Under Section 16 (b) of The Securities Exchange Act of 1934 — Whiting v. Dow Chemical Co., 17 Bost. Coll. Ind. & Comm. L. Rev. 627 (1976).

Wheat, F. M., Truth in Securities Three Decades Later, 13 How. L. Rev. 100 (1967).

Wiedemann, H., Der Kapitalanlegerschutz im deutschen Gesellschaftsrecht, BB 1975, 1591.

— Die Haftung des Verkäufers von Gesellschaftsanteilen für Mängel des Unternehmens, in: Festschrift für H. C. Nipperdey zum 70. Geburtstag 21. 1. 1965, hrsg. v. R. Dietz u. H. Hübner, München - Berlin 1965, Bd. I, S. 815.

Will, M. R., Anlegerschutz durch Insiderhandels-Richtlinien?, NJW 1973, 645 - 648.

— Erste Strafurteile gegen Insider im französischen Wertpapierhandel, AWD 1976, 549.

Wohlfarth, K. / *Bley*, S., Grundlagen und Praxis des Wertpapiergeschäfts, Stuttgart, 2. Aufl. 1971.

Wohlmann, H., Die Treuepflicht des Aktionärs — Die Anwendung eines allgemeinen Rechtsgrundsatzes auf den Aktionär, Diss. Zürich 1968.

Wu, H. K., An Economist Looks at Section 16 of the Securities Exchange Act of 1934, 68 Colum. L. Rev. 260 (1968).

Wu, H. K. / *Zakon*, A. J., Elements of Investments, Selected Readings, New York, Chicago, San Francisco, London 1965.

Yoran, A., Insider Trading in Israel and England, Jerusalem 1972.

FSC
www.fsc.org
MIX
Papier | Fördert gute Waldnutzung
FSC® C083411

Kolibri 360 GmbH
Ferdinand-Jühlke-Straße 7
99095 Erfurt, Deutschland
produktsicherheit@kolibri360.de

Druck:
CPI Druckdienstleistungen GmbH
im Auftrag der
Kolibri 360 GmbH
Ferdinand-Jühlke-Str. 7
99095 Erfurt